Réussir ses TD

Droit des obligations

6e édition

En France, la collection « Paradigme » accompagne l'étudiant en droit du début de ses études jusqu'à l'accès à sa profession.

Paradigme – Méthode

La série « Paradigme – Méthode » reprend des ouvrages qui permettent aux étudiants d'acquérir une bonne méthode de travail et de réussir leurs travaux dirigés dispensés de la Licence 1 au Master 1 en France. Ces ouvrages de méthodologie sont actualisés chaque année avec les dernières jurisprudences et les nouvelles législations. Ils sont conçus pour répondre à toutes les questions des étudiants. Ils fournissent des informations claires, pratiques et documentées.

Sous la direction de Marjorie Brusorio Aillaud *est maître de conférences en droit privé et vice-doyen de la Faculté de droit de Toulon.*

Déjà parus :

Coll., *Réussir son droit*, 3e éd., 2009

Marjorie Brusorio Aillaud, *Réussir ses TD – Droit des personnes et de la famille*, 7e éd., 2017

Isabelle Fructus (dir.), *Recherche documentaire juridique. Méthodologie*, 3e éd., 2016

Réussir ses TD
Droit des obligations

6e édition

Marjorie Brusorio Aillaud

bruylant

Collection
Paradigme

Pour toute information sur nos fonds et nos nouveautés dans votre domaine de spécialisation, consultez nos sites web via www.larciergroup.com.

Éditions Larcier
Rue Haute, 139 - Loft 6 - 1000 Bruxelles

6e édition

Imprimé en Belgique

Dépôt légal :
Bibliothèque nationale, Paris : juin 2017
Bibliothèque royale de Belgique, Bruxelles : 2017/0031/255

ISSN : 2294-3323
ISBN : 978-2-39013-164-9

Présentation de l'ouvrage

La collection *Réussir ses TD* a pour objectif d'aider les étudiants à maîtriser, progressivement, les exercices juridiques proposés au long de l'année et lors des examens finaux.

Cet ouvrage comporte **trois parties** :

– la **première** est consacrée aux **conseils généraux** : « l'intérêt » des TD, comment préparer la séance, comme en optimiser le déroulement et, enfin, comment la réviser avant les examens terminaux ; l'utilisation du Code civil, outil indispensable dont les étudiants n'exploitent souvent pas toutes les ressources... et la présentation des copies.

– la **deuxième** partie concerne la **méthodologie** : comment rédiger un commentaire d'article, un commentaire d'arrêt ou un cas pratique, exercices systématiquement proposés en première année de droit.

– la **troisième** partie contient dix-huit **exercices corrigés et détaillés.** Ceux-ci sont présentés dans l'ordre du cours et de difficultés croissantes. Ils sont représentatifs de la diversité des articles *(longs/courts, récents/anciens)*, cas pratiques *(ouverts/avec des questions précises/sous forme de consultation)* et décisions *(arrêts de principe/d'espèce, longs/courts, récents/anciens)* susceptibles d'être proposés en TD ou aux examens, en droit des personnes et de la famille.

Sommaire

TITRE 2

Les contrats

Repér

Deux phases :
préparation puis rédaction

PRÉPARATION

Qualification juridique des faits

- **embauché un jeune assistant (...) contrat de travail contenant une clause de non-concurrence :** contrat de travail avec une clause particulière, alourdissant les obligations de l'une des parties, opposable aux tiers
- **débauché par un confrère d'Elvis, pour un poste identique (...) connaissait l'existence de la clause :** rupture du contrat par l'une des parties – tiers ayant incité et aidé un contractant à enfreindre ses obligations contractuelles
- **de grosses taches sur son plafond (...) nombreuses tuiles étaient cassées :** dommage matériel subi par une personne
- **posées maladroitement et sans précaution (...) exercé une trop forte pression les unes sur les autres, ce qui avait entraîné des cassures :** faute dans l'exécution d'un contrat
- **buée (...) à l'intérieur du double vitrage :** dommage matériel subi par une personne
- **défaut de fabrication de la fenêtre :** non-conformité d'une chose
- **a fait appel à un sous-traitant pour la pose des tuiles :** chaîne de contrat, faute commise par un contractant, en bout de chaîne, ayant causé un dommage à la partie située à l'autre extrémité
- **ne pouvait pas savoir que les fenêtres avaient un défaut de fabrication :** chaîne de contrat, manquement commis par un contractant, en bout de chaîne, ayant causé un dommage à la partie située à l'autre extrémité
- **souhaiterait avoir un tracteur (...) a convenu, avec son père, que ce serait ce dernier qui achèterait l'engin, mais son père ne pourra pas venir :** volonté de conclure un contrat au nom d'un tiers
- **stipulation pour autrui [ou] promesse de porte-fort. :** engagement d'une personne visant à obtenir d'une autre qu'elle exécute une prestation au profit d'une troisième [ou] engagement d'une personne, à l'égard d'une autre, à convaincre une troisième d'exécuter une prestation

2 Recherche des (ou du) problèmes juridiques

Le cas pratique est clairement présenté comme une consultation. L'articulation du sujet, avec les mots « d'abord », « ensuite » et « enfin », au début de chaque paragraphe, laisse apparaître trois sortes de problème, soit trois thèmes et donc trois questions.

206 Partie 3 • Les exercices corrigés

Réussir ses TD - Droit des obligations

Thème
de la partie
(trois chapitres)

Conseils et remarques

ous !

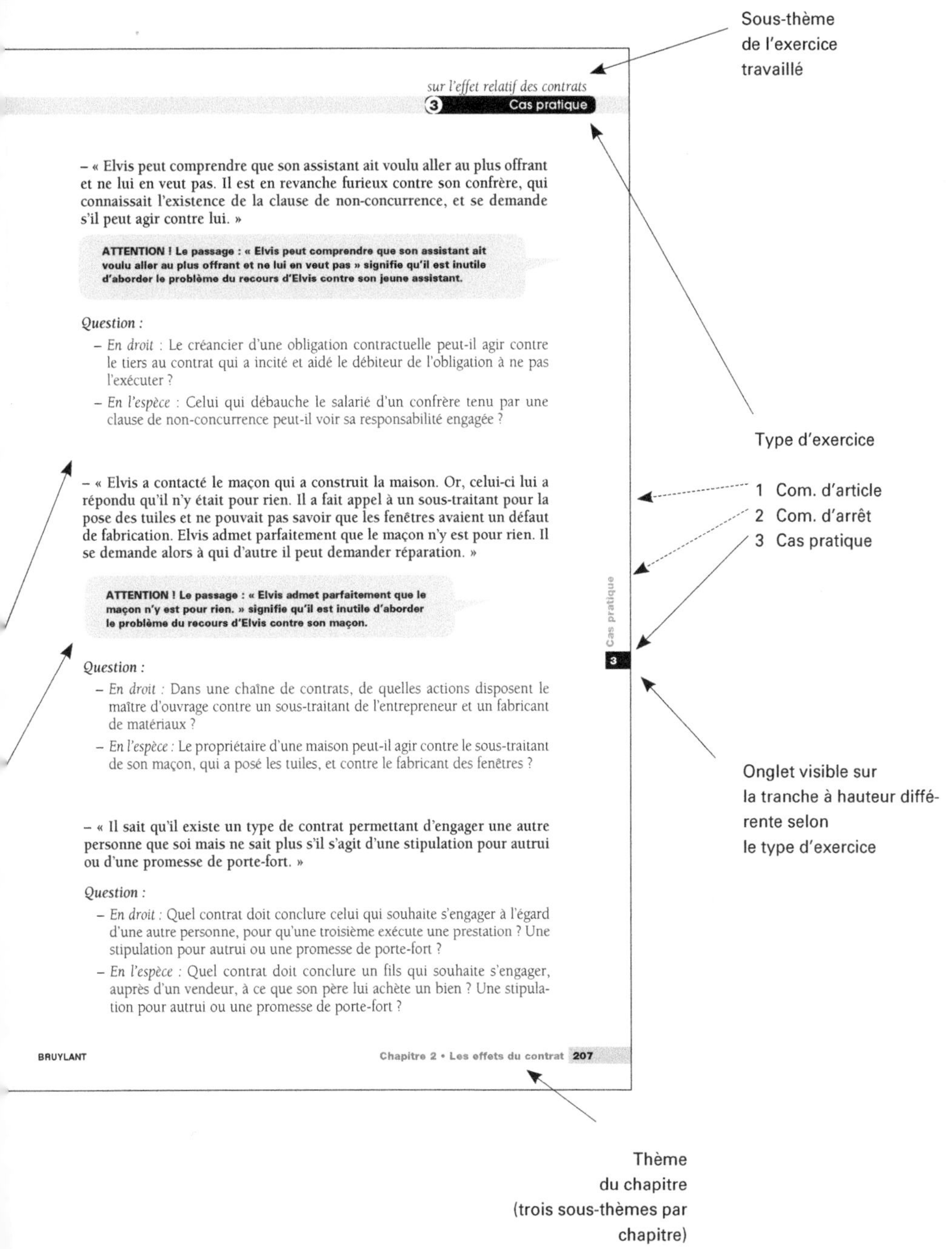

– « Elvis peut comprendre que son assistant ait voulu aller au plus offrant et ne lui en veut pas. Il est en revanche furieux contre son confrère, qui connaissait l'existence de la clause de non-concurrence, et se demande s'il peut agir contre lui. »

ATTENTION ! Le passage : « Elvis peut comprendre que son assistant ait voulu aller au plus offrant et ne lui en veut pas » signifie qu'il est inutile d'aborder le problème du recours d'Elvis contre son jeune assistant.

Question :

- *En droit* : Le créancier d'une obligation contractuelle peut-il agir contre le tiers au contrat qui a incité et aidé le débiteur de l'obligation à ne pas l'exécuter ?
- *En l'espèce* : Celui qui débauche le salarié d'un confrère tenu par une clause de non-concurrence peut-il voir sa responsabilité engagée ?

– « Elvis a contacté le maçon qui a construit la maison. Or, celui-ci lui a répondu qu'il n'y était pour rien. Il a fait appel à un sous-traitant pour la pose des tuiles et ne pouvait pas savoir que les fenêtres avaient un défaut de fabrication. Elvis admet parfaitement que le maçon n'y est pour rien. Il se demande alors à qui d'autre il peut demander réparation. »

ATTENTION ! Le passage : « Elvis admet parfaitement que le maçon n'y est pour rien. » signifie qu'il est inutile d'aborder le problème du recours d'Elvis contre son maçon.

Question :

- *En droit* : Dans une chaîne de contrats, de quelles actions disposent le maître d'ouvrage contre un sous-traitant de l'entrepreneur et un fabricant de matériaux ?
- *En l'espèce* : Le propriétaire d'une maison peut-il agir contre le sous-traitant de son maçon, qui a posé les tuiles, et contre le fabricant des fenêtres ?

– « Il sait qu'il existe un type de contrat permettant d'engager une autre personne que soi mais ne sait plus s'il s'agit d'une stipulation pour autrui ou d'une promesse de porte-fort. »

Question :

- *En droit* : Quel contrat doit conclure celui qui souhaite s'engager à l'égard d'une autre personne, pour qu'une troisième exécute une prestation ? Une stipulation pour autrui ou une promesse de porte-fort ?
- *En l'espèce* : Quel contrat doit conclure un fils qui souhaite s'engager, auprès d'un vendeur, à ce que son père lui achète un bien ? Une stipulation pour autrui ou une promesse de porte-fort ?

PARTIE 1

Les conseils

PARTIE 1

Les conseils

Chapitre 1

Les travaux dirigés : avant – pendant – après

Dans les facultés de droit, l'emploi du temps est composé de cours magistraux (CM) et de travaux dirigés (TD).

Les CM ne présentent guère de difficultés. Ils ont généralement lieu en amphithéâtre et ressemblent aux cours dispensés au lycée (le nombre d'étudiants en plus et le contrôle des absences en moins). Votre seule mission est de noter le plus d'informations possible. Les TD, en revanche, constituent une nouveauté. Vous devez, très rapidement, comprendre ce que l'on attend de vous, tant avant, pendant, qu'après.

En principe, chaque semestre comporte l'étude, en cours magistral, de six à huit matières différentes. Deux ou trois d'entre elles, considérées comme fondamentales, font l'objet de travaux dirigés, en complément du cours magistral.

Il existe, entre les CM et les TD, une différence capitale qui entraîne plusieurs conséquences. Les CM donnent lieu, à la fin de chaque semestre, à un examen, écrit ou oral, également appelé partiel. Dans certaines universités, il existe deux sessions pour chaque semestre (janvier et juin ou septembre pour le premier semestre / mai ou juin et juin ou septembre pour le second). Si vous obtenez une mauvaise note à la première session, vous pouvez, éventuellement, vous rattraper à la seconde. Les TD, en revanche, font l'objet d'un contrôle continu, au fur et à mesure des séances. Il n'existe pas de possibilité de se rattraper. Les notes obtenues à la fin de chaque semestre, en décembre et mai, sont définitives. Cela suppose une organisation particulière. D'abord, vous êtes répartis en groupes d'une trentaine d'étudiants (il y a donc, pour chaque matière, un seul enseignant en amphithéâtre et plusieurs chargés de TD, intervenant dans plusieurs groupes). Vous ne pouvez donc pas vous fondre dans la masse. Ensuite, les absences sont contrôlées et si les vôtres sont trop fréquentes vous risquez d'être exclus. Enfin, vous ne pouvez pas vous contenter de noter ce qu'il y est dit, vous devez, avant de vous y rendre, effectuer un travail précis.

I La préparation de la séance de TD

La préparation d'une séance de TD suppose de vous procurer les documents à étudier puis d'effectuer le travail demandé. Il est indispensable, entre temps, d'apprendre le cours.

1 Procurez-vous la plaquette de TD

Pour avoir une chance de bien préparer son TD, il faut savoir quel est le travail à faire. Pour cela, vous devez vous procurer un document : la fiche ou plaquette ou encore « polycop » de TD. Ce document est élaboré par l'enseignant responsable du CM correspondant au TD. Il constitue la trame de la séance de TD. En principe, il existe autant de fiches que de séances de TD au cours du semestre, soit 8, 10 ou 12, selon les matières. Elles peuvent vous être distribuées en intégralité, au début du semestre, ou une par une, au fur et à mesure des séances.

Vous devez absolument vous débrouiller pour obtenir ces documents, même si vous êtes absent lors de leur distribution officielle. Le plus simple est de vous arranger avec un camarade. À défaut, il existe souvent, à la faculté, un lieu où les chargés de TD déposent les plaquettes restantes, après distribution. Ce lieu peut être l'accueil, la bibliothèque, la scolarité... Renseignez-vous auprès des appariteurs, du concierge ou de votre chargé de TD.

Attention ! Si les fiches de TD sont distribuées chaque semaine, vous n'avez que quelques jours pour vous procurer le document et effectuer le travail.

Conseil ! L'excuse consistant à dire aux chargés de TD que vous n'avez pas fait votre travail, parce que vous n'avez pas réussi à vous procurer la fiche de TD, est du plus mauvais effet.

2 Maîtrisez le thème correspondant à la séance de TD

Les thèmes des TD se rapportent à certains passages du CM. Il s'agit de points importants ou difficiles que l'enseignant souhaite approfondir.

Les exercices demandés varient selon la matière, l'année et, surtout, selon l'enseignant. Il peut s'agir d'un commentaire (de texte, d'arrêt ou d'article), d'une dissertation, d'un cas pratique ou, plus simplement, de l'élaboration de fiches de jurisprudence ou d'arrêt, de la recherche de définitions ou de la lecture de documents assortie de questions.

Avant de vous pencher sur les exercices, vous devez maîtriser le thème de la séance. Ne vous dispersez pas, procédez en trois étapes.

D'abord, il est indispensable, quel que soit l'exercice, d'apprendre votre cours. Rappelez-vous que les fiches de TD sont constituées par l'enseignant chargé du CM correspondant au TD. Les points qu'il souhaite que vous approfondissiez en TD sont souvent ceux qu'il a abordés en cours.

Ensuite, il est souvent nécessaire de consulter un manuel. Le CM devant traiter l'ensemble de la matière en quelques heures, tous les points, même s'ils sont fondamentaux, ne peuvent être développés autant que souhaitable.

Enfin, selon l'exercice proposé, le cours et les manuels peuvent encore être insuffisants. L'exemple le plus fréquent est celui du commentaire d'arrêt, exercice de prédilection des enseignants. Il est rare de trouver, dans le cours ou même dans un manuel, suffisamment d'éléments pour élaborer votre commentaire. Vous devez alors rechercher ces informations dans des revues ou ouvrages spécialisés.

Conseil ! Ne cherchez pas au hasard, vous perdriez un temps précieux.

En principe, surtout en première année, l'enseignant insère dans la plaquette de TD, avec l'arrêt (ou les arrêts) à commenter, les références des commentaires, notes ou observations relatifs à cette décision dans différentes revues. S'il prend le soin de vous donner ces références, c'est qu'il attend de vous que vous lisiez ces documents.

Lorsque l'enseignant n'indique pas ces références sur la fiche de TD, il ne faut pas en conclure qu'il n'en existe pas ou qu'il est inutile de les lire. Au contraire, cela signifie que l'enseignant souhaite que vous les cherchiez vous-même. Le travail de recherche fait également partie des études juridiques. Dans cette hypothèse aussi, vous devez être méthodique. D'abord, vous pouvez consulter, à la BU, les sites correspondant aux principales revues juridiques. Ensuite, vous pouvez, s'il s'agit d'un arrêt de droit civil, chercher quel article du Code civil y est visé. Avec un peu de chance, cet arrêt est justement mentionné dans le Code, sous l'article visé, avec les références correspondantes. S'il s'agit d'un arrêt du Conseil d'État, vous pouvez consulter les GAJA (Grands Arrêts de la Jurisprudence Administrative). N'hésitez pas à demander conseils à votre chargé de TD et aux bibliothécaires.

Attention ! Dans tous les cas, le commentaire d'arrêt que l'on attend de vous n'est pas la copie, le résumé ou même la paraphrase du commentaire de l'arrêt écrit par un professeur et publié dans une revue.

3 Rédigez correctement le travail demandé

Quel que soit l'exercice, ne vous contentez pas de griffonner quelques notes sur une feuille ou directement sur la fiche de TD ou, pire, d'une « préparation orale », en comptant sur votre mémoire !

Vous devez rédiger votre travail correctement et intégralement, pour deux raisons. D'une part, si votre chargé de TD vous pose une question, vous serez soulagé, même si vous avez une excellente mémoire, d'avoir vos notes sous les yeux. D'autre part, votre chargé de TD peut vous demander de lui rendre le travail que vous deviez faire, pour le corriger. Il attend de vous un devoir impeccable, digne d'une copie d'examen. Ne vous contentez pas de mettre les titres des parties de votre commentaire ou les articles du Code civil visés pour résoudre le cas pratique. Votre note s'en ressentira désastreusement.

Inversement, si le devoir demandé est corrigé dans un manuel d'exercices ou dans des annales, vous pouvez vous en inspirer mais ne le copiez pas. Votre chargé de TD s'en rendrait compte, soit parce qu'il sait que ce corrigé existe (il a été étudiant avant vous), soit parce que ce corrigé, généralement élaboré par un enseignant, est beaucoup trop détaillé et fait appel à des notions que vous ne maîtrisez pas encore, soit (surtout) parce qu'il comparera cette copie avec celle qu'il vous a déjà demandée ou qu'il ne manquera pas de vous demander et risque de voir une grande différence !

De même, certains enseignants donnent, chaque année, le même exercice à faire (commentaire d'un arrêt de principe ou d'un article fondamental). Est alors très fier l'étudiant qui récupère la correction de l'année précédente, auprès d'un camarade (quand il n'en était pas déjà lui-même le destinataire) et rend un devoir « pré-corrigé ». Cependant, ne croyez pas berner ainsi votre chargé de TD. Lui aussi sait que des corrections ont été distribuées l'année précédente. Lui aussi se les procure. Parfois même, il en est l'auteur. Inutile également, si votre séance de TD a lieu en fin de semaine, de récupérer et transmettre la correction donnée aux étudiants convoqués en début de semaine. Vous devez rédiger votre propre devoir.

II Le déroulement de la séance de TD

La note finale du TD englobe, en principe, une ou plusieurs notes d'oral et une ou plusieurs notes d'écrit. Vous devez donc participer à l'oral et rendre des devoirs écrits.

1 Participez à l'oral

L'organisation du TD dépend de votre chargé de TD. Certains interrogent d'office, d'autres laissent libre cours à votre motivation. Dans le premier cas, vous devez vous attendre, à chaque séance, à ce que des questions vous soient directement posées (d'où l'utilité de bien préparer la séance et d'avoir vos notes sous les yeux). La seconde formule est beaucoup plus souple. Votre chargé de TD vous laisse le choix de répondre à ses questions, lorsque vous le souhaitez. Profitez-en ! Cela vous permet de vous manifester lorsque vous êtes sûr de vous et de rester silencieux si vous avez un doute.

Conseil ! Certaines questions sont plus faciles que d'autres. Si vous répondez spontanément aux questions « faciles », il y a de fortes chances pour que votre chargé de TD interroge un étudiant qu'il n'a pas encore entendu, lorsqu'il pose une question « difficile », pour laquelle personne ne se porte volontaire.

Dans tous les cas, faites un effort pour vous exprimer clairement et... juridiquement. La séance de TD est le lieu idéal pour vous entraîner. N'oubliez pas qu'à court terme, vous serez amené à passer des examens oraux (certains sont d'ailleurs intitulés : « grand oral » !), qu'à moyen terme, vous devrez vous exprimer lors d'entretiens d'embauche et, qu'à long terme, une grande partie des métiers du droit comporte une part importante d'expression orale (avocat, magistrat, notaire, huissier, enseignant...).

Conseil ! Votre chargé de TD n'est pas uniquement là pour vous interroger. Vous pouvez, vous aussi, lui poser des questions. C'est même souvent le moment ou jamais ! Les chargés de TD sont, généralement, des étudiants qui préparent une thèse. Guère plus âgés que vous, ils étaient à votre place il y a quelques années. Ils sont souvent plus disponibles et moins « impressionnants » que certains enseignants. N'hésitez pas à les aborder.

2 Rendez des devoirs écrits

Parmi les notes d'écrit qui composent votre note de TD, il y a, en principe, celle d'un « examen blanc » ou « galop d'essai » organisé, en milieu de semestre, par votre chargé de TD, par l'ensemble des chargés de TD, ou par l'enseignant responsable du CM. L'objectif est de vous mettre dans les conditions de l'examen final avec, si l'emploi du temps le permet, tous les groupes de TD en même temps et un sujet commun.

Outre cette note, il est d'usage que les chargés de TD corrigent certains devoirs faits chez vous, les « devoirs-maison ». Comme pour l'oral, les chargés de TD s'organisent librement. Ils peuvent ramasser quelques devoirs à la fin de chaque séance, au hasard ; ils peuvent vous imposer d'en rendre deux ou trois dans l'année, au moment où vous l'aurez choisi ; ils peuvent ramasser l'ensemble des devoirs, deux ou trois fois dans le semestre... Un devoir non rendu ou incomplet fait immanquablement chuter votre moyenne. En revanche, un bon devoir contribue à une bonne moyenne et peut même rattraper une mauvaise note, accidentelle, à l'examen blanc. Rappelez-vous que les notes « finales » de TD ne sont pas rattrapables !

Outre les devoirs « obligatoirement » relevés, certains chargés de TD acceptent que vous leur en rendiez « volontairement ». Certes, ceux-ci sont en principe exclus du calcul de votre moyenne. Cependant, les séances de TD n'ont pas pour seul but de vous donner une note. L'objectif est, avant tout, de vous préparer à l'examen de fin de semestre. Si vous avez des lacunes ou si vous ne maîtrisez pas la méthodologie d'un exercice, autant éviter de vous en rendre compte le jour de l'examen !

Conseil ! Proposez vos devoirs « spontanément », surtout si vous avez eu une mauvaise note à « l'examen blanc » ou à un « devoir-maison ». Même si, en théorie, ces notes ne comptent pas dans le calcul de votre moyenne, en pratique, votre chargé de TD tiendra compte de votre bonne volonté soit, malgré tout, lorsqu'il fixera votre moyenne, soit, plus tardivement, s'il faut plaider en votre faveur lors des délibérations.

III La révision de la séance de TD

Après la séance de TD, n'espérez pas archiver vos plaquettes et ne plus jamais les revoir. Vous devez y revenir dans les heures et dans les semaines qui suivent.

1 Complétez votre TD

Immédiatement après votre séance de TD, idéalement le soir même, il est fortement conseillé de reprendre votre TD (cela vaut aussi pour les CM). D'une part, vous pouvez ainsi ajouter des remarques ou exemples que vous n'avez pas eu le temps de noter durant la séance et dont vous vous souvenez encore ! D'autre part, cela vous permet de clarifier vos notes. Une abréviation peut être évidente lorsqu'on l'écrit et ne plus avoir aucun sens quelques jours ou même quelques heures après. Plus vous le faites rapidement, plus ce qui a été entendu est encore « frais » dans votre esprit.

2 Synthétisez votre TD

Nombre d'étudiants sont adeptes de fiches. Pourquoi pas ! S'agissant des TD, il existe un cas où la constitution d'une fiche peut se révéler salvatrice au moment des révisions : lorsque la plaquette de TD comporte plusieurs arrêts.

En effet, au milieu et à la fin du semestre, vous devez réviser vos TD pour passer l'examen blanc et l'examen final. Or, il n'est pas rare, notamment en droit civil, que chaque plaquette comporte une dizaine d'arrêts. Un rapide calcul et vous réalisez qu'à la fin du semestre, après huit ou dix séances, vous aurez étudié une centaine de décisions. La sempiternelle question de l'étudiant angoissé est alors de savoir s'il faut connaître toutes les décisions (et surtout toutes les dates).

Rassurez-vous, à l'exception des arrêts fondamentaux que l'enseignant et le chargé de TD vous signalent expressément, la réponse est non. En revanche, il faut connaître le sens de la jurisprudence, en général. Cela signifie que vous devez savoir si une pratique est admise ou réprouvée, comment un article est interprété....

Pour cela, l'idéal est de synthétiser ou ficher votre TD. Cela équivaut à faire la liste des décisions qui y sont étudiées et à en préciser le sens, en une phrase ou deux. Inutile de mémoriser les faits et la procédure. Prenez exemple sur la manière dont les rédacteurs du Code civil résument les différentes décisions, sous les articles.

Exemples :

– La question de la modification de l'état civil des transsexuels, étudiée lors d'une des premières séances de TD, en droit civil, en première année.

Le problème fut posé à partir des années 1970. Dans un premier temps, la jurisprudence refusa de modifier, sur l'état civil des transsexuels, la mention de leur sexe et leur prénom. Les juges invoquèrent le principe de l'indisponibilité de l'état civil. Ensuite, les magistrats acceptèrent que les transsexuels portent un prénom neutre (Claude / Dominique). Enfin, après que la Cour européenne des droits de l'homme a déclaré que la position de la France était incompatible avec le respect de la vie privée, le 25 mars 1992, l'Assemblée plénière de la Cour de cassation opéra un revirement de jurisprudence, le 11 décembre suivant. Les transsexuels purent, ensuite, obtenir la modification, sur leur état civil, de la mention de leur sexe et de leur prénom.

Seules les dates des arrêts cités, présentés en cours et en TD comme fondamentaux, doivent être connues. Pour la jurisprudence antérieure et postérieure, vous devez connaître les différentes étapes, mais il est inutile d'apprendre les faits de chaque espèce et les dates exactes.

– La question du régime de la responsabilité générale du fait d'autrui et de la responsabilité des parents, pour le fait de leur enfant, étudiées en deuxième année de droit.

Ces deux régimes de responsabilité ont conduit la jurisprudence à réinterpréter des dispositions du Code civil (les alinéas 1er, 4 et 7 de l'article 1242). La jurisprudence a dû, ensuite, apporter des précisions sur les conditions et les effets des régimes de responsabilité consacrés. Les décisions sont très nombreuses.

Seuls les noms et les dates des deux arrêts « de revirement » doivent être retenus : l'arrêt *Blieck*, du 29 mars 1991 et l'arrêt *Bertrand*, du 19 février 1997.

Attention ! Les synthèses des TD n'ont d'intérêt que si vous les faîtes après chaque séance afin que, au moment des révisions, vous n'ayez *que* vos fiches à apprendre et non tous les arrêts de toutes les plaquettes à revoir. Si vous attendez le moment des révisions pour synthétiser vos TD, il sera trop tard, vous n'aurez plus le temps.

Vous l'avez compris, le travail en TD est fondamental. Deux notes par semestre en dépendent : celle « du TD même », attribuée par votre chargé de TD, à la fin des séances, et celle « du CM correspondant au TD » attribuée par l'enseignant, lors du partiel. Sachez que les professeurs choisissent souvent, comme sujet d'examen, un thème abordé en TD, persuadés que vous l'avez bien traité et que vous avez eu toute latitude pour poser des questions à votre chargé de TD.

À vous donc de préparer vos TD consciencieusement, d'être attentif durant les séances et de bien les réviser à la fin du semestre.

PARTIE 1

Les conseils

Chapitre 2

L'utilisation du Code civil

Le Code civil est l'outil indispensable de tout étudiant en droit ainsi que de nombreux professionnels. De la première année au troisième cycle, et parfois même dans les filières dites spécialisées en droit public, le droit civil tient une place considérable. Notaires, avocats, magistrats, huissiers ont régulièrement recours au Code civil pour rédiger actes, conclusions, décisions ou assignations. Il est donc impératif de savoir d'une part, quelles sont les informations contenues dans le Code civil et, d'autre part, comment les trouver.

Issu de la codification napoléonienne, le Code civil, publié en 1804, est la source principale du droit privé. Il est divisé en cinq livres : Des personnes (1), Des biens et des différentes modifications de la propriété (2), Des différentes manières dont on acquiert la propriété (3), Des sûretés (4) et Des dispositions applicables à Mayotte (5). Chaque livre comprend plusieurs titres étudiés pour la plupart, dans le désordre, au cours des différents semestres composant le cursus universitaire.

Le Code civil contient de nombreuses informations : les articles évidemment, mais aussi des extraits d'autres codes, des reproductions de lois, décrets ou ordonnances et, si difficile à mémoriser, de la jurisprudence. Mais encore faut-il savoir où chercher. Beaucoup d'étudiants pensent qu'ils sont « sauvés » si l'utilisation du Code civil est autorisée lors des examens. Qui n'a pas entendu la fameuse phrase « c'est facile, il y a tout dans le Code » ! Cependant, pour que l'autorisation de l'usage du Code civil à l'examen soit réellement un avantage, un maniement rapide et fructueux est indispensable. Sinon, ce ne sera que temps perdu à tourner les pages, dans les deux sens, à la recherche de l'article ou de la jurisprudence salutaire, en espérant un coup de pouce du destin !

Le Code civil ne permet pas de trouver miraculeusement une solution que l'on ne soupçonne pas. Il s'agit d'un support, d'une aide pour le juriste qui a déjà acquis les connaissances nécessaires. Un bon étudiant ne connaît pas les articles du Code civil par cœur. Un bon étudiant sait qu'un article existe et sait le retrouver. Il y a « tout » dans le Code civil et « tout » est bien rangé. N'attendez pas le jour de l'examen pour chercher à quel endroit ! Vous devez apprendre à vous servir du Code civil dès les premières séances de TD, notamment pour leur préparation. Vous gagnerez un temps précieux les jours d'examen !

Vous avez le choix entre deux éditions de Code civil : le « rouge » publié aux éditions Dalloz et le « Bleu » édité par LexisNexis. Étant donné les nombreuses réformes annuelles et l'apport constant de la jurisprudence, il est impératif d'avoir l'édition de l'année en cours. Imaginez la catastrophe si vous fondez la solution de votre cas pratique sur un article qui a été modifié ou, pire, abrogé !

Dans le Code Dalloz, les articles du Code civil sont répartis tout au long de l'ouvrage. Les extraits d'autres codes ou de textes non codifiés sont insérés au fur et à mesure, à proximité des articles du Code civil auxquels ils ont trait.

L'édition LexisNexis comporte deux parties : le Code civil (articles + jurisprudence) et les annexes : textes codifiés (extraits d'autres codes) et textes non codifiés.

Chacun de ces codes comporte différents index et tables (des matières, chronologique, alphabétique). Selon ce que vous cherchez, vous devez vous référer à l'un d'eux. Vous devez donc connaître leur existence et leur fonction.

L'objectif des prochaines lignes est de vous familiariser avec le Code civil. Pour tirer le meilleur profit de votre lecture, nous vous conseillons de vous munir de votre Code civil (Dalloz ou LexisNexis) et de vous entraîner en procédant aux différentes recherches proposées.

I Vous cherchez un article dont vous ignorez le numéro

Certains articles du Code civil, très utilisés ou couvrant à eux seuls une notion entière, tel l'article 1240 relatif à la responsabilité extracontractuelle, sont facilement mémorisables. Pour les autres, il est vain de tenter de les retenir, il faut savoir les trouver.

Exemple. **Vous devez résoudre un cas pratique dans lequel un contrat conclu par un mineur a été annulé et suppose des restitutions.** Vous savez que votre enseignant a exposé ce cas en citant un article du Code civil, mais vous ne vous souvenez pas du numéro.

Recherche. Reportez-vous à la fin du Code, dans la table alphabétique (Dalloz) ou l'index alphabétique (LexisNexis). Tous les articles y sont répertoriés, selon des mots clés.

Votre recherche concerne les restitutions en cas de nullité d'un contrat conclu par un mineur. Les mots clés sont « *Mineur* » et « *Restitutions* ». En cherchant « *Mineur* » ou « *Restitutions* » dans l'un des deux Codes, vous découvrirez le numéro 1352-4 (ou 1352 et s). Il s'agit de l'article du Code (ou de l'ensemble des articles du Code) qui envisage les règles à appliquer lorsqu'un contrat conclu par un mineur est annulé. Vous n'avez plus qu'à lire l'article pour résoudre votre cas pratique !

Remarque. Tous les articles du Code civil ne datent pas de 1804, la plupart a été insérée ou modifiée au fur et à mesure des réformes. Pour savoir à quelle date un article a été inséré ou modifié, vous devez vous reporter au début de l'article ou du titre, soit du chapitre ou soit de la section dont il fait partie.

Lorsqu'une référence, en italique et entre parenthèses, est insérée entre le numéro et le début de l'article, cela signifie que l'article n'existait pas ou n'était pas rédigé ainsi en 1804. Cette référence entre parenthèses correspond à la loi, au décret ou à l'ordonnance qui a inséré l'article dans le Code civil ou l'a modifié. Ainsi, l'article 1352-4 du Code civil a été inséré par l'ordonnance n° 2016-131 du 10 février 2016.

Lorsqu'une loi, un décret ou une ordonnance modifie ou crée complètement un passage du Code (titre, chapitre ou section), la référence (numéro + date), en italique et entre parenthèses, est indiquée sous l'intitulé du passage concerné. Cela est très fréquent, en matière de droit des obligations, puisqu'une ordonnance du 10 février 2016 a très largement modifié le droit des contrats avec, y compris pour la responsabilité extracontractuelle, une nouvelle numérotation.

Attention ! Si la référence à une loi, un décret ou une ordonnance n'est pas placée au début de l'article mais à l'intérieur, vous devez en déduire que la modification concerne uniquement la partie citée après la référence (mise entre guillemets dans le Code Dalloz). Ainsi, l'alinéa 4 de l'article 1242 du Code civil a été modifié :

- par la loi n° 70-459 du 4 juin 1970, l'expression « le père, et la mère après le décès du mari » a été remplacée par « le père et la mère, en tant qu'ils exercent » ;

- par la loi n° 2002-305 du 4 mars 2002, l'expression « le droit de garde » a été remplacée par « l'autorité parentale ».

II Vous cherchez si un texte a modifié ou créé des articles du Code

Le droit est en perpétuelle mutation. De nouveaux textes sont régulièrement adoptés et il est parfois utile de savoir quels articles ont été modifiés.

***Exemple.* Le sujet de votre examen est une dissertation sur « La loi ouvrant le mariage aux couples de personnes de même sexe a-t-elle bouleversé le Code civil ».** Vous devez alors trouver dans le Code, soit la loi si, non codifiée, elle a partiellement ou intégralement été reproduite, soit la liste des articles qu'elle a modifiés.

Recherche. Dans un premier temps, il est judicieux de rechercher le mot-clé « Mariage », dans la table alphabétique ou l'index alphabétique. Puis, affinez votre recherche avec le mot clé « Homosexuel », puisque c'est le thème envisagé par la loi. Vous êtes alors renvoyé à l'article 143. Lorsque vous avez cet article sous les yeux, vous repérez immédiatement qu'il a été créé par la loi du 17 mai 2013 (référence de la loi en italique et entre parenthèses au début de l'article).

Pour savoir si d'autres articles ont été modifiés ou créés par la loi, vous devez vous reporter à la fin de la table chronologique ou à la table des textes complémentaires, partie « textes non codifiés ». Vous y trouverez la liste des lois, décrets et ordonnances mentionnés dans le Code, dans l'ordre chronologique de leur publication.

Dans le Code Dalloz, la table chronologique mentionne tous les articles du Code civil que la loi a modifiés et précise que certains articles de la loi, qui ne modifient pas ceux du Code civil, sont reproduits sous l'article 227.

Dans le Code LexisNexis, la table des textes complémentaires renvoie à une page de la partie du Code relative aux annexes, plus précisément aux textes non codifiés. Vous y trouverez la liste des articles du Code civil modifiés pas la loi, ainsi que les articles de la loi elle-même qui ne modifient pas le Code civil mais sont utiles à l'application de la loi.

La table chronologique et la table des textes complémentaires vous permettent donc de savoir non seulement qu'un article (ou une section par exemple) a été créé(e), mais également de connaître la liste de tous les articles qui ont été modifiés par la loi. Il vous serait impossible de rechercher vous-même, parmi tous les articles du Code, ceux pour lesquels la loi de 2013 est indiquée, au début, en italique et entre parenthèses, pour faire la synthèse de l'apport de la loi.

III Vous cherchez un texte non codifié

Une loi est codifiée lorsque le contenu de ses articles est inséré dans un code. Les articles de la loi, ainsi que leur numérotation, n'apparaissent pas. Ils modifient, remplacent ou créent des articles d'un code. Pour ne pas décaler la numérotation à chaque réforme et maintenir celle fixée lors de l'élaboration du code ou de grandes réformes, les articles insérés ultérieurement ont souvent un numéro composé d'un tiret.

Ainsi, la loi du 19 mai 1998, relative à la responsabilité du fait des produits défectueux organise un système de responsabilité proche du droit commun de la responsabilité civile délictuelle. Un titre IV Bis « De la responsabilité du fait des produits défectueux » a donc été créé après le titre IV « Des engagements qui se forment sans convention » qui traite du droit commun de la responsabilité civile délictuelle. Pour ne pas décaler la numérotation des articles du Titre V et suivants, le législateur a relevé le numéro du dernier article du titre IV, le numéro 1386 et a créé, dans le titre IV bis, les articles 1386-1 à 1386-18 (devenus 1245 à 1245-17 et insérés dans un nouveau chapitre, après modification du plan du Code civil lors de la réforme du droit des contrats).

Précision. *Le Code LexisNexis* ne dresse pas la liste des lois entièrement codifiées telle la loi relative à la responsabilité du fait des produits défectueux. Vous devez vous reporter à l'index alphabétique et effectuer une recherche par mots-clés (« *Produits défectueux* »). *Dans le Code Dalloz*, les lois codifiées sont répertoriées dans la table chronologique, avec un renvoi aux articles concernés. Vous pouvez également, bien entendu, vous reporter à la table alphabétique.

Sont également reproduits dans le Code civil des textes non codifiés. Une loi est dite « non codifiée » lorsqu'elle n'est insérée dans aucun code. Les articles de la loi n'ont pas été transformés en article d'un code. Ainsi, la loi du 5 juillet 1985, tendant à l'amélioration de la situation des victimes d'accidents de la circulation et à l'accélération des procédures d'indemnisation, n'a pas été codifiée, contrairement à la loi du 19 mai 1998 relative au produit défectueux. Néanmoins, cette loi concerne le droit civil. Il était donc important de la reproduire dans le Code civil.

Exemple. Vous devez résoudre un cas pratique dans lequel un piéton est heurté par un automobiliste. Vous avez étudié la loi du 5 juillet 1985 en cours et en TD, mais vous devez à présent retrouver un article précis pour répondre à la question posée dans votre cas pratique.

Recherche. Les textes non codifiés sont dispersés dans le Code Dalloz et regroupés dans le Code LexisNexis.

Dans le Code Dalloz, la liste des textes non-codifiés est dressée à la fin de la table chronologique (après la liste des extraits d'autres codes), sans distinction avec les textes codifiés et avec des renvois aux pages du code où le texte est reproduit. Généralement, les textes non codifiés sont insérés sous un article ou un titre concernant le même thème. Ainsi, la loi du 5 juillet 1985 est reproduite sous l'article 1242 relatif au fait des choses puisque les véhicules terrestres à moteur sont des choses et qu'avant de faire l'objet d'une loi spéciale, ils étaient soumis à cet article.

Dans le Code LexisNexis, les textes non-codifiés sont regroupés dans la partie « Annexe ». Ils sont présentés chronologiquement sans distinction entre les lois, les décrets et les ordonnances. La liste de ces textes est dressée au début du Code, dans la table analytique et à la fin, dans la table des textes complémentaires. Dans les deux cas, il est indiqué la page à laquelle le texte est reproduit (le repérage des années est plus clair dans la table des textes complémentaires).

Précision. *Dans le Code LexisNexis*, les textes non codifiés étant reproduits dans l'ordre chronologique, vous pouvez directement rechercher celui qui vous intéresse dans l'annexe.

Remarque. Si vous ne savez pas que la loi du 5 juillet 1985 n'a pas été codifiée, vous pouvez vous reporter à la table alphabétique ou à l'index alphabétique avec le mot-clé « Accident de la circulation ».

Le Code Dalloz vous indique directement le numéro de la page à laquelle la loi est reproduite.

Le Code LexisNexis précise seulement que ce thème fait l'objet de la loi du 5 juillet 1985. C'est à vous d'aller chercher la page à laquelle la loi est reproduite, directement dans la partie « Annexe » ou en passant par la table des textes complémentaires.

L'avantage de la table alphabétique et de l'index alphabétique est que sous le mot-clé « Accident de la circulation » vous en trouvez d'autres qui précisent le contenu des différents articles de la loi. Ainsi, pour résoudre votre cas pratique relatif au piéton heurté par une voiture, la table alphabétique précise, sous le mot-clé « Accident de la circulation », le mot-clé « Piéton » et vous renvoie à l'article 3 de la loi du 5 juillet 1985. De même, l'index alphabétique affine la recherche du mot-clé « Accident de la circulation » par le mot-clé « Indemnisation de la personne » renvoyant aussi à l'article 3 de la loi de 1985.

IV Vous cherchez un article présent dans un autre code

Certaines branches du droit, proches du droit civil, sont abordées en cours de droit civil. Ainsi, l'étude de la responsabilité civile peut conduire à aborder la question de la faute médicale et de la responsabilité en cas de naissance avec un handicap, question qui a fait l'objet de vifs débats. Ce thème est envisagé dans le Code de l'action sociale et des familles. Pour faciliter les recherches, certains articles ont été reproduits dans le Code civil.

***Exemple.* Vous devez commenter l'article L. 114-5 du Code de l'action sociale et des familles relatif à la naissance avec un handicap dû à une erreur médicale.** Certes, le commentaire d'un article ne doit pas s'étendre à celui de la section ou du chapitre dont il fait partie (Voir, dans la Partie 2, la méthode du commentaire d'article). Néanmoins, il peut être utile d'avoir sous les yeux les articles précédents et suivants celui à étudier ou la jurisprudence appliquant ce texte.

Si l'article L. 114-5 du Code de l'action sociale et des familles est reproduit sur votre sujet d'examen, les autres et la jurisprudence ne le sont pas. Et vous ne pouvez pas passer la première demi-heure du temps imparti à rechercher ces informations, au hasard, dans votre Code civil (le Code de l'action sociale et des familles n'étant pas, lui, autorisé à l'examen).

Recherche. *Dans le Code Dalloz*, les Codes, dont des extraits sont insérés, sont listés par ordre alphabétique au début de la table chronologique. Les articles qui sont reproduits sont classés par ordre chronologique. Vous êtes renvoyé soit à la page, soit à l'article du Code civil sous lequel ils sont insérés. Ainsi, l'article L. 114-5 du Code de l'action sociale et des familles est reproduit sous l'article 1242 du Code civil. Vous pouvez également obtenir cette information en cherchant « *Naissance* » ou « *Handicapés* puis *Naissance avec handicap* » dans la table alphabétique.

Dans le Code LexisNexis, les extraits d'autres codes sont regroupés dans la première partie de l'annexe. Les codes sont classés par ordre alphabétique et les articles qui les composent par ordre chronologique.

Attention ! *Dans le Code Dalloz*, les articles d'un même code ne sont pas systématiquement à la suite les uns des autres. Ils sont insérés à proximité des notions qu'ils complètent et qui ont justifié leur présence dans le Code civil.

V Vous cherchez de la jurisprudence

Le droit positif n'est pas seulement constitué par des textes, codifiés ou non. La jurisprudence est également une source du droit. De nombreux extraits de décisions sont reproduits sous les articles du Code civil auxquels elles se rapportent. Connaître la jurisprudence relative à un article est aussi important que connaître l'article lui-même, notamment pour commenter un arrêt et résoudre un cas pratique.

Pour le commentaire d'arrêt, vous devez très rapidement repérer l'article visé par les juges pour fonder leur solution et rechercher les décisions s'y rapportant. Celles-ci vous permettront de savoir si la décision que vous avez à commenter (qui dans le meilleur des cas est même citée dans le Code) est conforme à la jurisprudence ou s'il s'agit d'une décision isolée ou même d'un revirement.

Pour le cas pratique, la jurisprudence renseigne sur l'application faite par les juges de l'article qui vous semble résoudre le problème posé. Parfois même, les enseignants constituent le sujet du cas pratique à partir des faits d'un arrêt.

Exemple. **Vous devez commenter un arrêt relatif la responsabilité en cas d'abus de droit.** Vous savez que la jurisprudence est importante sur ce sujet et vous voulez retrouver les décisions marquantes.

Recherche. L'abus de droit ne fait ni l'objet d'un article du Code civil ou d'un autre code, ni d'une loi. Votre seul recours est la jurisprudence. Contrairement aux textes codifiés ou non, aucun index ou table n'est consacré à la jurisprudence dans le Code civil. Vous devez vous reporter à la table alphabétique ou à l'index alphabétique avec le mots-clés « *Abus de droit* ».

Vous découvrirez que l'essentiel de la jurisprudence relative à l'abus de droit est résumé sous l'article 1241 dans les deux codes. Il vous est même précisé à quel paragraphe, sous cet article.

Chaque code précise dans la table alphabétique ou l'index alphabétique, par des mots-clés, d'autres thèmes où l'abus de droit est visé telle la « *Propriété* » et l'article 544.

Remarque. Lorsqu'elle est abondante, la jurisprudence est classée sous l'article avec des titres et différents paragraphes numérotés. S'il est important de repérer la jurisprudence, il l'est tout autant de savoir la citer dans votre copie. Vous ne devez, en aucun cas, citer un arrêt par le numéro du paragraphe où il est mentionné dans le code. Ces numéros vous permettent de retrouver une décision à partir de la table alphabétique ou de l'index alphabétique. Ils varient d'un éditeur à l'autre et parfois, pour le même éditeur, d'une année à l'autre. Une jurisprudence est citée correctement lorsqu'sont mentionnées la juridiction (tribunal / cour d'appel + lieu, cour de cassation + chambre) et la date. Il est inutile, dans votre copie, de citer les références qui l'accompagnent.

Attention ! Vous devez être très vigilant. Parfois, la jurisprudence réinterprète un article, alors que celui-ci ne change pas. Ainsi, l'alinéa 7 de l'article 1242 (anc. art. 1384) prévoit que les père et mère peuvent s'exonérer de la responsabilité du fait de leur enfant en prouvant qu'ils n'ont pu empêcher le fait qui donne lieu à cette responsabilité. Or cet article, inséré en 1804 et toujours en vigueur dans le Code civil (il a « seulement » changé de numéro), a été réinterprété par la jurisprudence. Pendant longtemps, les juges ont estimé que les parents pouvaient s'exonérer de leur responsabilité en démontrant qu'ils n'avaient pas commis de faute. Puis, en 1997, la Cour de cassation a décidé que la responsabilité des parents du fait de leur enfant est une responsabilité de plein droit et qu'ils ne peuvent s'exonérer de leur responsabilité que par la preuve d'un cas de force majeure ou une faute de la victime. Il s'agit de l'arrêt *Bertrand* du 19 février 1997. Vous comprenez à quel point il est important de lire la jurisprudence citée sous les articles !

Précision. L'autre utilité de la jurisprudence insérée dans le Code est qu'elle est présentée avec la plupart des références des notes de doctrine correspondantes. Ainsi, lorsque vous avez un arrêt, en TD, dont vous souhaitez connaître les références, vous pouvez, par exemple, rechercher s'il est cité dans le Code, sous l'article constituant le visa de l'arrêt. Les notes y sont aussi. De même, au début de certains titres, chapitres ou sections, ou sous les articles les plus importants (qu'il s'agisse du Code Dalloz ou LexisNexis), vous pouvez trouver des références d'ouvrages ou d'articles (bibliographie) pour vous aider dans la préparation de votre TD ou compléter votre cours.

Vous l'avez compris, une bonne maîtrise du Code civil est indispensable pour y trouver, rapidement, l'information recherchée. Seul un entraînement régulier, lors de la préparation de chaque séance de TD, vous permettra d'acquérir les bons réflexes.

Même si le Code civil n'est pas autorisé à l'examen, ne le laissez pas de côté tout au long de l'année. Son utilité n'est pas limitée à ce jour-là. Il vous permet de vérifier le contenu des articles cités dans votre cours et de les lire en intégralité. Profitez-en aussi pour parcourir la jurisprudence citée dessous et pour connaître les applications que les juges font de l'article.

N'hésitez pas : usez et abusez du Code civil. Toutefois, n'oubliez pas : s'il aide les « bons » étudiants, il ne sauve pas les « mauvais » !

Chapitre 3

La présentation des copies

De solides connaissances et une juste application des méthodes ne seront pas appréciées si votre copie est rédigée dans un français approximatif ou ressemble à un brouillon.

Qu'il s'agisse d'une copie, d'une lettre ou de votre cours, vous devez respecter certaines règles de présentation pour que votre document soit agréable à lire ou, même, tout simplement lisible.

N'envisagez pas vos études universitaires à court terme. Elles ne visent pas seulement à vous former dans un domaine précis, d'autant plus que la législation étant en constante évolution, les connaissances juridiques sont rapidement obsolètes. L'université a également pour objectif de vous apporter une culture générale et une rigueur dans votre vie professionnelle et privée. Un CV brillant de diplômes sera écarté s'il est accompagné d'une lettre de motivation trahissant une absence de rigueur et une méconnaissance des règles de base de présentation de tout document.

I Le choix du stylo : de la sobriété

L'intérêt de l'écriture est de communiquer et non de réaliser une œuvre d'art.

1. *D'une part,* votre choix est limité à la couleur bleue ou noire. Les déclinaisons marron, turquoise ou violet, certes tendance, sont à proscrire.
2. *D'autre part*, la plume ou la bille sont acceptées. Cependant, une erreur écrite avec un stylo à plume s'efface discrètement, alors que celle issue d'un stylo à bille laisse une trace de peinture blanche ou une rature.
3. Même si vous optez pour la bille, ne laissez pas un mot, une phrase ou un paragraphe qui ne vous semble pas adapté(e) ou cohérent(e). N'hésitez pas à raturer, mais raturez proprement. Votre correcteur a de nombreuses copies à corriger en peu de temps. Si vous barrez d'un trait une phrase, il passera à la suivante sans essayer de la lire. Alors ne vous évertuez pas à faire disparaître de l'encre avec un vieil effaceur, en bout d'année universitaire, ou à peindre une partie de votre copie en blanc, réécrivant immédiatement sur le mélange, ne disposant pas du temps nécessaire pour le séchage.
4. *Ensuite*, l'encre du stylo ne doit pas être trop claire et la pointe trop épaisse. La copie risque d'être illisible dans le premier cas et « sale » dans le second.
5. *Enfin*, n'abusez pas des feutres de couleur pour les titres ou pour souligner certains passages, surtout s'ils sont épais et que des traces apparaissent au verso de la feuille. Cela est... moche !

II La présentation de la copie : de la clarté

Qu'il s'agisse d'un document dactylographié (CV) ou manuscrit (lettre de motivation, copie d'examen), pensez à aérer votre copie.

1. Laissez une marge suffisante à gauche, au moins 3 centimètres, pour que votre correcteur puisse y mettre des annotations ou que vous puissiez insérer quelques

mots en cas d'oubli. N'hésitez pas à tracer un trait pour bien la délimiter, l'idéal est d'utiliser un crayon puis de gommer à la fin.

2. N'écrivez ni sur la première ni sur la dernière ligne d'une feuille.
3. Si vous optez pour des feuilles à petits carreaux, n'écrivez qu'une ligne sur deux ; si vous préférez les feuilles blanches, utilisez un « guide âne ».
4. Sautez une ligne avant et après chaque titre.
5. Évitez d'écrire un titre à la fin d'une page. Passez à la suivante.
6. N'allez pas systématiquement à la ligne après chaque phrase.
7. Le découpage des mots, en bout de ligne, est strictement réglementé :
   - le trait d'union doit être placé entre deux syllabes ou entre deux consonnes identiques.

     Exemple. Vous ne devez pas écrire « déc-ision » ni « décis-ion » mais « dé-cision » ou « déci-sion ». De même « cas-sation » et « cassa-tion » sont les deux seules possibilités pour scinder ce mot.
   - en cas d'élision (suppression de la voyelle finale d'un mot lorsque le mot suivant commence par une voyelle ou un « h » muet), le mot dont la voyelle est supprimée et le mot suivant forme un tout que vous devez scinder en respectant les règles précédentes.

     Exemple. Vous ne pouvez pas écrire « l' » à la fin d'une ligne et « arrêt » sur la ligne suivante. Seuls « l'arrêt » ou « l'ar-rêt » sont corrects.

III La présentation du sujet : de la rigueur

L'objectif d'un devoir, à la maison ou en examen, est de prouver à votre correcteur que vous avez compris ce qu'il vous a enseigné. L'intérêt pour l'enseignant est de vous évaluer. Gardez toujours à l'esprit que vous écrivez pour être lu. Veillez donc à être cohérent et à ne pas « perdre » votre lecteur lors d'un changement d'idée, de question ou de partie.

1. Si vous avez le choix entre plusieurs sujets, n'oubliez pas de préciser celui que vous traitez.
2. Si le sujet comporte plusieurs questions, traitez les dans l'ordre que vous souhaitez (sauf s'il est imposé) mais commencez toujours par toutes les lire. Vous éviterez ainsi de répondre à d'autres questions du sujet dès votre première réponse, puis de vous répéter dans les développements suivants et, surtout, une mauvaise note lorsque, après vous être trop étendu sur la première réponse, vous n'avez plus le temps de traiter les autres.

   Vous devez espacer vos réponses de deux ou trois lignes et précisez systématiquement le numéro de la question à laquelle vous répondez.
3. S'il s'agit d'un sujet unique, dissertation, commentaire ... n'oubliez pas d'élaborer un plan, avec chapeaux et transitions. L'usage veut que les plans soient constitués de deux parties, composées chacune de deux sous-parties. Les parties sont

numérotées suivant les chiffres romains, I et II ; tandis que les sous-parties suivent les lettres de l'alphabet A et B.

Attention ! Les sous-parties de la seconde partie reprennent les lettres A et B, elles ne font pas suite aux sous-parties de la première partie avec les lettres C et D.

I A / B	~~I A / B~~
II A / B	~~II C / D~~

IV La présentation des idées : de l'enchaînement

Les exercices juridiques appellent rarement des réponses courtes, tenant en une ou deux phrases. Une dizaine de lignes est généralement de rigueur. Qu'il s'agisse d'une réponse à une question particulière ou du développement d'une sous partie de dissertation ou de commentaire, les points ne sont pas attribués en fonction de la longueur de la réponse. Votre correcteur attend un exposé clair, précis et rigoureux.

1. Utilisez, sans en abuser, des mots ou expressions de liaison : d'abord, dans un premier temps, d'une part / puis, ensuite, dans un deuxième (ou second) temps, d'autre part / enfin, finalement, en définitive… Soulignez les contrastes : tandis que, alors que, en revanche…
2. Respectez l'ordre chronologique des évènements, des décisions ; l'ordre hiérarchique des juridictions.
3. Distinguez la position de la doctrine et de la jurisprudence.
4. Gardez toujours à l'esprit ce que vous voulez démontrer.

Enfin, tous ces efforts seront vains si votre écriture est illisible. Même le correcteur le plus consciencieux se lasse au bout de quelques lignes, lorsqu'il doit déchiffrer voire supposer chaque mot.

PARTIE 2

La méthodologie

PARTIE 2

La méthodologie

Chapitre 1

La méthode du commentaire d'article

Qu'il s'agisse du droit privé ou public, national ou international, d'un code, d'un traité, d'une constitution, d'une proposition de loi... les normes juridiques sont souvent présentées sous la forme d'articles. Quelle que soit sa profession (avocat, magistrat, notaire, juriste d'entreprise...), le juriste est amené à exploiter ces dispositions normatives et doit être capable de les interpréter.

Dès la première année d'étude, savoir analyser et apprécier un article est également indispensable, pour l'appliquer à bon escient dans un cas pratique ou en évaluer le bienfondé lors d'un commentaire d'arrêt.

Le commentaire d'article est donc un exercice fondamental. Il consiste à analyser, expliquer et apprécier une disposition normative en la replaçant dans son contexte. Même si vous n'avez pas de solution à trouver, comme dans un cas pratique, ou de problème juridique à formuler, comme dans un commentaire d'arrêt, le commentaire d'article n'est pas un exercice facile. Il suppose de solides connaissances et le strict respect de la méthode.

Outre l'écueil de la paraphrase, vous devez éviter de glisser vers un autre type d'exercice juridique.

Ainsi, le commentaire de l'article L. 114-5 du Code de l'action social et des familles ne doit pas aboutir :

- *au commentaire de l'arrêt* Perruche (Cass. ass. plén., 17 novembre 2000, *Bull. civ.*, n° 9, que vous trouverez dans ce manuel). Cet arrêt doit seulement être cité pour expliquer l'élaboration de la loi du 4 mars 2002 et la création de l'article à commenter ;
- *à l'étude du cas particulier des fautes commises par les laboratoires, comme dans l'arrêt* Perruche. Un tel devoir serait incomplet, le cas des fautes commises par les médecins et les établissements, lors des échographies par exemple, n'étant pas traité.
- *à une dissertation sur « La naissance d'un enfant handicapé »*. Le commentaire doit seulement porter sur la naissance avec un handicap dû à un faute médicale.

Savoir commenter un article est indispensable mais difficile. Cela suppose une bonne préparation, méthodique, à laquelle vous devez consacrer au moins la moitié du temps qui vous est imparti.

I La préparation du commentaire

La préparation du commentaire comporte quatre étapes. D'abord, il est indispensable de bien identifier l'article. Ensuite, il faut l'analyser, puis l'apprécier. Enfin, lorsque vous connaîtrez parfaitement tous les éléments devant figurer dans votre devoir, et seulement à ce moment-là, vous pourrez élaborer votre plan.

1 L'identification de l'article

Trois informations permettent d'identifier un article : sa date, son auteur et son support.

La date d'élaboration de l'article permet de le rapprocher d'autres textes ou décisions, antérieurs, simultanés ou postérieurs, susceptibles de vous éclairer sur le contexte de son adoption. La loi du 4 mars 2002, sur le droit des malades, a par exemple eu pour but de mettre un terme à la polémique sur la naissance des enfants handicapés suite à l'arrêt *Perruche* du 17 novembre 2000 (Ass. Plén., 17 novembre 2000, *Bull. civ.*, n° 9). La loi du 5 juillet 1985, relative aux accidents de la circulation, a eu pour objectif de soustraire les victimes au régime de la responsabilité du fait des choses résultant de l'arrêt *Desmares* (Cass. 2e civ., 21 juillet 1982, *Bull. civ.* II, n° 111). La date d'élaboration de l'article vous permet également d'attribuer à certains mots leur véritable sens, passé et actuel, lorsque le texte est ancien, et de comprendre les motivations de son auteur. L'article 1242 du Code civil (anc. art. 1384, avant la réforme sur le droit des obligations du 10 février 2016) dispose que les maîtres et les commettants sont respectivement responsables du fait de leurs domestiques et de leurs préposés. Les rédacteurs du Code civil ont distingué les maîtres des commettants pour insister, à l'époque, sur la responsabilité des premiers, le métier de domestique étant courant en 1804. En réalité, une telle distinction était inutile, les maîtres étant des commettants et les domestiques des préposés !

L'identité de l'auteur d'un article peut vous renseigner sur son objectif et les circonstances de son élaboration. La loi du 4 mars 2002, relative au nom de famille, fut votée rapidement, à la fin d'une législature particulièrement chargée. Cette célérité explique certaines imperfections auxquelles les parlementaires suivants ont dû remédier par la loi du 18 juin 2003.

Le support de l'article, c'est à dire la loi, la réforme, le code dont il est issu, permet de connaître sa valeur et son importance. Un article issu d'une réforme d'envergure ou de fond est souvent plus important qu'un article issu d'une réforme de circonstance. Ainsi, la loi constitutionnelle du 2 octobre 2000, réduisant la durée du mandat présidentiel à cinq ans, pour l'aligner sur celui des députés, est une réforme moins importante que celle du 6 novembre 1962 ayant instauré l'élection du Président de la République au suffrage universel et remettant en cause la qualification de régime parlementaire.

Attention ! Commenter un article issu d'une loi n'est pas commenter cette loi ! De même, commenter un article issu d'un code ne doit pas vous conduire à commenter le chapitre dont il fait partie. Certes, il est indispensable de connaître ce qui entoure l'article sur son support, pour pouvoir bien l'apprécier. Il est même opportun de l'évoquer dans l'introduction et de faire quelques renvois dans votre devoir. Cependant, ne vous dispersez pas. Si vous étendez le champ de votre étude, vous serez contraint, par manque de temps, de survoler l'article concerné, alors que votre correcteur en attend une étude approfondie.

Après avoir déterminé le support originel de l'article, pensez à indiquer son support final, s'il a été inséré dans un code, un traité... Cela peut également renseigner sur son importance et sur l'intention de son auteur. La loi du 29 juillet 1994 sur le respect du corps humain a, par exemple, inséré des articles à la fois dans le Code civil et dans le Code de la santé publique, selon le thème visé et les personnes concernées.

2 L'analyse de l'article

Après avoir identifié l'article, vous devez analyser ses termes, ainsi que sa structure grammaticale et logique.

La glose consiste à définir chaque terme du texte dans son sens courant et juridique. S'il existe plusieurs sens ou un risque de confusion, vous devez expliquer les termes en recherchant l'intention de l'auteur et l'interprétation de la jurisprudence. Ainsi la communauté de vie à laquelle les époux s'obligent mutuellement, selon l'article 215 du Code civil, englobe le devoir de cohabitation (communauté de toit) *et* le devoir conjugal (communauté de lit).

La structure grammaticale de l'article est utile pour élaborer le plan du commentaire. Vous devez relever les propositions principales et subordonnées, les articles définis (le / la / les) ou indéfinis (un / une / des), les conjonctions de coordination : « et » (accumulation / énumération) ; « ou » (indifférence / alternative).

Ainsi, l'intérêt de l'article 1157 du Code civil est d'indiquer qu'un représenté peut invoquer la nullité d'un acte accompli en son nom. Le législateur a précisé dans quelle hypothèse : « lorsque le représentant détourne ses pouvoirs au détriment du représenté », et à quelle condition : « si le tiers avait connaissance du détournement ou ne pouvait l'ignorer ».

N'oubliez pas qu'un principe, dans le langage juridique, l'indicatif vaut impératif !

La structure logique de l'article correspond au mode de raisonnement de son auteur, ainsi qu'à la méthode législative qu'il a utilisée, c'est à dire ce qu'il a dit et comment il l'a dit. Elle vous aide pour la construction du plan.

L'auteur peut fixer un principe, une exception, une limite ; dresser une liste de personnes ou de situations... Par exemple, l'article 544 du Code civil pose le principe selon lequel « La propriété est le droit de jouir et de disposer des choses de la manière la plus absolue » ainsi qu'une limite « pourvu qu'on n'en fasse pas un usage prohibé par les lois ou par les règlements ».

L'auteur peut aussi permettre, interdire, suggérer, utiliser un modèle de référence, des notions précises ou floues, laisser une marge d'appréciation au juge. Ainsi, selon l'article 1228 du Code civil, relatif la résolution judiciaire, le juge a, « selon les circonstances », plusieurs options : « constater ou prononcer la résolution ou ordonner l'exécution du contrat, en accordant éventuellement un délai au débiteur, ou allouer seulement des dommages et intérêts ».

L'analyse du texte est indispensable mais ne suffit pas. Le commentaire d'article suppose également de l'interpréter, de l'apprécier.

3 L'appréciation de l'article

Après avoir déterminé le contenu et le sens de l'article, il faut l'apprécier. Pour cette étape, vous devez faire appel à vos connaissances relatives au thème visé et répondre aux questions suivantes.

1. ***Avant l'adoption de l'article.*** Pourquoi cet article a-t-il été écrit ? Pourquoi l'a-t-il été à ce moment-là ? Quelles situations, quelles personnes ont nécessité son élaboration ? Quel était le but de son auteur ? Son objectif était-il de consacrer une évolution jurisprudentielle ou sociale, de sanctionner une dérive des tribunaux ou des comportements ?
2. ***L'article adopté.*** Quelle solution l'article a-t-il apportée au problème posé à son auteur ? Quel est son sens, son apport ? L'auteur a-t-il atteint son but ? Quelles situations, quelles personnes sont effectivement visées ? S'agit-il d'un nouveau principe, d'une précision, d'une exception ?
3. ***Après l'adoption de l'article.*** Comment ont réagi la jurisprudence, la doctrine, les professionnels ? La doctrine a-t-elle approuvé ou critiqué l'article ? La jurisprudence l'a-t-elle strictement appliqué ? A-t-elle dû l'interpréter ? Y a-t-il unanimité ou divergence entre les juges ? Les professionnels l'ont-ils strictement appliqué ? Ont-ils essayé de le contourner ? Quel est l'avenir probable du texte (abrogation, pérennité) ?

4 L'élaboration du plan

Le plan du commentaire d'article doit comporter deux parties et quatre sous parties, de longueur et d'intérêt équivalents. Vous devez, autant que possible, vous appuyer sur la structure de l'article pour construire votre plan. Chaque sous partie doit correspondre à l'analyse et à l'appréciation d'un passage de l'article. Il ne faut, en aucun cas, identifier et analyser l'article dans la première partie et l'apprécier dans la seconde.

Pour élaborer votre plan, vous devez être attentif :

– ***à la structure typographique*** : phrase, alinéa, virgule...

Ainsi, l'article 55 de la Constitution du 4 octobre 1958 dispose « Les traités et accords régulièrement ratifiés ou approuvés ont, dès leur publication, une autorité supérieure à celle des lois, sous réserve, pour chaque accord ou traité, de son application par l'autre partie. » Les différentes virgules de cet article en font ressortir la structure dont vous pouvez vous inspirer pour bâtir votre plan. En effet, ce texte énonce un principe : les traités et accords ont une autorité supérieure à celle des lois, et trois limites mises en évidence par des virgules : les traités et accords doivent être ratifiés ou approuvés (1), publiés (2) et appliqués par l'autre partie (3).

Vous pouvez donc, par exemple, étudier le principe de l'autorité supérieure des traités dans la première partie et les limites à cette supériorité dans la seconde.

– ***à la structure grammaticale*** *:* propositions principale et subordonnée(s), mots et concepts clés... Par exemple, l'article 205 du Code civil dispose que « Les enfants doivent des aliments à leurs père et mère ou autres ascendants qui sont dans le besoin. » Cet article est composé d'une seule phrase, sans ponctuation particulière, et l'analyse de la structure typographique ne permet pas de construire un plan. En revanche, il est composé d'une proposition principale : les enfants doivent des aliments à leurs père et mère ou autres ascendants, et d'une subordonnée : qui sont dans le besoin. Vous pouvez étudier dans la première partie : à quelles personnes les enfants doivent des aliments et, dans la seconde : à quelle condition.

– ***à la structure logique*** *:* changement d'idée, de situation, énoncé d'un principe, d'une exception, d'un cas particulier...

Ainsi, l'article 1155 du Code civil envisage les effets de la représentation : « lorsque le pouvoir du représentant est défini en termes généraux » (al. 1er) et « lorsque le pouvoir est spécialement déterminé » (al. 2). Cette structure logique, visant deux situations différentes, peut correspondre au plan du commentaire d'article.

Lorsque l'analyse de l'article est terminée et le plan fixé, vous avez accompli la part la plus difficile du travail. Vous abordez alors la seconde étape du commentaire d'article : la rédaction.

II La rédaction du commentaire

Lors de la rédaction de votre commentaire, pensez à soigner autant la forme que le fond (voir *supra* pour les conseils « de forme »). Outre la maîtrise de l'orthographe, de la grammaire et du langage juridique, veillez à bien présenter votre copie avec une marge, des retours à la ligne et, si nécessaire, des ratures « propres » !

1 L'introduction

L'introduction correspond à un tiers du devoir. Vous devez y présenter le sujet en respectant les étapes suivantes :

1. annoncez le thème visé par une ou deux phrases « d'attaque » ;
2. indiquez quel article vous allez commenter : n'hésitez pas à le citer intégralement ou à en rappeler la substance s'il est trop long (plus de trois ou quatre lignes) ;
3. situez l'article dans le temps et l'espace en précisant l'identité de son auteur, la date à laquelle il a été élaboré et le lieu où il a été inséré (code, chapitre, section) ;
4. expliquez brièvement à quelle question l'article est venu répondre ? Pourquoi a-t-il été créé ? Quelle situation a justifié son élaboration ? Était-ce un problème important ? Qui concerne-t-il ? A-t-il été difficile à élaborer ? Comment est-il appliqué ? Doit-il être interprété ?
5. annoncez le plan (seulement les deux parties, les sous parties doivent être annoncées dans les chapeaux).

2 Le corps du commentaire

Développer votre commentaire consiste à ordonner les remarques inscrites sur votre brouillon et à les insérer dans votre plan, en enchaînant vos propos. Pour cela, vous devez penser aux chapeaux sous les titres de vos parties, pour annoncer les sous parties et à la transition entre les deux grandes parties.

Les intitulés doivent être précis, de préférence courts, sans verbe conjugué et correspondre parfaitement au contenu de la partie ou de la sous-partie. Il est d'ailleurs conseillé d'insérer les titres après avoir rédigé les sous parties.

3 La conclusion

Le commentaire d'article doit se terminer par une brève conclusion. Vous ne devez ni résumer, en quelques mots, ce que vous avez longuement développé dans le corps du devoir, ni soulever une idée nouvelle, pour marquer votre correcteur. Le but de la conclusion est d'achever votre démonstration et de constituer une ouverture sur l'avenir.

Vous pouvez, par exemple, suggérer à votre lecteur d'être attentif :

- à l'application que la jurisprudence ou les professionnels feront de l'article ;
- à une éventuelle intervention du législateur pour adapter l'article à l'évolution de la pratique ou des mœurs, ou remédier à certaines incohérences.

Un dernier effort : relisez votre copie avant de la rendre. Il serait dommage qu'un bon travail de fond soit dévalorisé par une orthographe désastreuse ou que certains passages effacés ne soient jamais complétés !

PARTIE 2

La méthodologie

Chapitre 2

La méthode du commentaire d'arrêt

Le commentaire d'arrêt consiste à étudier une question juridique soulevée à l'occasion d'un conflit particulier. L'objectif est de déterminer le problème posé et la façon dont il a été résolu. Il est en effet important, pour la majorité des praticiens du droit, de savoir consulter, apprécier et appliquer la jurisprudence au fur et à mesure de sa parution.

Le commentaire d'arrêt est souvent appréhendé par les étudiants. Si certains apprécient qu'il y ait « tout » dans l'arrêt, beaucoup redoutent d'avoir à déterminer « le » problème juridique.

Contrairement au commentaire d'article, la matière est effectivement plus importante dans le commentaire d'arrêt. Le sujet est plus long et contient donc plus d'informations. Cela peut paraître rassurant. Cependant, il faut veiller à ne pas paraphraser la décision : la recopier avec quelques éléments de cours, à ne pas déraper vers un commentaire d'article : celui visé dans l'arrêt.

Contrairement au cas pratique, la solution au litige est fournie. Vous n'avez pas à la trouver. Cependant, il faut l'apprécier, l'expliquer, la critiquer... positivement ou négativement, ce qui revient parfois, certes brièvement, à étudier l'article sur lequel se fonde la décision, comme dans un commentaire d'article, et à indiquer quelle autre réponse aurait pu être apportée au litige, comme dans un cas pratique.

Pour éviter ces écueils, respectez les différentes étapes de la préparation du commentaire.

I La préparation du commentaire

La préparation du commentaire consiste à identifier, analyser et apprécier l'arrêt.

1 L'identification de l'arrêt

Deux informations permettent d'identifier un arrêt : sa date et la juridiction qui l'a rendu.

La date de l'arrêt permet de comprendre dans quel contexte il a été rendu, de déterminer si l'arrêt constitue un revirement de jurisprudence, si la solution a été consacrée avant ou après le vote d'une nouvelle loi... et donc de savoir si la solution est toujours en vigueur ou si elle a été ou va être démentie. Par exemple, l'arrêt *Perruche*, du 17 novembre 2000 (Ass. Plén., 17 novembre 2000, *Bull. civ.*, n° 9), a contribué à ce que soit élaborée la loi du 4 mars 2002 sur le droit des malades, laquelle n'a pas adopté la même position que les juges.

La juridiction qui a rendu l'arrêt renseigne sur l'importance qu'il convient de donner à celui-ci, au sein de la jurisprudence. Les arrêts rendus par la Cour de cassation comportent une solution de droit, puisque cette dernière, contrairement aux juges du fond, n'apprécie pas les faits mais seulement le droit.

Remarque. Il est d'usage, pour citer une décision, d'indiquer sa date et une ou plusieurs références. Les arrêts de la Cour de cassation, par exemple, sont référencés par le numéro de leur pourvoi. Lorsqu'ils tranchent une question importante ou une question nouvelle, ils sont également référencés par un numéro au Bulletin (*Bull. civ.*, avec le numéro de la chambre qui a rendu l'arrêt). Cela suppose, toutefois, que l'arrêt ait été rendu plusieurs mois auparavant, temps nécessaire pour qu'un numéro soit attribué et que le Bulletin soit publié.

2 L'analyse de l'arrêt

L'analyse d'un arrêt comporte plusieurs étapes, traditionnellement présentées lors de la rédaction de fiche d'arrêt.

D'abord, vous devez indiquer, succinctement, les **faits**, la **procédure** et les **arguments** des parties.

Ensuite, vous devez poser le problème soulevé par l'arrêt, la question à laquelle les juges ont répondu, soit d'abord en termes de faits, concrets, non juridiques, puis en termes juridiques et abstraits ; soit directement en termes juridiques et abstraits. Cette formulation du **problème juridique** doit être aussi brève que possible : quelques lignes au maximum. Lorsque l'arrêt comporte un attendu de principe, vous pouvez souvent « vous contenter » de mettre celui-ci à la forme interrogative.

Enfin, il faut indiquer la **solution adoptée** par l'arrêt, pour répondre au problème posé.

3 L'appréciation de l'arrêt

Apprécier l'arrêt consiste à en déterminer le sens, la valeur et la portée.

Le sens de l'arrêt. Chercher le sens d'une décision revient à se poser les questions suivantes : qu'est-ce que les juges ont décidé ? qu'ont-ils déclaré ? qu'ont-ils répondu aux parties ? ont-ils sanctionné ou approuvé la décision de la cour d'appel ou du tribunal ?

Il faut démontrer que vous avez compris la décision :

- en la situant dans son contexte juridique, en faisant appel à vos connaissances pour la rattacher à un problème connu ;
- en recherchant les règles et les textes dont les juges ont fait application ;
- en démontrant comment, à partir de la règle générale et abstraite applicable, le juge a résolu le problème concret et particulier qui lui était posé, en faveur de l'une des parties ; comment la décision a qualifié juridiquement les faits qui lui étaient soumis (accident ou meurtre par exemple) ; comment le juge a interprété la règle applicable.

Si la décision peut faire l'objet de plusieurs interprétations, vous devez les indiquer et choisir celle qui, eu égard à la rédaction, au contexte… paraît correspondre, le plus exactement, à la pensée du tribunal ou de la cour, en précisant les raisons de votre choix.

La valeur de l'arrêt. Pour déterminer la valeur de la solution, vous devez vous poser les questions suivantes : pourquoi les juges ont-ils pris cette décision ? pouvaient-ils juger autrement ? quelles règles ont-ils appliquées ? était-ce prévisible ? est-ce un revirement de jurisprudence, une décision isolée ?

Il faut ainsi :

- rechercher les motifs qui ont conduit le juge à choisir l'interprétation qu'il a retenu, classer les arguments (de texte, jurisprudence antérieure, coutume, d'équité ou sociaux) ;
- rechercher la conformité ou la non-conformité de la décision au droit positif (textes et jurisprudence) existant au moment où celle-ci a été rendue ;
- dégager l'état de la jurisprudence et non d'une ou deux décisions seulement ;
- tenir compte de la hiérarchie judiciaire. Un arrêt, même récent, de la Cour de cassation ne devient pas caduc par l'effet d'un jugement ultérieur d'un TGI. Celui-ci traduit seulement une nouvelle tendance ou une résistance des juges du fond ;
- apprécier objectivement la solution, à l'aide d'arguments de droit puis de fait (logiques, humains, sociaux). L'exposé des arguments doit se terminer par votre opinion sur l'arrêt, exprimée avec mesure ou discrétion.

La portée de l'arrêt. Déterminer la portée de la décision revient à se poser les questions suivantes : quelles vont être les conséquences de l'arrêt ? que va-t-il se passer pour les prochaines affaires similaires ? les parties seront-elles mieux protégées, plus libres ? sera-t-il plus opportun de se prévaloir d'autres règles de droit ? quelle va être la réaction du législateur ? va-t-il devoir légiférer ? la jurisprudence risque-t-elle de changer ?

Si la décision est ancienne, il faut rechercher l'évolution postérieure du droit positif (modification des textes ou de la jurisprudence).

Si la décision est récente, il faut rechercher l'évolution du droit positif qu'elle semble annoncer.

4 L'élaboration du plan

L'objectif d'un plan est de présenter clairement vos idées, de permettre à votre lecteur de comprendre votre raisonnement, voire d'adhérer à votre démonstration.

Sur la forme. Les intitulés doivent être formulés de façon à révéler l'idée majeure de l'arrêt. Les solutions doivent apparaître clairement.

Si, par exemple, votre plan consiste à démonter qu'il existe un principe et une exception, vous ne devez pas intituler vos parties : I. Principe – II. Exception. Il faut « maquiller » vos titres, pour qu'ils correspondent à la décision. De même, il est fréquent, dans la première partie d'un commentaire d'arrêt ayant opéré un revirement de jurisprudence, d'étudier le droit antérieur dans la première sous partie et la solution nouvelle dans la seconde. Si vous devez commenter l'arrêt qui a opéré le revirement de jurisprudence sur la licéité de la cession des clientèles civiles (Cass. 1re civ., 7 novembre 2000, *Bull. civ.* I, n° 283, voir le commentaire de cet arrêt dans la Partie 3), les intitulés de la première partie : *A. Droit antérieur* et *B. Solution nouvelle* sont trop généraux. Il est préférable d'indiquer *A. Une cession longtemps illicite* (droit antérieur) et *B. Une cession désormais licite* (solution nouvelle).

Sur le fond. Pour que votre devoir soit vraiment un commentaire d'arrêt, vous devez :

- *commenter l'intégralité de l'arrêt et seulement cet arrêt.* Vous devez garder en vue la décision que vous commentez et y revenir le plus souvent possible. Tout ce qui est ajouté doit être absolument nécessaire pour comprendre la solution. Il faut éviter de partir de la décision puis de vous en désintéresser, en insérant dans votre copie des passages hors sujet, correspondant certes à des connaissances voisines de la matière, mais inutiles pour la compréhension et la critique de la décision ;
- *analyser mais aussi critiquer l'arrêt.* L'exposé des connaissances et de la solution ne suffit pas. Vous devez ensuite formuler, par diverses confrontations, un jugement d'approbation ou de critique la concernant. À défaut d'expérience ou d'avis personnels, retranchez-vous derrière d'autres arrêts, la loi, une partie de la doctrine.

Comme pour la plupart des devoirs, le plan doit comporter deux parties, avec deux sous parties chacune. Ceux qui procèdent différemment sont peu nombreux. La probabilité pour que votre correcteur soit l'un d'eux est mince. N'hésitez pas à demander à votre chargé de TD et à votre enseignant ce qu'ils en pensent.

- *Si la décision pose deux problèmes juridiques distincts*, chaque question peut faire l'objet d'une partie à condition, toutefois, d'être d'importance et de longueur équivalentes.
- *Si la décision pose plus de deux problèmes juridiques distincts*, il convient d'opérer des regroupements, en dégageant, au plus, deux thèmes principaux pour constituer les deux parties de votre devoir. Le problème le plus important de la décision doit, en principe, être développé dans la partie I.
- *Si la décision ne pose qu'un seul problème juridique,* situation la plus fréquente, vous devez trouver deux « axes ».

Il n'existe pas de plan type. Toutefois, il est souvent possible de suivre une présentation classique.

I. La première partie concerne généralement le commentaire de l'arrêt, objectivement : son explication (avant l'arrêt et l'arrêt lui-même).

A. La première sous partie sert à introduire la seconde (laquelle est la plus importante du devoir). Il faut y insérer tout ce qu'on ne peut pas traiter dans le B et qui concerne l'analyse de la solution posée par l'arrêt à commenter.

Par exemple :

- si l'arrêt à commenter est un revirement de jurisprudence, vous devez mettre dans le I. A. un rappel historique et/ ou la solution antérieure ;
- si l'arrêt pose un principe s'expliquant par l'analyse de deux notions, il faut mettre la moins importante en A et la plus importante en B ;

- si l'arrêt précise les conditions d'application d'un texte, vous devez envisager l'élaboration de ce texte dans le A et ses conditions d'application dans le B.

B. La seconde sous partie est la sous partie la plus importante de tout le devoir. Il faut préciser le sens, la substance de l'arrêt.

II. La seconde partie concerne généralement le commentaire de l'arrêt, subjectivement : son appréciation (l'arrêt lui-même et après l'arrêt).

A. La première sous partie est l'essentiel de la seconde partie. Vous pouvez y étudier la valeur de l'arrêt.

B. La seconde sous partie sert à aborder la portée de l'arrêt et « tout ce qui ne peut être mis ailleurs ».

Si la portée de la décision est importante, parce qu'il s'agit d'un arrêt ancien avec de nombreuses conséquences, vous pouvez étudier la valeur dans le I. B, avec le sens, et consacrer tout le II. à la portée.

II La rédaction du commentaire

Si le travail de préparation est bien fait, la rédaction du commentaire ne présente pas de difficulté, à part respecter le temps imparti.

1 L'introduction

L'introduction du commentaire d'arrêt est très importante. Elle représente près d'un tiers du devoir et parfois près d'un tiers des points. N'hésitez pas à y consacrer une heure et à la rédiger, au moins partiellement, au brouillon.

Le correcteur doit y retrouver les éléments suivants :

1. une « phrase de contexte » ou « phrase d'accroche », afin de situer la décision par rapport à la matière. Vous pouvez par exemple commencer par :
   - l'arrêt rendu le ... par ... soulève le problème de la validité de ...
   - le présent arrêt de la ... chambre de Cour de cassation, en date du ... apporte une importante contribution à la question si discutée de la nature juridique de ...
2. les faits, uniquement ce qui est utile pour le problème juridique, le reste servira dans le corps du devoir ;
3. la procédure et des motifs de la décision ;
4. les arguments des parties, les intérêts en présence ;
5. le problème juridique *en termes juridiques et abstraits* ;
6. la solution adoptée par les juges ;
7. l'annonce du plan, seulement les deux parties, avec les intitulés exacts de préférence.

Vous pouvez, si vos propos s'enchainent mieux ainsi, annoncer le problème juridique après la phrase d'accroche. Les autres éléments doivent, en principe, apparaître dans l'ordre indiqué.

2 Le corps du commentaire

Rédiger votre commentaire consiste à ordonner les remarques inscrites sur votre brouillon et à les insérer dans votre plan, en enchaînant vos propos. Pour cela, vous devez penser aux chapeaux sous les titres de vos parties, pour annoncer les sous parties et à la transition entre les deux grandes parties.

Les intitulés doivent être précis, de préférence courts, sans verbe conjugué et correspondre parfaitement au contenu de la partie ou de la sous-partie. Il est d'ailleurs conseillé d'insérer les titres après avoir rédigé les sous parties.

3 La conclusion

Le commentaire d'arrêt n'appelle pas de conclusion. Évitez donc de résumer votre copie en quelques lignes. Vous pouvez, éventuellement, terminer par une phrase qui « boucle » le devoir, qui donne l'impression à votre correcteur que votre travail est terminé.

Vous pouvez, par exemple, suggérer à votre lecteur d'être attentif :

- à la position des magistrats dans les prochaines affaires similaires ;
- à la réaction des professionnels fassent à une telle jurisprudence ;
- à une éventuelle intervention du législateur pour consacrer ou contrecarrer la position des juges...

Un dernier conseil : relisez votre devoir avant de le rendre. Une orthographe approximative peut agacer votre correcteur, au point de l'empêcher d'apprécier votre travail à sa juste valeur.

PARTIE 2

La méthodologie

Chapitre 3

La méthode du cas pratique

Résoudre un cas pratique consiste à trouver une solution juridique concrète à un problème posé par une situation de fait. Et telle est exactement la mission de nombre de professionnels du droit (avocats, notaires, magistrats...) !

Le cas pratique est souvent l'exercice préféré des étudiants. Il leur parait moins difficile. Il n'y a pas de problème juridique à trouver, de plan « artificiel » à élaborer... *Contrairement au commentaire d'arrêt*, cependant, la solution ne vous est pas donnée. Vous devez la trouver.

Contrairement au commentaire d'article, il ne suffit pas d'analyser une disposition. Vous devez vous assurer qu'elle trouve application en l'espèce et indiquer quelles vont être les conséquences.

Comme tous les exercices, le cas pratique suppose une préparation, au brouillon, puis une rédaction, au propre. Même si l'utilisation du Code (civil, de commerce...) est autorisée... et que la solution semble facile à trouver, même si les questions sont clairement posées... et qu'il suffit d'y répondre, vous devez respecter certaines étapes, pour que votre correcteur trouve dans votre copie tous les éléments nécessaires pour vous attribuer une bonne note.

I La préparation du cas pratique

La préparation du cas pratique consiste à analyser les faits puis à rechercher les problèmes juridiques posés et les éléments de réponse.

1 L'analyse des faits

L'analyse des faits suppose de repérer les plus importants, puis de les qualifier juridiquement.

Repérer les faits. Résoudre un cas pratique consiste à se mettre à la place d'un avocat ou d'un magistrat, afin de renseigner une personne ou de trancher un litige. Les éléments qui vous sont fournis ne sont pas tous utiles. Le repérage des faits suppose donc de mettre en évidence, sur le sujet même, avec un feutre par exemple, les éléments importants.

Qualifier juridiquement les faits. La qualification juridique suppose de transposer des termes communs et parfois peu clairs, en termes juridiques et précis, de traduire le discours d'un non juriste en discours d'un professionnel.

Par exemple, un « accident entrainant un décès » doit être qualifié d'homicide, non de meurtre ; « deux personnes vivant ensemble » peuvent être mariées, pacsées, concubines ou seulement colocataires...

2 La recherche du ou des problèmes posés

Les cas pratiques, également appelés consultations, peuvent être présentés de plusieurs manières :

- avec des questions précises, clairement posées et souvent numérotées : *1. M. X peut-il divorcer ;*
- avec des questions suggérées : *M. X se demande s'il peut divorcer ;*
- avec une question globale : *M. X ne s'entend plus avec son épouse ... elle est infidèle ... qu'en pensez-vous ? que suggérez-vous ?*
- sans question**...** le cas pratique commence alors souvent par : *M. X vient vous consulter, en tant que jeune avocat...*

Dans la première hypothèse, vous devez simplement répondre aux questions. Inutile d'en rechercher d'autres. Il est généralement préférable de répondre dans l'ordre. Cela évite de vous répéter ou d'aborder dans une réponse des éléments attendus dans une autre.

Dans les autres cas, il vous appartient de trouver les questions auxquelles vous devez répondre.

Si, par exemple, le cas pratique indique qu'une personne est décédée et que les médecins souhaitent prélever ses organes, vous pouvez en déduire que la question à laquelle vous devez répondre est : À quelles conditions peut-on prélever des organes ? Dans les cas pratiques relatifs à la filiation, si la mère de l'enfant est mariée et a un amant, la question souvent posée est celle de savoir quel homme peut être désigné comme le père de l'enfant et, surtout, comment il peut l'être.

Attention ! Vous devez être attentif à toutes les informations. Elles ne sont jamais données inutilement. Cela fait souvent la différence entre une note correcte et une bonne note. Inversement, n'envisagez pas une hypothèse qui ne vous est pas suggérée. Vous perdriez du temps sans gagner de points.

3 La recherche des éléments de réponse

Rechercher les éléments de réponse consiste à déterminer quelles dispositions normatives ou décisions jurisprudentielles vont permettre de répondre, précisément et juridiquement, aux problèmes posés.

Le cas pratique, plus que le commentaire d'article ou d'arrêt, suppose que vous maitrisiez votre cours et les séances de TD correspondantes, que vous sachiez chercher et trouver des informations dans un code. Toutefois, les connaissances sont importantes mais insuffisantes. Il ne faut pas réciter votre cours ou copier des articles. Il faut démontrer à votre correcteur :

- que le texte ou la décision que vous citez, par exemple, permet bien de répondre à la question posée ;
- que d'autres solutions ont été envisagées puis ont été écartées ou pourraient être retenues.

II La rédaction du cas pratique

1 L'introduction

L'introduction (assez courte) comporte plusieurs étapes :

- l'annonce du thème visé par le cas pratique, telle une phrase d'accroche ;
- le résumé et la qualification juridique des faits ;
- le problème posé par les faits ;
- l'annonce du plan, notamment si vous avez dû trouver les questions.

Attention ! Le plan du cas pratique n'est pas obligatoirement constitué de deux parties avec quatre sous-parties. La structure du devoir peut correspondre aux différentes questions soulevées par les faits.

2 Le corps du cas pratique

Que les questions vous aient été clairement posées ou que vous ayez dû les trouver, les réponses doivent toujours être justifiées. Vous ne devez jamais affirmer une solution, même juste : *M. X est responsable ; Le contrat peut être annulé ...* sans indiquer votre raisonnement, comment vous êtes parvenu à cette solution.

En pratique, pour que votre raisonnement apparaisse clairement, vous pouvez construire les réponses en trois parties :

- les faits de l'espèce : *M. X a commis une faute à l'origine d'un dommage* ;
- la règle de droit applicable : *l'auteur d'une faute à l'origine d'un dommage est tenu de le réparer* ;
- la solution : *M. X doit réparer le dommage causé.*

Remarque. Si vous craignez que cela n'apparaisse pas clairement, vous pouvez indiquer, sur votre copie : Faits ... Règle de droit ... et Solution ... Cela n'est peut-être pas très « joli » mais a le mérite de la clarté.

3 La conclusion

La conclusion est facultative. Demandez à vos futurs correcteurs (professeurs et chargés de TD) s'ils en souhaitent une. Évitez, dans tous les cas, de résumer ce que vous avez développé. Optez pour une ouverture.

PARTIE 3

Les exercices corrigés

TITRE 1

La responsabilité extracontractuelle

Chapitre 1

La responsabilité du fait personnel, le dommage et le lien de causalité

1 Commentaire d'article

sur la responsabilité du fait personnel

> **Art. 1240 C. civ.**
> *(ord. n° 2016-131 du 10 février 2016, art. 2)*
>
> Tout fait quelconque de l'homme, qui cause à autrui un dommage, oblige celui par la faute duquel il est arrivé, à le réparer.
>
> *(anc. art. 1382 C. civ.)*

Préparation

1 Identifier
2 Analyser
3 Apprécier l'article
4 Élaborer un plan

1 Identification de l'article

Trois informations permettent d'identifier un article : son support, sa date, son auteur.

Support. Le Code civil.

Date. La référence de l'ordonnance n° 2016-131 du 10 février 2016, portant réforme du droit des contrats, du régime général et de la preuve des obligations, au début de l'article (ou du chapitre dont il fait partie) vous indique que le texte a été créé ou modifié à cette occasion.

En réalité, l'ordonnance n'a procédé qu'à une renumérotation des dispositions relatives à la responsabilité extracontractuelle. L'article 1240, initialement 1382, est rédigé ainsi dans le Code civil depuis 1804.

Auteur. Les rédacteurs du Code civil (Tronchet, Maleville, Bigot de Préameneu et Portalis).

> **En droit de la responsabilité civile délictuelle, la plupart des articles donnés à commenter, lors des TD ou des examens, sont issus du Code civil. Néanmoins, soyez vigilants ! Certaines lois importantes n'ont pas été codifiées. Il en est ainsi de la loi sur les accidents de la circulation, du 5 juillet 1985, dont l'un des articles peut vous être proposé.**

2 Analyse de l'article

L'analyse de l'article consiste à définir ses principaux termes (la glose), dans le sens courant et juridique, et à décortiquer sa structure grammaticale et logique.

La glose

- **Tout fait quelconque :** tout acte, tout événement volontaire, par opposition à l'article 1241 (anc. 1383) qui vise le fait involontaire qu'est la négligence ou l'imprudence. Expression générale englobant les actes positifs (commission) et négatifs (omission) ***[1re condition de la responsabilité délictuelle]***
- **de l'homme :** terme général visant toutes les personnes physiques (hommes, femmes et enfants) et même les personnes morales, mais pas les choses (animées ou inanimées)
- **qui cause :** qui est à l'origine ***[3e condition de la responsabilité délictuelle : un lien de causalité]***. Le « fait quelconque » doit être à l'origine d'« un dommage »
- **à autrui :** un tiers, la victime du dommage, le demandeur à l'action (l'auteur du dommage ne peut pas se demander réparation à lui-même)
- **un dommage :** un préjudice, peu importe qu'il soit corporel, matériel et/ou moral ***[2e condition de la responsabilité délictuelle : un dommage]***
- **oblige :** contraint. L'auteur du dommage doit le réparer, il n'a aucun choix.
- **celui :** renvoie à « l'homme », l'auteur du dommage, le défendeur à l'action
- **par la faute duquel :** dont le manquement, l'écart, la maladresse, est à l'origine du dommage (fait générateur de la responsabilité). Renvoie au « fait de l'homme » en y intégrant la notion d'illicéité du fait
- **il :** le dommage
- **est arrivé :** est survenu
- **à le réparer :** à supprimer ou limiter les conséquences fâcheuses du « fait dommageable ». C'est l'objet de la responsabilité civile : réparer le dommage causé par le fait d'un homme. La réparation doit être intégrale, en nature ou par équivalent

En principe, les termes « dommage » et « préjudice » ne sont pas exactement synonymes. Le premier est l'atteinte subie par la victime, dans sa personne ou dans son patrimoine, alors que le second est la conséquence juridique de cette atteinte.
En pratique, la doctrine et la jurisprudence les emploient de plus en plus souvent l'un pour l'autre.

La structure grammaticale et logique

Analyse grammaticale

L'article ne comporte qu'une seule phrase, qui peut être découpée ainsi :

1. *le sujet* : « **Tout fait quelconque de l'homme, qui cause à autrui un dommage,** » posant les conditions de la responsabilité délictuelle : un fait quelconque d'un homme, un dommage subi par un tiers et un lien de causalité entre le dommage et le fait ;
2. *un verbe* : « **oblige** » annonçant les conséquences de la réunion des trois conditions ;
3. *un premier complément* : « **celui par la faute duquel il est arrivé,** » précisant sur quelle personne pèsent les conséquences de la réunion des trois conditions ;
4. *un second complément* : « **à le réparer.** » indiquant, enfin, les conséquences de la réunion des conditions énoncées.

Analyse logique

Le rédacteur de l'article a posé, en une seule phrase, la base de la responsabilité civile délictuelle.

1. *D'une part,* il a énoncé les conditions de la responsabilité délictuelle : un « **fait quelconque de l'homme** [1], **qui cause à autrui** [2] **un dommage** [3], ».
2. *D'autre part,* il a fixé les conséquences de la réunion de ces trois conditions : cela « **oblige** [qui ?] **celui par la faute duquel il est arrivé**, [à quoi ?] **à le réparer** ».

3 Appréciation de l'article

Dans quel but cet article a-t-il été écrit ou modifié ?

Il a toujours paru plus équitable de faire peser le poids de la réparation d'un dommage sur l'auteur de celui-ci plutôt que sur la victime. La responsabilité fondée sur la faute existait déjà en droit romain et dans l'ancien droit.
D'un point de vue moral, le principe de la responsabilité n'a guère posé de difficultés. D'un point de vue juridique, en revanche, il fut plus difficile d'en déterminer les composantes et d'en préciser la mise en œuvre. Quels devaient être l'étendue et le fondement de l'obligation de réparer les dommages causés à autrui ? L'auteur du dommage devait-il les réparer en cas de faute intentionnelle comme en cas de faute non-intentionnelle ? La victime devait-elle prouver cette faute ou pouvait-elle bénéficier d'une présomption ?

Quelle solution l'article a-t-il apportée au problème posé ?

Globalement, les rédacteurs de l'article 1240 ont énoncé qu'il appartenait à celui qui était à l'origine d'un dommage de le réparer et qu'il s'agissait d'une responsabilité pour faute prouvée.
Plus précisément, ils ont posé à quelles conditions la faute d'une personne peut engager sa responsabilité : il faut que cette faute soit à l'origine (lien de causalité) d'un dommage subi par un tiers.
Dans l'ensemble, ils ont volontairement employé des termes généraux : « fait quelconque de l'homme », « dommage », « celui », « faute », pour englober le plus de cas possible.

Comment ont réagi la jurisprudence, la doctrine, les professionnels ?

L'utilisation volontaire de termes généraux a permis à la jurisprudence d'apporter quelques précisions. Toutes furent favorables à la victime.
Les juges ont ainsi conçu extensivement :
- la notion de faute, « tout fait quelconque », en englobant toute sorte de manquement, qu'il s'agisse d'un fait positif ou négatif ;
- la notion de « dommage », admettant que celui-ci puisse être matériel, moral ou corporel ;
- la qualité d'auteur du dommage, y incluant les déments, les *infans*, les personnes morales et même les groupes de personnes physiques ;
- l'étendue de la réparation du dommage, en posant le principe de la réparation intégrale, en nature ou par équivalent.

En principe, la faute comporte un élément objectif ou matériel (l'illicéité de l'acte) et un élément subjectif ou psychologique (l'imputabilité de l'acte). Le second tend à disparaître. Détachée de toute connotation morale, la faute est de plus en plus souvent appréciée objectivement.

4 Élaboration du plan

Attention ! L'article 1240 du Code civil est le pilier de la responsabilité délictuelle du fait personnel. Toute la difficulté de son commentaire est de trier et synthétiser l'ensemble de vos connaissances, pour respecter la méthode de l'exercice demandé. **Il ne s'agit pas de rédiger une dissertation** sur : « La responsabilité civile délictuelle ».
Le plan du commentaire de l'article 1240 du Code civil ne ressort pas directement de sa structure logique ou grammaticale. Néanmoins, il est possible de s'en inspirer.

- *La première moitié de l'article,* « **Tout fait quelconque de l'homme, qui cause à autrui un dommage,** », précise :
  - d'une part, quelles sont les conditions de la responsabilité délictuelle : un « **fait quelconque de l'homme** » (1) et un fait « **qui cause** (…) **un dommage** » (2) ;
  - d'autre part, quel est, lors de la mise en œuvre de la responsabilité civile, le demandeur à l'action : « **autrui** ».
- *La seconde moitié de l'article,* « **oblige celui par la faute duquel il est arrivé, à le réparer** », renvoie totalement à la mise en œuvre de la responsabilité civile en énonçant :
  - d'une part, quel est le défendeur à l'action : « **celui par la faute duquel il** [le dommage] **est arrivé** » ;
  - d'autre part, à quoi le défendeur à l'action peut être obligé ; quel est, finalement, le but de la responsabilité civile : « **à le** [le dommage] **réparer** ».

Les informations données par l'article concernent donc les conditions et la mise en œuvre de la responsabilité civile.

Il est possible d'étudier :

- *L'essentiel de la première moitié de l'article,* « **Tout fait quelconque de l'homme, qui cause** (…) **un dommage,** », *dans la première partie du commentaire :* Les conditions de la responsabilité civile.

Ces conditions sont :
  - une faute (*première sous-partie*) ;
  - un dommage causé par la faute (*seconde sous-partie*).

- *La seconde moitié de l'article,* « **oblige celui par la faute duquel il est arrivé, à le réparer** », *et une partie de la première moitié* « **à autrui** », *dans la seconde partie du commentaire :* La mise en œuvre de la responsabilité civile.

  Les éléments de la mise en œuvre envisagés sont :
  - la détermination de l'auteur et de la victime du dommage (*première sous-partie*) ;
  - la réparation du dommage (*seconde sous-partie*).

Votre commentaire peut donc s'articuler autour du plan suivant :

Le plan

I. Les conditions de la responsabilité civile

- **A.** Une faute
- **B.** Un dommage causé par la faute

II. La mise en œuvre de la responsabilité civile

- **A.** La détermination de l'auteur et de la victime du dommage
- **B.** La réparation du dommage

Introduction

L'introduction (environ 1/3 du devoir) comporte plusieurs étapes.

ÉTAPES

① **Champ de l'article**

La responsabilité est l'obligation de répondre de ses actes. Religieusement (devant Dieu), moralement (devant sa conscience), ou juridiquement (devant la loi), elle a toujours eu beaucoup d'importance.

② **Problème traité par l'article**

Il a toujours paru plus équitable de faire peser le poids de la réparation d'un dommage sur l'auteur de celui-ci plutôt que sur la victime. La responsabilité fondée sur la faute existait déjà en droit romain et dans l'ancien droit.
D'un point de vue moral, le principe de la responsabilité n'a guère posé de difficultés. D'un point de vue juridique, en revanche, il fut plus difficile d'en déterminer les composantes et d'en préciser la mise en œuvre. Quels devaient être l'étendue et le fondement de l'obligation de réparer les dommages causés à autrui ? L'auteur du dommage devait-il les réparer en cas de faute intentionnelle comme en cas de faute non-intentionnelle ? La victime devait-elle prouver cette faute ou pouvait-elle bénéficier d'une présomption ? Les rédacteurs du Code civil ont opté pour des principes généraux de responsabilité plutôt que pour une liste de délits spéciaux. Ainsi, ils ont distingué trois faits générateurs de responsabilité : le fait personnel, le fait d'autrui et le fait d'une chose. S'agissant du fait personnel, deux cas ont été différenciés : les délits (au sens civil), lorsque la faute est intentionnelle, envisagés à l'article 1240 du Code civil, et les quasi-délits, lorsque la faute est non-intentionnelle, prévus par l'article 1241 du Code civil. Pour les premiers, les rédacteurs du Code civil ont énoncé qu'il appartenait à celui qui était à l'origine d'un dommage de le réparer et qu'il s'agissait d'une responsabilité pour faute prouvée. Ils ont posé à quelles conditions la faute d'une personne peut engager sa responsabilité : il faut que cette faute soit à l'origine (lien de causalité) d'un dommage subi par un tiers.
Dans l'ensemble, les codificateurs ont volontairement employé des termes généraux : « fait quelconque de l'homme », « dommage », « celui », « faute », pour englober le plus de cas possible.

③ **Citation et situation de l'article dans le temps et l'espace**

Premier article du chapitre sur « La responsabilité extracontractuelle en général », dans le livre du Code civil relatif aux différentes manières dont on acquiert la propriété, l'article 1240 (numéroté 1382 avant la réforme du droit des obligations) dispose que « Tout fait quelconque de l'homme, qui cause à autrui un dommage, oblige celui par la faute duquel il est arrivé, à le réparer. » Il est le pilier de la responsabilité du fait personnel, par opposition aux deux autres faits générateurs de responsabilité : le fait d'autrui et le fait des choses.

④ **Annonce du plan**

Les rédacteurs de l'article ont ainsi fixé, en une seule phrase, les conditions (I) et la mise en œuvre (II) de la responsabilité civile.

Si l'usage du Code civil est autorisé lors de l'examen, ou si l'exercice est donné à faire à la maison, vous devez mettre la date et la référence (une seule suffit) des arrêts que vous citez. _Si, au contraire, l'usage du Code civil n'est pas autorisé,_ votre correcteur sait que vous ne pouvez pas apprendre « par cœur » toutes les dates et toutes les références. Vous devez donc distinguer deux types d'arrêts. Ceux dits « de principe », tels l'arrêt _Blieck,_ dont vous devez retenir la date (au moins l'année) et ceux dits « d'espèce », appliquant ou précisant une solution déjà acquise, pour lesquels vous pouvez vous dispenser de mémoriser la date.

Développement

I. Les conditions de la responsabilité civile

La responsabilité suppose qu'une faute (A) soit à l'origine d'un dommage (B).

A. Une faute

Le « fait quelconque de l'homme », visé à l'article 1240 du Code civil, est un fait intentionnel. Il s'oppose au fait non-intentionnel (négligence ou imprudence) visé par l'article 1241 du même code. La doctrine distingue les fautes intentionnelles de commission, correspondant à un fait positif, et les fautes intentionnelles par omission, consistant en une abstention dans l'action. En pratique, la distinction reste ténue entre, par exemple, le fait d'omettre de freiner et celui de continuer à accélérer.
La faute visée par l'article 1240 du Code civil est une faute dans le sens courant du terme, un manquement, la violation d'un devoir, un fait illicite, contraire à la loi ou aux usages. L'existence d'une intention de nuire n'est pas requise (Cass. 2e civ., 2 avril 1997, *Bull. civ.* II, n° 113). Il peut même s'agir d'un abus de droit lorsque, par exemple, le titulaire d'un droit l'exerce dans le seul but de causer un dommage à autrui, ou d'un trouble anormal causé au voisinage lorsque, en toute objectivité, l'inconvénient subi par les habitants limitrophes est excessif.
La responsabilité du fait personnel, issue des articles 1240 et 1241 du Code civil, s'applique dans de nombreuses branches du droit : les affaires, la famille, le sport... Le fait que le champ d'application de la faute soit particulièrement étendu est favorable à la victime. En revanche, et cela n'est pas avantageux, c'est sur cette dernière que pèse l'obligation de prouver cette faute. Si elle n'y parvient pas, elle n'est pas indemnisée.

Outre la preuve d'une faute d'une personne, la victime doit prouver qu'elle a subi un dommage

B. Un dommage causé par la faute

Tous les types de dommages sont concernés par l'article 1240 du Code civil. Il peut s'agir de dommages matériels tels la perte subie (destruction d'un bien) ou le manque à gagner (perte de clientèle) ; de dommages moraux tels les préjudices esthétiques, d'agrément, le prix de la douleur, à la suite d'une atteinte corporelle, ou les atteintes aux droits de la personnalité en cas d'atteinte non corporelle ; de dommages corporels, empruntant à la fois aux dommages matériels et aux dommages moraux, tels les préjudices économiques (frais médicaux) à la suite d'une atteinte corporelle.
Pour être réparable, le préjudice doit remplir certaines conditions.
D'une part, il doit être légitime. L'intérêt lésé ne doit pas être contraire à la loi. La perte des rémunérations résultant d'un travail non déclaré, par exemple, ne peut pas donner lieu à réparation (Cass. 2e civ., 24 janvier 2002, *Bull. civ.* II, n° 5).
D'autre part, le dommage doit être certain. Il doit s'être déjà réalisé lors de la demande de réparation. Les juges acceptent, toutefois, d'indemniser un préjudice futur dès lors que sa réalisation est certaine, ou la perte d'une chance, lorsque la probabilité de réalisation de l'événement attendu était importante, mais pas le préjudice éventuel.
Ensuite, le dommage doit être personnel. Seule la personne qui l'a subi peut en demander réparation.
Enfin, le préjudice doit être direct. Cette condition renvoie à l'obligation d'existence d'un lien de causalité entre la faute et le dommage. Le préjudice doit être le résultat direct du fait dommageable. Il existe deux principales théories doctrinales pour définir le lien de causalité. Selon la théorie de l'équivalence des conditions, tout fait sans lequel le dommage ne se serait pas produit en est l'une des causes. D'après la théorie de la causalité adéquate, seuls les événements qui ont réellement participé à la réalisation du dommage sont retenus. La première théorie multiplie considérablement les responsables. La seconde qui les limite, certes arbitrairement, est la plus couramment utilisée.
Lorsqu'elle a prouvé l'existence de ces composantes, la victime peut mettre en œuvre la responsabilité civile de l'auteur du dommage.

II. La mise en œuvre de la responsabilité civile

La mise en œuvre de la responsabilité civile a pour objectif de réparer le dommage (B). Elle suppose, dans un premier temps, que soient déterminés la victime et l'auteur du dommage (A).

A. La détermination de la victime et de l'auteur du dommage

Dès lors qu'elle justifie d'un dommage légitime certain et direct, toute personne peut être victime, au sens de l'article 1240 du Code civil. Le demandeur à l'action peut donc être la victime directe du dommage, ses héritiers, les victimes par ricochet, les créanciers ou l'assureur de la victime.

La détermination de l'auteur du dommage, en revanche, souleva quelques difficultés. Il fut peu à peu admis que « celui par la faute duquel il est arrivé » pouvait être toute personne, y compris :

- un dément, l'absence de discernement n'étant pas une cause d'irresponsabilité civile (art. 414-3 C. civ.) ;
- *un infans*, la Cour de cassation ayant énoncé que les juges du fond n'étaient pas tenus de vérifier si le mineur était capable de discerner les conséquences de ses actes pour retenir sa responsabilité (arrêt *Lemaire*, Cass. ass. plén., 9 mai 1984, *Bull. civ.*, n° 2) ;
- une personne morale, dès lors que le dommage a été causé par une personne physique ou un organe investi(e) d'un pouvoir de représentation ayant agi au nom de celle-là (Cass. civ., 15 janvier 1872, *DP*, 1872, 1, p. 165) ;
- le membre non identifié d'un groupe, en cas de faute collective ou connexe, chacun d'eux étant présumé avoir contribué à la réalisation de l'entier dommage.

En principe, la faute comporte un élément objectif ou matériel (l'illicéité de l'acte) et un élément subjectif ou psychologique (l'imputabilité de l'acte). Or ce dernier tend à disparaître. La fin du XXe siècle a connu un phénomène d'objectivation de la faute et de déclin de la responsabilité civile individuelle, pour favoriser l'indemnisation des victimes, en instaurant des systèmes de mutualisation (assurances, sécurité sociale) et de socialisation des risques (multiplication des fonds de garantie pour les victimes de la route, de la chasse, du terrorisme...).

La réparation du dommage est devenue primordiale.

B. La réparation du dommage

La réparation du dommage peut prendre deux formes : une transaction (règlement amiable) ou une action (règlement contentieux).

Le préjudice est apprécié *in concreto*. La réparation peut se faire en nature (publication, saisie, destruction, fourniture d'un objet identique, réparation) ou par équivalent, en argent (capital ou rente). Dans les deux cas, la Cour de cassation a clairement affirmé le principe de la réparation intégrale (Cass. 2e civ., 4 février 1982, pourvoi n° 80-17139). Cela signifie que les dommages et intérêts alloués à une victime doivent réparer le préjudice subi, sans qu'il en résulte pour elle ni perte ni profit (Cass. 2e civ., 23 janvier 2003, *Bull. civ.* II, n° 20) et qu'il n'y a pas lieu de tenir compte de la gravité de la faute du responsable. En effet, le montant de la réparation ne dépend pas de la gravité de la faute mais de la gravité du dommage. L'objectif de la responsabilité civile délictuelle n'est pas de sanctionner le fautif mais d'indemniser la victime. Une même faute peut donner lieu à une réparation différente selon la réaction ou la prédisposition de la victime. Une faute très grave peut aboutir à une faible indemnisation alors qu'une faute légère peut entraîner une réparation très lourde pour son auteur qui, s'il n'est pas assuré, payera lui-même.

Détachée de toute connotation morale, la faute est désormais appréciée objectivement. L'indemnisation de la victime l'a emporté sur l'imputabilité de la faute au responsable. L'obligation de répondre de ses actes repose moins sur la faute que l'on commet que sur le risque que l'on génère

2 Commentaire d'arrêt

sur les caractéristiques du dommage

Cass. 2e civ., 22 février 1995, *Bull. civ.* I, n° 61 – Arrêt n° 1

Sur le moyen unique :
Vu l'article 1382 du Code civil ;

Attendu que l'auteur d'un délit ou d'un quasi-délit est tenu à la réparation intégrale du dommage qu'il a causé ;

Attendu, selon l'arrêt attaqué, que Mme Annick X... qui circulait à bicyclette a été heurtée et blessée par l'automobile de M. Y..., que Mlle Catherine X... agissant tant en son nom qu'en celui de Mme Annick X... sa mère, a assigné M. Y... et son assureur, la compagnie Norwich Union, la caisse primaire d'assurance-maladie d'Elbeuf et la société Transport agglomération Elbeuvienne en réparation de son préjudice ;

Attendu que pour exclure Mme X... de la réparation de son préjudice personnel l'arrêt relève que, selon l'expert, la victime, réduite à l'état végétatif, n'est absolument pas apte à ressentir quoi que ce soit qu'il s'agisse d'une douleur, d'un sentiment de diminution du fait d'une disgrâce esthétique ou d'un phénomène de frustration des plaisirs comme des soucis de l'existence ; que la cour d'appel en déduit qu'il n'existe pas la preuve d'un préjudice certain ;

Qu'en statuant ainsi, alors que l'état végétatif d'une personne humaine n'excluant aucun chef d'indemnisation son préjudice doit être réparé dans tous ses éléments, la cour d'appel a violé le texte susvisé ;

Par ces motifs :
Casse et annule, mais seulement en ce qui concerne le préjudice personnel de Mme X..., l'arrêt rendu le 25 juin 1992, entre les parties, par la cour d'appel de Rouen ; remet, en conséquence, quant à ce, la cause et les parties dans l'état où elles se trouvaient avant ledit arrêt et, pour être fait droit, les renvoie devant la cour d'appel de Paris.

Préparation

1 Identifier
2 Analyser
3 Apprécier l'arrêt
4 Élaborer un plan

1 Identification de l'arrêt

Un arrêt est identifié par sa date et par la juridiction qui l'a rendu.

Date. Le 22 février 1995.

Juridiction. La deuxième chambre civile de la Cour de cassation. L'arrêt a été publié au Bulletin civil de la Cour de cassation : « *Bull. civ.* I, n° 61 ».

Vous pouvez déduire de ces éléments que :

– l'arrêt comporte une solution de droit (contrairement aux juges du fond, la Cour de cassation n'apprécie pas les faits mais seulement le droit) ;
– l'arrêt date des années 1990 ;
– la solution apportée par l'arrêt est suffisamment importante pour que celui-ci ait fait l'objet d'une publication au Bulletin.

REMARQUE. L'indication « Arrêt n° 1 » signifie que plusieurs arrêts ont été rendus le même jour avec des solutions identiques.

ATTENTION. L'article 1382 du Code civil est devenu, lors de la réforme du droit des obligations du 10 février 2016, l'article 1240. Seul le numéro a changé. Le contenu est resté le même.

2 Analyse de l'arrêt

Structure de l'arrêt

L'analyse de l'arrêt consiste à en rechercher la structure pour constituer la « fiche de l'arrêt » ou « fiche de jurisprudence ».

Cass. 2e civ., 22 février 1995, *Bull. civ.* I, n° 61 – Arrêt n° 1

L'action a 1 seul fondement	Sur le moyen unique :
Visa	Vu l'article 1382 du Code civil ;
Attendu de principe	Attendu que l'auteur d'un délit ou d'un quasi-délit est tenu à la réparation intégrale du dommage qu'il a causé ;
Annonce des éléments retenus par la cour d'appel	Attendu, selon l'arrêt attaqué,
Faits	que Mme Annick X... qui circulait à bicyclette a été heurtée et blessée par l'automobile de M. Y...,
Demandeur (victime)	que Mlle Catherine X... agissant tant en son nom qu'en celui de Mme Annick X... sa mère, a assigné
Défendeur (auteur du dommage)	M. Y... et son assureur, la compagnie Norwich Union, la caisse primaire d'assurance maladie d'Elbeuf et la société Transport agglomération Elbeuvienne
Objet de l'action	en réparation de son préjudice ;
Solution de la cour d'appel	Attendu que pour exclure Mme X... de la réparation de son préjudice personnel
Argument de la cour d'appel	l'arrêt relève que, selon l'expert, la victime, réduite à l'état végétatif, n'est absolument pas apte à ressentir quoi que ce soit qu'il s'agisse d'une douleur, d'un sentiment de diminution du fait d'une disgrâce esthétique ou d'un phénomène de frustration des plaisirs comme des soucis de l'existence ;
Conclusion de la cour d'appel	que la cour d'appel en déduit qu'il n'existe pas la preuve d'un préjudice certain ;
Solution de la Cour de cassation	Qu'en statuant ainsi, alors que l'état végétatif d'une personne humaine n'excluant aucun chef d'indemnisation son préjudice doit être réparé dans tous ses éléments, la cour d'appel a violé le texte susvisé ;
Dispositif	Par ces motifs : Casse et annule, mais seulement en ce qui concerne le préjudice personnel de Mme X..., l'arrêt rendu le 25 juin 1992, entre les parties, par la cour d'appel de Rouen ; remet, en conséquence, quant à ce, la cause et les parties dans l'état où elles se trouvaient avant ledit arrêt et, pour être fait droit, les renvoie devant la cour d'appel de Paris.

Fiche de l'arrêt

(Cinq rubriques, quelle que soit la décision à commenter)

1 Faits

Une cycliste est heurtée par une automobile. Gravement blessée, elle est en état végétatif.

2 Procédure

La fille de la victime, agissant tant en son nom personnel qu'en celui de sa mère, a assigné en réparation de son préjudice, entre autres personnes, l'automobiliste et son assureur.

La cour d'appel de Rouen, le 25 juin 1992, a écarté la demande de réparation du préjudice personnel subi par la victime, au motif que la preuve de la certitude du préjudice n'était pas rapportée. Elle a retenu que la victime, réduite à l'état végétatif, n'était « absolument pas apte à ressentir quoi que ce soit qu'il s'agisse d'une douleur, d'un sentiment de diminution du fait d'une disgrâce esthétique ou d'un phénomène de frustration des plaisirs comme des soucis de l'existence ».

La fille de la victime s'est pourvue en cassation.

3 Arguments des parties (la fille de la victime)

L'état végétatif d'une personne humaine n'exclut aucun chef d'indemnisation et son préjudice doit être réparé dans tous ses éléments.

4 Problème juridique

Le préjudice d'une personne en état végétatif doit-il être réparé dans tous ses éléments ?

Plus généralement : l'indemnisation d'un dommage dépend-elle de la représentation qu'en a la victime ou de sa constatation objective par le juge ?

Lorsque l'arrêt à commenter est un arrêt de principe, l'élaboration du problème juridique consiste souvent à mettre l'attendu de principe à la forme interrogative.

5 Solution

La Cour de cassation a répondu à la première question par l'affirmative et a cassé l'arrêt de la cour d'appel pour violation de la loi. Selon les hauts magistrats, l'état végétatif d'une personne humaine n'exclut aucun chef d'indemnisation et son préjudice doit être réparé dans tous ses éléments.

3 Appréciation de l'arrêt

Vous devez déterminer le sens, la valeur et la portée de l'arrêt, à l'aide de ce que vous avez appris en cours et de l'ensemble de vos connaissances.

Le sens de l'arrêt

Qu'est-ce que les juges ont décidé ? Qu'ont-ils déclaré ? Qu'ont-ils répondu aux parties ? Ont-ils sanctionné ou approuvé la décision de la cour d'appel ?

La Cour de cassation a cassé l'arrêt d'appel qui avait écarté la demande de réparation du préjudice personnel subi par la victime au motif que la preuve de la certitude du préjudice n'était pas rapportée, dès lors que la victime, réduite à l'état végétatif, n'était « absolument pas apte à ressentir quoi que ce soit qu'il s'agisse d'une douleur, d'un sentiment de diminution du fait d'une disgrâce esthétique ou d'un phénomène de frustration des plaisirs comme des soucis de l'existence ».

Les hauts magistrats ont estimé que la cour d'appel avait violé l'article 1382 du Code civil (devenu art. 1240). Ils ont énoncé que l'état végétatif d'une personne humaine n'exclut aucun chef d'indemnisation et que son préjudice doit être réparé dans tous ses éléments.

La valeur de l'arrêt

Pourquoi les juges ont-ils pris cette décision ? Pouvaient-ils juger autrement ? Quelles règles ont-ils appliquées ? Était-ce prévisible ? Est-ce un revirement de jurisprudence, une décision isolée ?

Selon l'ancien article 1382 du Code civil (désormais art. 1240), l'auteur d'un délit ou d'un quasi-délit est tenu à la réparation intégrale du dommage qu'il a causé. Il est admis que le préjudice doit être légitime, personnel, direct et certain. Ces caractéristiques sont appréciées objectivement. Elles ne dépendent pas de la représentation subjective qu'en a la victime mais de l'appréciation objective des juges. Or, en l'espèce, il était certain, du point de vue des juges, que le fait de se retrouver dans un état végétatif constituait un préjudice.

Une telle solution était prévisible. Elle avait déjà été adoptée et fut reprise ultérieurement, tant par la Cour de cassation que par le Conseil d'État. Seule la chambre criminelle a écarté l'indemnisation du préjudice moral d'une personne, dans le cas particulier où celle-ci était décédée quinze jours après l'accident, sans avoir repris connaissance.

La décision à commenter ainsi que la jurisprudence antérieure et postérieure sont mentionnées dans le Code civil [Dalloz ou LexisNexis], sous l'article 1241 (anc. art. 1383). Vous pouvez directement parvenir au cas des victimes en état végétatif ou état d'inconscience en cherchant dans l'index : « Préjudice » puis « Préjudice moral » [Code Dalloz] ou « Responsabilité délictuelle » puis « Préjudice moral » [Code LexisNexis].

La portée de l'arrêt

? Quelles vont être les conséquences de l'arrêt ? Que va-t-il se passer pour les prochaines affaires similaires ? Les parties seront-elles mieux protégées, plus libres ? Sera-t-il plus opportun de se prévaloir d'autres règles de droit ? Quelle va être la réaction du législateur ? Va-t-il devoir légiférer ? La jurisprudence risque-t-elle de changer ?

D'un côté, cette solution doit être approuvée.

D'une part, elle applique strictement l'un des principes de la responsabilité civile : l'intégralité de la réparation du dommage. Que le dommage soit matériel, corporel ou moral, son auteur doit le réparer en intégralité, en nature ou en équivalent.

D'autre part, cette solution évite la situation inique selon laquelle l'auteur du dommage indemniserait moins la victime en état végétatif que la victime légèrement blessée.

D'un autre côté, cette solution peut être critiquée.

D'une part, elle s'éloigne de la finalité de la responsabilité délictuelle qui est d'indemniser la victime et non, à l'instar de la responsabilité pénale, de sanctionner l'auteur du dommage.

D'autre part, l'indemnisation ainsi accordée profite davantage aux héritiers ou aux proches de la victime qu'à cette dernière elle-même.

4 Élaboration du plan

REMARQUE.
En principe, **le sens de l'arrêt, son apport, son intérêt – en quelques mots – doit être expliqué dans le I.B. Le I.A. sert à introduire le I.B. Il faut y aborder les éléments (de cours) nécessaires pour comprendre le I.B.**
Lorsque **la Cour de cassation ne fonde pas sa décision sur les mêmes éléments que la cour d'appel (ce qui aboutit le plus souvent à un arrêt de cassation), il peut être intéressant de développer :**
- **dans le I.A., les arguments de la cour d'appel, en précisant pour quelles raisons la Cour de cassation ne les a pas retenus, ne s'y est pas intéressée, les a éludés... ;**
- **dans le I.B., les arguments sur lesquels la Cour de cassation a fondé sa décision.**

ATTENTION ! L'étude de la solution de la cour d'appel dans le I.A. et celle de la Cour de cassation dans le I.B. ne peut se justifier que lorsque les principes ou arguments abordés ou retenus par l'une et l'autre sont différents. Un tel plan n'est pas judicieux lorsqu'il s'agit du même argument, retenu par l'une et écarté par l'autre (ou l'inverse), car cela conduit à vous répéter dans les deux sous-parties. Dans cette hypothèse (la plus courante), vous devez exposer l'intérêt de l'arrêt dans le I.B. et le droit positif permettant d'introduire celui-ci dans le I.A.

Dans l'arrêt examiné, le sujet est l'indemnisation du préjudice de la personne en état végétatif. Alors que la cour d'appel avait rejeté la demande en arguant de l'absence de certitude du dommage, la Cour de cassation a donné satisfaction à la victime en se basant sur le principe de l'intégralité de la réparation. En se fondant directement sur la mise en œuvre de la réparation (l'intégralité du dommage), la Cour de cassation a implicitement admis, même si l'attendu de principe et la solution ne l'énoncent pas, que le dommage était certain.

L'intérêt de l'arrêt, en une phrase, est de poser le principe selon lequel l'état végétatif d'une victime n'empêche pas que son dommage soit réparé en intégralité. Vous devez l'étudier dans le **I.B.**

La solution sous-entend également, contrairement à ce que prétendait la cour d'appel, que l'état végétatif d'une victime n'empêche pas de considérer que son dommage est certain. Vous pouvez le développer dans le **I.A.**

L'étude de ces deux points vous permet de conclure que les juges appliquent strictement les règles relatives à la responsabilité civile **(I)**.

Si le **I.** est plutôt descriptif (vous exposez l'arrêt), le **II.** doit être analytique (vous appréciez l'arrêt).

Après avoir exposé, dans le **I.**, que l'indemnisation d'une personne, en état végétatif suite à un accident, était soumise aux règles classiques de la responsabilité civile, vous devez apprécier, dans le **II.**, les avantages et les inconvénients de cette solution, les conséquences (juridiques, pratiques, immédiates, futures, en l'espèce, pour les affaires similaires...).

Si elle peut être approuvée, la solution peut aussi être critiquée. D'une part, l'indemnisation ne profite pas réellement à la victime mais à ses proches **(A)**. D'autre part, l'action en responsabilité tend davantage à sanctionner l'auteur du dommage (responsabilité pénale) qu'à indemniser la victime (responsabilité civile) **(B)**. En définitive, avec une telle solution, la Cour de cassation altère la finalité de la responsabilité civile délictuelle **(II)**.

Au regard de tous ces éléments, vous pouvez élaborer le plan suivant :

Le plan

I. L'application des règles de la responsabilité civile

- **A.** La condition de certitude du dommage
- **B.** Le principe de l'intégralité de la réparation

II. L'altération de la finalité de la responsabilité civile

- **A.** La non-indemnisation directe de la victime
- **B.** La sanction de l'auteur du dommage

Introduction

L'introduction reprend les éléments exposés dans la fiche de l'arrêt en faisant en sorte qu'ils s'enchaînent.

ÉTAPES

① **Phrase d'accroche**

Selon l'article 1382 du Code civil (devenu l'article 1240 en 2016), « Tout fait quelconque de l'homme, qui cause à autrui un dommage, oblige celui par la faute duquel il est arrivé, à le réparer ». Ce texte, inséré dans le Code civil en 1804, est l'un des plus invoqués. Les juges doivent néanmoins, aujourd'hui encore, en préciser les conditions d'application.

② **Faits**

Dans l'affaire examinée par la Cour de cassation, le 22 février 1995, une cycliste a été heurtée par une automobile. Gravement blessée, elle est en état végétatif.

③ **Procédure**

Sa fille, agissant tant en son nom personnel qu'en celui de sa mère, a assigné en réparation de son préjudice, entre autres personnes, l'automobiliste et son assureur. La cour d'appel a écarté la demande de réparation du préjudice personnel subi par la mère, au motif que la preuve de la certitude du dommage n'était pas rapportée. La fille de la victime a formé un pourvoi en cassation.

④ **Argument des parties**

Selon cette dernière, l'indemnisation d'un dommage dépend de sa constatation objective par le juge. Or, en l'espèce, l'état végétatif, constituant incontestablement un préjudice, était objectivement constaté et donc certain. Pour les défendeurs, en revanche, l'état végétatif de la victime l'empêchait d'avoir conscience de la situation. Le préjudice n'était donc pas certain.

⑤ **Problème juridique**

La question posée à la Cour de cassation était donc de savoir si l'état végétatif d'une personne exclut certains chefs d'indemnisation.

⑥ **Solution de l'arrêt à commenter**

La Cour de cassation a répondu par la négative et cassé l'arrêt de la cour d'appel, à propos du préjudice personnel de la mère, pour violation de la loi. Selon les hauts magistrats, l'état végétatif d'une personne n'exclut aucun chef d'indemnisation et son préjudice doit être réparé dans tous ses éléments.

⑦ **Annonce du plan**

Cette décision applique les règles de la responsabilité civile (I) mais tend à en altérer la finalité (II).

Développement

I. L'application des règles de la responsabilité civile

La mise en œuvre de la responsabilité civile suppose que le préjudice allégué soit certain (A) et doit aboutir à la réparation intégrale de celui-ci (B), y compris lorsque la victime se trouve dans un état végétatif.

A. La condition de certitude du dommage

Selon l'ancien article 1382 du Code civil (à présent art. 1240), l'auteur d'un délit ou d'un quasi-délit est tenu de réparer le dommage qu'il a causé. Pour être réparable, le préjudice doit être légitime, personnel, direct et certain. L'obligation de certitude du dommage signifie que celui-ci doit s'être réalisé lors de la demande de réparation.

Le préjudice d'une personne en état végétatif, à la suite d'un accident, est-il certain ? L'indemnisation d'un dommage dépend-elle de la représentation qu'en a la victime ou de sa constatation objective par le juge ? Il est vrai que si certains préjudices, telle la fracture d'un membre, peuvent avoir un caractère objectif, d'autres, tel un préjudice esthétique, ont un caractère subjectif. Le fait d'avoir une cicatrice sur le visage est apprécié différemment selon que l'on est un mannequin ou pas.

Dans l'affaire commentée, les juges du fond avaient estimé que la victime, du fait de son état d'inconscience, n'était « absolument pas apte à ressentir quoi que ce soit qu'il s'agisse d'une douleur, d'un sentiment de diminution du fait d'une disgrâce esthétique ou d'un phénomène de frustration des plaisirs comme des soucis de l'existence ». La Cour de cassation a cassé l'arrêt, pour violation de l'ancien article 1382, sans toutefois se prononcer sur l'analyse de la cour d'appel quant à la certitude du dommage.

En effet, ce n'est pas la condition de certitude du dommage que les hauts magistrats ont visée mais le principe de l'intégralité de la réparation.

B. Le principe de l'intégralité de la réparation

La réparation du dommage peut prendre deux formes : une transaction (règlement amiable) ou une action (règlement contentieux). Elle peut se faire en nature (remplacement, réparation, publication, saisie, destruction) ou par équivalent, en argent (capital ou rente). Dans les deux cas, la Cour de cassation a clairement affirmé le principe de la réparation intégrale (Cass. 2e civ., 4 février 1982, pourvoi n° 80-17139). Les dommages et intérêts alloués à une victime doivent réparer le préjudice subi sans qu'il en résulte pour elle ni perte ni profit. Il n'y a pas lieu de tenir compte de la gravité de la faute.

Dans l'affaire examinée, la cour d'appel avait rejeté la demande en réparation des préjudices relatifs à la douleur, au sentiment de diminution du fait d'une disgrâce esthétique ou à un phénomène de frustration des plaisirs comme des soucis de l'existence. Selon ces juges, le préjudice de la victime, notamment le préjudice moral, n'existait pas, la victime ne le subissait pas. La Cour de cassation a cassé l'arrêt d'appel en énonçant que « l'état végétatif d'une personne humaine n'excluant aucun chef d'indemnisation, son préjudice doit être réparé dans tous ses éléments ». Elle a donc admis que l'appréciation du dommage ne dépend pas de la représentation subjective qu'en a la victime, mais de l'appréciation objective des juges. Or, en l'espèce, il était certain, du point de vue des juges, que le fait de se retrouver dans un état végétatif constituait un préjudice, y compris un préjudice moral, telle « une frustration des plaisirs de l'existence », et que celui-ci devait être intégralement réparé.

Une telle solution était prévisible. Elle avait déjà été adoptée et fut reprise ultérieurement, tant par la Cour de cassation que par le Conseil d'État. Seule la chambre criminelle a écarté l'indemnisation du préjudice moral d'une personne, dans le cas particulier où celle-ci était décédée quinze jours après l'accident, sans avoir repris connaissance (Cass. crim., 5 octobre 2010, pourvoi n° 10-817.43).

II. L'altération de la finalité de la responsabilité civile

La solution de la Cour de cassation altère la finalité de la responsabilité civile dès lors qu'elle aboutit à la non-indemnisation directe de la victime (A) et à la sanction du responsable (B).

A. La non-indemnisation directe de la victime

D'un côté, la solution doit être approuvée. Elle applique strictement l'un des principes de la responsabilité civile : l'intégralité de la réparation du dommage.

D'un autre côté, la solution peut être critiquée. D'abord, il n'est pas certain que la victime, lucide, aurait demandé réparation de ces préjudices. Ensuite, et surtout, l'indemnisation ainsi accordée profite davantage à ses héritiers ou ses proches qu'à elle-même.
En arguant que la victime, réduite à l'état végétatif, n'était « absolument pas apte à ressentir quoi que ce soit », les défendeurs sous-entendaient que celle-ci ne bénéficierait pas personnellement de l'indemnisation de certains préjudices. Seule l'indemnisation de dommages matériels, tels les frais d'hospitalisation, aurait effectivement compensé les frais supportés par la victime. Les dommages et intérêts accordés pour le préjudice moral subi par cette dernière ne pouvaient « profiter » qu'à ses proches dont, en l'occurrence, sa fille. Cependant, une telle situation n'est pas exceptionnelle. La jurisprudence admet que les héritiers peuvent non seulement demander réparation de leur préjudice personnel (action personnelle) lorsque, en tant que proches, ils sont victimes par ricochet, mais qu'ils peuvent aussi obtenir une indemnité pour le préjudice subi par la victime directe, décédée, en invoquant le droit recueilli dans la succession (action héréditaire) (Cass. ch. mixte, 30 avril 1976, *D.*, 1977, 185 – CE, 29 mars 2000, *JCP*, 2000, II, 10360). Cela concerne tant le préjudice matériel que le préjudice moral lorsque, par exemple, la victime directe a survécu à l'accident mais n'a pas initié d'action en réparation avant son décès.
Contrairement au cas de la victime décédée, les proches de la victime en état végétatif peuvent, au moins, utiliser une partie de l'indemnisation, pour lui assurer tous les soins possibles, lui rendre visite...
Cette solution présente l'inconvénient de sanctionner l'auteur du dommage.

B. La sanction de l'auteur du dommage

D'un côté, cette solution peut être approuvée. Elle évite la situation inique selon laquelle l'auteur du dommage indemniserait moins la victime en état végétatif que la victime légèrement blessée, suffisamment lucide pour lui demander réparation.

D'un autre côté, la solution peut être critiquée. En principe, la responsabilité civile a pour objectif d'indemniser les victimes, tandis que la responsabilité pénale vise à sanctionner les auteurs d'infractions. En accordant réparation pour un dommage qui existe, certes, mais que la victime ne ressent pas, la Cour de cassation tend à s'éloigner du but de la responsabilité civile et à se rapprocher de celui de la responsabilité pénale. Ces propos peuvent toutefois être nuancés. La condamnation au versement de dommages et intérêts, en matière de responsabilité civile, peut aussi avoir un caractère punitif. Certes, l'assurance est largement répandue et il est de plus en plus rare que l'auteur du dommage verse lui-même l'indemnisation. Cependant, lorsque le dommage est intentionnel par exemple, ce n'est pas l'assureur qui indemnise la victime mais l'auteur du dommage lui-même. Le caractère punitif de la responsabilité civile est alors tout aussi important, voire plus si le dommage est minime, que la réparation de ce dernier. Ainsi, plus qu'une orientation vers l'objectif de la responsabilité pénale, il s'agit d'un glissement du but principal vers le but secondaire de la responsabilité civile.

Cette décision contribue à orienter les règles de la responsabilité civile dans le sens d'une meilleure indemnisation des victimes, quelles qu'elles soient.

sur la matérialité de la faute, l'imputabilité de la faute, le lien de causalité

Les voisins musiciens

En 2005, M. Padbol et Mme Poissnoir, concubins, ont acheté un appartement en plein cœur de Paris. Pendant une dizaine d'années, M. Padbol a passé tous ses week-ends à embellir les lieux. Le couple a, à présent, un appartement superbe. Il y a 2 ans, l'appartement en dessous du leur a été acheté par un jeune couple de musiciens. Depuis, ceux-ci répètent jour et nuit, avec des amis et, selon les termes de M. Padbol : « Ce n'est pas du Mozart ». Tout l'immeuble se plaint et la police est régulièrement appelée pour tapage nocturne. Le mois dernier, en pleine nuit, alors que le couple de musiciens et plusieurs amis organisaient chez eux un « concert privé » qui durait depuis plus d'une heure, M. Padbol a voulu descendre leur exposer son point de vue.

En sortant de son appartement, il tenta, en vain, d'allumer la lumière dans la cage d'escalier. Particulièrement énervé, M. Padbol décida de descendre dans le noir. Or, il rata une marche et en dévala une dizaine d'autres. Il en résulta une double fracture ouverte du tibia et la perte de beaucoup de sang. M. Padbol dut être opéré d'urgence.

Après enquête, les policiers découvrirent que l'ampoule censée éclairer la cage d'escalier avait été retirée par les musiciens. Ceux-ci avaient cru pouvoir ainsi dissuader les voisins de venir se plaindre à leur porte.

M. Padbol a quitté l'hôpital hier. Il a appris, au moment de sa sortie, que le sang qui lui avait été transfusé lors de l'opération était contaminé par le virus de l'hépatite C. Soutenu par sa compagne, il veut rechercher la responsabilité des musiciens car, selon lui, ils sont à l'origine de tous ses malheurs. Qu'en pensez-vous ?

Préparation

1. Analyser les faits
2. Rechercher les problèmes juridiques posés
3. Rechercher les éléments de réponse

1 Analyse des faits

Repérage des faits importants

En 2005, M. Padbol et Mme Poissnoir, concubins, ont acheté un appartement en plein cœur de Paris. Pendant une dizaine d'années, M. Padbol a passé tous ses week-ends à embellir les lieux. Le couple a, à présent, un appartement superbe. Il y a 2 ans, l'appartement en dessous du leur a été acheté par un jeune couple de musiciens. Depuis, ceux-ci répètent jour et nuit, avec des amis et, selon les termes de M. Padbol : « Ce n'est pas du Mozart ». Tout l'immeuble se plaint et la police est régulièrement appelée pour tapage nocturne. Le mois dernier, en pleine nuit, alors que le couple de musiciens et plusieurs amis organisaient chez eux un « concert privé » qui durait depuis plus d'une heure, M. Padbol a voulu descendre leur exposer son point de vue.

En sortant de son appartement, il tenta, en vain, d'allumer la lumière dans la cage d'escalier. Particulièrement énervé, M. Padbol décida de descendre dans le noir. Or, il rata une marche et en dévala une dizaine d'autres. Il en résulta une double fracture ouverte du tibia et la perte de beaucoup de sang. M. Padbol dut être opéré d'urgence.

Après enquête, les policiers découvrirent que l'ampoule censée éclairer la cage d'escalier avait été retirée par les musiciens. Ceux-ci avaient cru pouvoir ainsi dissuader les voisins de venir se plaindre à leur porte.

M. Padbol a quitté l'hôpital hier. Il a appris, au moment de sa sortie, que le sang qui lui avait été transfusé, lors de l'opération, était contaminé par le virus de l'hépatite C. Soutenu par sa compagne, il veut rechercher la responsabilité des musiciens car, selon lui, ils sont à l'origine de tous ses malheurs. Qu'en pensez-vous ?

Qualification juridique des faits

- **Concubins :** couple reconnu par le droit
- **[Depuis 2 ans] musiciens (...) répètent jour et nuit, avec des amis (...) l'immeuble se plaint et la police est régulièrement appelée pour tapage nocturne. :** nuisances sonores répétées et constatées par les forces de l'ordre
- **En pleine nuit, (...) un « concert privé » (...) depuis plus d'une heure :** manquement au respect de la tranquillité et du sommeil des voisins – faute
- **Tenta, en vain, d'allumer la lumière dans la cage d'escalier. Particulièrement énervé, (...) décida de descendre dans le noir. :** attitude de la victime ayant contribué au dommage
- **Rata une marche et en dévala une dizaine d'autres (...) double fracture ouverte du tibia et la perte de beaucoup de sang (...) opéré d'urgence. :** accident, dommage
- **Ampoule (...) retirée par les musiciens (...) dissuader les voisins de venir se plaindre à leur porte. :** imprudence, voire intention de nuire, faute
- **Le mois dernier (...) quitté l'hôpital hier. :** accident ayant nécessité un mois d'hospitalisation, préjudice
- **Sang (...) transfusé lors de l'opération (...) contaminé par le virus de l'hépatite C. :** contamination par le virus de l'hépatite C, préjudice

2 Recherche des (ou du) problèmes juridiques

Si le cas pratique comporte une ou plusieurs questions, il vous suffit d'y répondre. Dans le cas contraire, c'est à vous de rechercher à quelle(s) question(s) votre professeur veut que vous répondiez.

L'auteur du cas pratique l'a terminé par une question très vague : « Qu'en pensez-vous ? »

Pour plus de précisions, il faut vous reporter à la phrase qui précède cette courte interrogation. Vous comprendrez alors que l'auteur du cas pratique vous demande si, comme M. Padbol, vous pensez que les musiciens sont responsables de tous ses malheurs et que leur responsabilité peut être recherchée.
Vous devez alors détailler le comportement des musiciens et rechercher les questions sous-entendues.

« Ceux-ci répètent jour et nuit, avec des amis (...) l'immeuble se plaint et la police est régulièrement appelée pour tapage nocturne. »

Question :

- *Abstraitement :* À quelles conditions peut-il y avoir trouble anormal du voisinage ?
- *En l'espèce :* Le fait de jouer de la musique, jour et nuit, dans un immeuble, peut-il constituer un trouble anormal du voisinage ?

« Il rata une marche et en dévala une dizaine d'autres. Il en résulta une double fracture ouverte du tibia et la perte de beaucoup de sang. M. Padbol dut être opéré d'urgence. (...) M. Padbol a quitté l'hôpital hier. (...) l'ampoule censée éclairer la cage d'escalier avait été retirée par les musiciens. Ceux-ci avaient cru pouvoir ainsi dissuader les voisins de venir se plaindre à leur porte. »

Question :

- *Abstraitement :* À quelles conditions la responsabilité civile délictuelle d'une personne peut-elle être recherchée ?
- *En l'espèce :* La personne qui retire une ampoule éclairant la cage d'escalier d'un immeuble, pour que ses occupants aient des difficultés à s'y déplacer, peut-elle voir sa responsabilité civile délictuelle retenue si l'un des occupants, tentant de descendre dans l'obscurité, rate une marche et se blesse ?

« Il a appris, au moment de sa sortie, que le sang qui lui avait été transfusé, lors de l'opération, était contaminé par le virus de l'hépatite C. »

Question :

- *Abstraitement* : À quelles conditions la responsabilité civile d'une personne peut-elle être retenue ?
- *En l'espèce* : La personne qui retire une ampoule éclairant la cage d'escalier d'un immeuble, pour que ses occupants y aient des difficultés à se déplacer, peut-elle voir sa responsabilité civile délictuelle retenue si l'un des occupants, tentant de descendre dans l'obscurité, rate une marche, se blesse et est contaminé par le virus de l'hépatite C, lors de l'opération qui s'en suit ?

ATTENTION ! Vous devez être attentif à chaque détail. Certaines informations, *a priori* anodines, peuvent « cacher » une question.

Il est précisé que M. Padbol a acheté son appartement avec sa concubine, Mme Poissnoir et que celle-ci le soutient dans sa volonté de rechercher la responsabilité des musiciens. L'auteur du cas pratique n'a pas donné ces informations au hasard et sans arrière-pensées. Il attend que vous posiez et répondiez à la question suivante :

Question :

- *Abstraitement* : À quelles conditions les victimes par ricochet peuvent-elles rechercher la responsabilité civile de l'auteur d'un dommage ?
- *En l'espèce* : La personne qui retire une ampoule éclairant la cage d'escalier d'un immeuble, pour que ses occupants aient des difficultés à s'y déplacer, peut-elle voir sa responsabilité civile délictuelle recherchée par la concubine de l'un des occupants lequel, tentant de descendre dans l'obscurité, rate une marche, se blesse et est contaminé par le virus de l'hépatite C, lors de l'opération qui s'en suit ?

3 Recherche des éléments de réponse

Le trouble de voisinage

La responsabilité pour trouble anormal de voisinage est une responsabilité autonome, issue de la théorie de l'abus de droit.

Cass. 3e civ., 4 février 1971, *Bull. civ.* III, nos 78 et 80.

Se fondant dans un premier temps sur les articles 544 ou 1382 du Code civil (devenu art. 1240), les juges ont ensuite posé le principe selon lequel « Nul ne doit causer à autrui un trouble anormal du voisinage ».

Cass. 2e civ., 19 novembre 1986, *Bull. civ.* II, n° 172.

Il suffit que soit constaté le caractère excessif et anormal ; momentané, continu ou répétitif (et non accidentel ou instantané) de la gêne. Le respect des dispositions légales n'exclut pas l'existence éventuelle de troubles excédant les inconvénients normaux du voisinage.

Cass. 3e civ., 12 octobre 2005, *Bull. civ.* III, n° 195.

La sanction peut être l'octroi de dommages et intérêts, la réalisation de travaux d'amélioration ou l'arrêt de l'activité. L'anormalité est appréciée *in concreto* (défaut d'ensoleillement, bruit, zone industrielle, quartier résidentiel).

Attention ! Un copropriétaire, victime d'un trouble de voisinage, peut invoquer la théorie même si, selon le principe du non-cumul des responsabilités délictuelle et contractuelle, il devrait invoquer la responsabilité contractuelle de son voisin pour violation du règlement de copropriété.

Cass. 3e civ., 20 février 1973, *Bull. civ.* III, nos 137 et 138.

S'agissant des nuisances sonores

Furent considérés comme des troubles anormaux de voisinage :

– le bruit provenant d'un appartement (aspirateur, radio, vide-ordures) ;

Cass. 2e civ., 3 janvier 1969, *Bull. civ.* II, n° 5.

– le bruit provenant d'instruments de musique (cornet à piston) ;

CA Lyon, 23 décembre 1980, *D.*, 1983, Jurisp. p. 605.

– le bruit provenant de pas et de chocs sur un plancher dont le revêtement avait été modifié par le propriétaire, détériorant ainsi l'isolation phonique ;

CA Paris, 2 mai 1983, *Gaz. Pal.*, 1983, 1, Jurisp. p. 457.

– les chants de coqs évoluant dans un étroit passage, entre deux murs faisant caisse de résonance.

CA Dijon, 2 avril 1987, *Gaz. Pal.*, 1987, 1, Jurisp p. 601.

Vous trouverez la plupart de ces arrêts sous différents articles du Code civil. Il vous suffit de chercher « Trouble de voisinage » dans l'index [Code Dalloz ou LexisNexis].

Ne furent pas considérés comme des troubles anormaux de voisinage :

– les cris poussés par un malade mental, dès lors que ceux-ci n'étaient ni permanents ni insupportables et que la vie en société impose de supporter la maladie de certains ;

CA Nancy, 10 janvier 2002, *JCP*, 2003, IV, 2813.

– les chants de coqs à la campagne.

CA Riom, 7 septembre 1995, *JCP*, 1996, II, 22625.

[Cet arrêt est connu pour « l'humour » dont les magistrats ont fait preuve. Ceux-ci ont énoncé : « La poule est un animal anodin et stupide, au point que nul n'est encore parvenu à la dresser, pas même un cirque chinois ; son voisinage comporte beaucoup de silence, quelques tendres gloussements, et des caquètements qui vont du joyeux (ponte d'un œuf) au serein (dégustation d'un vers de terre) en passant par l'affolé (vue d'un renard) ; ce paisible voisinage n'a jamais incommodé que ceux qui, pour d'autres motifs, nourrissent du courroux à l'égard des propriétaires de ces gallinacés : la cour ne jugera pas que le bateau importune le marin, la farine le boulanger, le violon le chef d'orchestre, et la poule un habitant d'un lieu-dit. »].

La chute dans l'escalier

La responsabilité délictuelle suppose la réunion de trois éléments : un dommage, un fait générateur (fait personnel, fait d'autrui ou fait d'une chose) et un lien de causalité entre les deux premiers.

S'agissant du dommage

Le dommage peut être :

- matériel, consécutif à une atteinte à un intérêt financier : perte subie ou manque à gagner ;
- moral, consécutif à une atteinte corporelle (préjudice esthétique) ; à l'un des droits de la personnalité (honneur, vie privée) ou à l'affection (perte d'un être cher, d'un bien à valeur sentimentale) ;
- corporel, avec un caractère économique ou matériel (soins médicaux, incapacité de travail) et un caractère immatériel ou moral (douleur physique, préjudice esthétique).

S'agissant de la faute

La responsabilité du fait personnel est également appelée responsabilité pour faute. Cette faute, prouvée par tous moyens, comporte un élément objectif (l'illicéité de l'acte) et un élément subjectif (l'imputabilité de l'acte, qui tend à disparaître). Elle peut être volontaire (délictuelle) ou involontaire (quasi délictuelle).

La faute intentionnelle est envisagée par l'article 1240 du Code civil : « Tout fait [intentionnel] quelconque de l'homme, qui cause à autrui un dommage, oblige celui par la faute duquel il est arrivé, à le réparer ».

La faute non intentionnelle est visée à l'article 1241 du Code civil : « Chacun est responsable du dommage qu'il a causé non seulement par son fait, mais encore par sa négligence ou par son imprudence [non intentionnelle] ».

La doctrine définit la faute comme la violation « d'une obligation préexistante » (Planiol), d'un devoir, d'une norme de conduite découlant d'un texte (loi, code, traité), d'un usage (Code de déontologie, règle du jeu) ou de la morale (bonne foi, prudence). Il s'agit d'une « atteinte à l'attitude que l'on peut attendre entre concitoyens normalement conscients et respectueux de l'équilibre qu'exige toute vie en société » (A. Bénabent, *Les obligations*, Paris, Montchrestien, n° 540).

S'agissant du lien de causalité

La jurisprudence se fonde sur deux théories.

D'après la théorie de l'équivalence des conditions, tout événement sans lequel le dommage ne se serait pas produit est une cause équivalente dans la survenance du dommage. La victime peut demander réparation intégrale à chacune des personnes ayant concouru au dommage.

Selon la théorie de la causalité adéquate, seules les causes qui ont directement et réellement participé à la réalisation du dommage, « selon le cours normal des choses », sont retenues.

S'agissant du cas particulier des contaminations post-transfusionnelles

Fut jugé qu'il y avait lien de causalité entre :

- la contamination par le virus du SIDA et des fautes médicales antérieures ayant rendu nécessaires des interventions chirurgicales et donc des transfusions (responsabilité du médecin auteur de la faute) ;

CA Versailles, 30 mars 1989, *JCP*, 1990, II, 21505.

- la contamination par le virus de l'hépatite C et l'accident de la circulation ayant rendu nécessaires des transfusions sanguines.

Cass. 1re civ., 4 décembre 2001, *Bull. civ.* I, n° 310 – Cass. 2e civ., 25 janvier 2007, *Bull. civ.* II, n° 20.

La Cour de cassation a plus récemment précisé que le préjudice spécifique de contamination peut être caractérisé même dans le cas d'une guérison après traitement. Il s'apprécie pendant la durée de la période au cours de laquelle la victime a subi les angoisses et perturbations liées à la maladie.

Cass. 2e civ., 4 juillet 2013, *Bull. civ.* II, n° 154.

Vous trouverez ces exemples, et d'autres, en consultant la jurisprudence dans votre Code civil, après avoir cherché « Hépatite » dans l'index [Code Dalloz ou LexisNexis].

L'action de la concubine de la victime

Une personne est victime par ricochet lorsqu'elle subit personnellement et indirectement un préjudice, à cause du dommage causé directement à une autre personne. Comme pour les victimes directes, l'action en réparation est ouverte à condition qu'un intérêt légitime ait été lésé (art. 31 CPC). Le préjudice par ricochet peut être moral (préjudice d'affection) ou matériel lorsque, par exemple, la victime immédiate versait des subsides à la victime par ricochet et aurait certainement continué.

Le dommage par ricochet ou réfléchi n'est pas limité au cas où la victime directe est décédée. La douleur morale de parents vivant avec leur enfant traumatisé à la suite d'un viol par exemple (Cass. 2e civ., 14 janvier 1998, *Bull. civ.* II, n° 14) peut également être réparée. Il a été jugé, justement à propos d'une concubine, qu'aucun lien de droit n'est exigé entre les victimes directes et les victimes par ricochet (arrêt *Dangereux*, Cass. ch. mixte, 27 février 1970, *Bull. civ.*, n° 1). Seuls les liens d'assistance et d'affection, c'est-à-dire la qualité de « proche », sont pris en compte.

Vous trouverez ce dernier arrêt en cherchant dans l'index de votre Code civil : « Concubinage » puis « Préjudice indemnisable » [Code Dalloz] ou simplement « Préjudice » [Code LexisNexis].

Introduction

L'introduction (assez courte) comporte plusieurs étapes.

ÉTAPES

① **Annonce du thème**

Le voisinage est une grande source de contentieux…

② **Résumé et qualification juridique des faits**

Depuis 2 ans, un jeune couple de musiciens trouble l'immeuble dans lequel il a un appartement. Il répète jour et nuit, avec des amis. Tous les occupants se plaignent et appellent régulièrement la police pour tapage nocturne. Le mois dernier, en pleine nuit, alors que le couple et plusieurs amis organisaient chez eux un concert privé qui durait depuis plus d'une heure, le propriétaire de l'appartement du dessus voulut descendre leur exposer son point de vue. Or, pensant ainsi dissuader les voisins de venir se plaindre à leur porte, les musiciens avaient retiré l'ampoule censée éclairer la cage d'escalier. Particulièrement énervé, le voisin décida de descendre dans le noir. Malheureusement, il rata une marche et en dévala une dizaine d'autres. Il en résulta une double fracture ouverte du tibia, une hospitalisation pendant un mois et, surtout, la contamination par le virus de l'hépatite C lors d'une transfusion sanguine.

③ **Problème posé par les faits**

Excédée, la victime, soutenue par sa concubine, tient les musiciens pour responsables de tous ses malheurs. Peut-elle demander réparation pour le trouble de voisinage ainsi que pour l'ensemble des conséquences de l'accident ? Qu'en est-il de la concubine ?

④ **Annonce du plan**

Nous étudierons donc : le trouble de voisinage (I), la chute dans l'escalier (II) et l'indemnisation de la concubine (III).

ATTENTION ! Les réponses doivent être justifiées et construites en trois parties :
– les faits de l'espèce ;
– la règle de droit applicable ;
– la solution.

Développement

I. Le trouble de voisinage

Les faits de l'espèce

L'un des appartements d'un immeuble est occupé par des musiciens. Ceux-ci répètent jour et nuit, avec des amis. Les voisins se plaignent et appellent régulièrement la police pour tapage nocturne.

La règle de droit applicable

La responsabilité pour trouble anormal de voisinage est une responsabilité autonome, issue de la théorie de l'abus de droit (Cass. 3e civ., 4 février 1971, *Bull. civ.* III, nos 78 et 80). « Nul ne doit causer à autrui un trouble anormal du voisinage » (Cass. 2e civ., 19 novembre 1986, *Bull. civ.* II, n° 172). Il suffit que soit constaté le caractère excessif et anormal ; momentané, continu ou répétitif (et non accidentel ou instantané) de la gêne. Le respect des dispositions légales n'exclut pas l'existence éventuelle de troubles excédant les inconvénients normaux du voisinage (Cass. 3e civ., 12 octobre 2005, *Bull. civ.* III, n° 195).

Un copropriétaire victime d'un trouble de voisinage peut invoquer cette théorie même si, selon le principe du non-cumul des responsabilités délictuelle et contractuelle, il devrait invoquer la responsabilité contractuelle de son voisin, pour violation du règlement de copropriété (Cass. 3e civ., 20 février 1973, *Bull. civ.* III, nos 137 et 138).

La sanction peut être l'octroi de dommages et intérêts, la réalisation de travaux d'amélioration ou l'arrêt de l'activité. L'anormalité est appréciée *in concreto* (défaut d'ensoleillement, bruit, zone industrielle, quartier résidentiel).

S'agissant des nuisances sonores, il fut jugé que les bruits d'aspirateur, de radio, et de vide-ordures provenant d'un appartement (Cass. 2e civ., 3 janvier 1969, *Bull. civ.* II, n° 5) et le bruit provenant d'instruments de musique, en l'occurrence un cornet à piston (CA Lyon, 23 décembre 1980, *D.*, 1983, Jurisp. p. 605), étaient des troubles anormaux de voisinage.

La solution

Eu égard à la jurisprudence antérieure, il est fort probable que l'attitude des musiciens soit considérée comme un trouble anormal de voisinage.

II. La chute dans l'escalier

Les faits de l'espèce

Les habitants d'un immeuble, musiciens, retirèrent l'ampoule censée éclairer la cage d'escalier afin que les autres copropriétaires aient des difficultés pour venir se plaindre à leur porte. L'un de ces derniers, téméraire, décida de descendre dans l'obscurité mais chuta. Il en résulta une double fracture ouverte, une opération, une hospitalisation d'un mois et une contamination par le virus de l'hépatite C, lors d'une transfusion sanguine.

La règle de droit applicable

La responsabilité délictuelle suppose la réunion de trois éléments : un dommage, un fait générateur (fait personnel, fait d'autrui ou fait d'une chose) et un lien de causalité entre les deux premiers.

– **Le dommage** peut être matériel (perte d'un bien, de clientèle), moral (préjudice esthétique, atteinte à la vie privée, perte d'un être cher) ou corporel (soins médicaux, incapacité de travail, douleur physique, préjudice esthétique).

– **La faute,** prouvée par tous moyens, comporte un élément objectif (l'illicéité de l'acte) et un élément subjectif (l'imputabilité de l'acte, qui tend à disparaître). Elle peut être volontaire (délictuelle) ou involontaire (quasi délictuelle).

La faute intentionnelle est envisagée par l'article 1240 du Code civil : « Tout fait [intentionnel] quelconque de l'homme, qui cause à autrui un dommage, oblige celui par la faute duquel il est arrivé, à le réparer ». La faute non intentionnelle est visée à l'article 1241 du Code civil : « Chacun est responsable du dommage qu'il a causé non seulement par son fait, mais encore par sa négligence ou par son imprudence [non intentionnelle] ».

La faute est définie comme la violation « d'une obligation préexistante » (Planiol), d'un devoir, d'une norme de conduite découlant d'un texte (loi, code, traité), d'un usage (Code de déontologie, règle du jeu) ou de la morale (bonne foi, prudence). Il s'agit d'une « atteinte à l'attitude que l'on peut attendre entre concitoyens normalement conscients et respectueux de l'équilibre qu'exige toute vie en société » (A. Bénabent).

– **Le lien de causalité** est apprécié selon deux théories. *D'après la théorie de l'équivalence des conditions*, tout événement sans lequel le dommage ne se serait pas produit est une cause équivalente dans la survenance du dommage. La victime peut demander réparation intégrale à chacune des personnes ayant concouru au dommage. *Selon la théorie de la causalité adéquate*, seules les causes qui ont directement et réellement participé à la réalisation du dommage, « selon le cours normal des choses », sont retenues.

S'agissant des contaminations post-transfusionnelles, il fut par exemple jugé qu'il y avait un lien de causalité entre la contamination par le virus de l'hépatite C et l'accident de la circulation ayant rendu nécessaires des transfusions sanguines (Cass. 1re civ., 4 décembre 2001, *Bull. civ.* I, n° 310 – Cass. 2e civ., 25 janvier 2007, *Bull. civ.* II, n° 20). La Cour de cassation a récemment précisé que le préjudice spécifique de contamination peut être caractérisé même dans le cas d'une guérison après traitement. Il s'apprécie pendant la durée de la période au cours de laquelle la victime a subi les angoisses et perturbations liées à la maladie (Cass. 2e civ., 4 juillet 2013, *Bull. civ.* II, n° 154.

La solution

Sur l'existence du dommage :
La double fracture ouverte de Monsieur Padbol justifia une opération, une hospitalisation d'un mois et des transfusions sanguines dont l'une le contamina par le virus de l'hépatite C. L'existence d'un dommage est incontestable.

Sur l'existence de la faute :
Si elle ne peut pas être qualifiée de faute intentionnelle, au sens de l'article 1240, l'imprudence des musiciens, en ayant retiré l'ampoule, est au moins une faute non intentionnelle, au sens de l'article 1241 du Code civil. Même s'ils n'avaient pas expressément l'intention de blesser l'un des copropriétaires, les musiciens ont eu un comportement assurément imprudent.

Sur l'existence du lien de causalité :
Il est également fort probable que les juges estiment qu'il existe un lien de causalité entre la faute des musiciens et la chute de la victime. C'est parce que ceux-là faisaient du bruit et avaient retiré l'ampoule de la cage d'escalier que celle-ci voulut descendre les escaliers et chuta.

Sur l'étendue de la réparation :
La victime pourra demander réparation pour l'ensemble de ses préjudices (soins médicaux, frais d'hospitalisation, douleur physique… ainsi que, éventuellement, perte de salaire, incapacité de travail, préjudice esthétique…)

ATTENTION ! En principe, l'indemnisation, en cas de contamination post-transfusionnelle par l'hépatite C, doit être demandée au centre de transfusion qui a fourni le sang vicié ou à l'établissement français du sang. Il appartient au fournisseur de retrouver l'ensemble des donneurs et d'établir leur négativité. Si l'enquête n'est pas complète ou impossible, le doute profite au patient (voir loi n° 2002-303 du 4 mars 2002 [dite loi KOUCHNER] relative au droit des malades et à la qualité du système de santé et loi n° 2002-1577 du 30 décembre 2002 relative à la responsabilité civile médicale ; art. L. 1142-1 et s. CSP). Cependant, en l'espèce, rien ne vous laisse sous-entendre que la victime a l'intention de s'engager dans cette voie.

III. L'action de la concubine

Les faits de l'espèce
La victime de la chute dans l'escalier vivait en concubinage avec une femme.

La règle de droit applicable
Une personne est victime par ricochet lorsqu'elle subit personnellement et indirectement un préjudice, à cause du dommage causé directement à une autre personne. Comme pour les victimes directes, l'action en réparation est ouverte à condition qu'un intérêt légitime ait été lésé (art. 31 CPC). Le préjudice par ricochet peut être moral (préjudice d'affection) ou matériel lorsque, par exemple, la victime immédiate versait des subsides à la victime par ricochet et aurait certainement continué.
Le dommage par ricochet ou réfléchi n'est pas limité au cas où la victime directe est décédée. La douleur morale de parents vivant avec leur enfant traumatisé à la suite d'un viol, par exemple (Cass. 2e civ., 14 janvier 1998, *Bull. civ.* II, n° 14), peut également être réparée. Il a été jugé, justement à propos d'une concubine, qu'aucun lien de droit n'est exigé entre les victimes directes et les victimes par ricochet (arrêt *Dangereux*, Cass. ch. mixte, 27 février 1970, *Bull. civ.*, n° 1). Seuls les liens d'assistance et d'affection, c'est-à-dire la qualité de « proche », sont pris en compte.

La solution
Sur le trouble du voisinage :
En tant que victime directe, Mme Poissnoir pourra vraisemblablement invoquer contre les musiciens un trouble de voisinage, comme son concubin (voir *supra*).

Sur les conséquences de l'accident du concubin :
En tant que victime par ricochet, elle pourra également demander réparation pour le préjudice subi du fait de l'accident de son compagnon. Elle pourra invoquer un préjudice matériel ou moral (participation aux frais d'hospitalisation, douleur morale de savoir son concubin atteint du virus de l'hépatite C...).

En conclusion, M. Padbol et Mme Poissnoir pourront obtenir réparation pour les dommages résultant du trouble de voisinage et de la contamination par le virus de l'hépatite C.

Chapitre 2

La responsabilité du fait d'autrui

1 Commentaire d'article

sur le principe général de responsabilité du fait d'autrui

> **Art. 1242, al. 1er, C. civ.**
>
> *(ord. n° 2016-131 du 10 février 2016, art. 2)*
>
> *(passage correspondant uniquement à la responsabilité du fait d'autrui, à l'exclusion du passage relatif à la responsabilité du fait des choses)*
>
> On est responsable (...) du dommage (...) causé par le fait des personnes dont on doit répondre (...).
>
> *(anc. art. 1384, al. 1er, C. civ.)*

Commentaire d'article

1

Préparation

1 Identifier

2 Analyser

3 Apprécier l'article

4 Élaborer un plan

1 Identification de l'article

Trois informations permettent d'identifier un article : sa date, son auteur et son support.

Support. Le Code civil.

Date. L'alinéa 1er de l'article 1242 du Code civil est rédigé ainsi depuis 1804 (il s'agissait de l'article 1384 qui a été renuméroté lors de la réforme du droit des contrats, en 2016). Pour vous en assurer, il vous suffit de vérifier que, contrairement à la plupart des autres alinéas du texte, aucune référence de loi n'a été insérée au début de celui-ci. Le principe général de responsabilité du fait d'autrui date de 1991, il ne résulte pas d'une intervention du législateur mais d'une nouvelle interprétation, par la jurisprudence, d'un texte déjà vieux, alors, de 187 ans.

Auteur. Les rédacteurs du Code civil.

2 Analyse de l'article

Pour analyser l'article, il faut définir ses principaux termes (la glose), dans le sens courant et juridique, et décortiquer sa structure grammaticale et logique.

La glose

- **On :** quiconque (le responsable de l'auteur direct du dommage, ou responsable « secondaire »)
- **est responsable :** doit assumer les conséquences
- **du dommage :** du préjudice, peu importe qu'il soit corporel, matériel et/ou moral ***[2e composante de la responsabilité délictuelle : un dommage]***
- **causé :** à l'origine, « le fait d'une personne » doit avoir causé « un dommage » ***[3e composante de la responsabilité délictuelle : un lien de causalité]***
- **à autrui :** un tiers, la victime du dommage, le demandeur à l'action. Le responsable « secondaire » ne peut pas se demander réparation à lui-même ou demander réparation à l'auteur direct du dommage
- **par le fait :** expression englobant les événements intentionnels et non-intentionnels, les actes positifs (commission) et négatifs (omission) ***[1re composante de la responsabilité délictuelle : un fait générateur]***
- **des personnes :** des individus (les responsables primaires, auteurs directs du dommage), terme suffisamment général pour englober en théorie des personnes physiques ou morales
- **dont on doit répondre :** dont on a la charge, la surveillance, dont on organise l'activité Expression sur laquelle se fonde le principe général de responsabilité du fait d'autrui et qui permet, justement par sa généralité, de l'étendre ou pas à de nouvelles personnes

La structure grammaticale et logique

Analyse grammaticale

L'alinéa à commenter est composé d'une seule phrase. Celle-ci est constituée :

– *d'une proposition principale* : « **On est responsable** » ;
– *d'un complément* : « **du dommage causé par le fait des personnes dont on doit répondre.** ».

Ce complément peut être scindé en deux :

– *la première partie* « **du dommage causé par le fait des personnes** » complète la proposition principale « **On est responsable** » ;
– *la seconde partie* « **dont on doit répondre** » complète la fin de la première partie « **des personnes** ».

Analyse logique

Dans cet alinéa, la jurisprudence a découvert le principe général de responsabilité du fait d'autrui. Selon celui-ci, toute personne « **on** » doit assumer les conséquences « **est responsable** » de quoi ? « **du dommage** », de quel dommage en particulier ? « **causé par le fait d'une personne** », de quelle personne en particulier ? « **dont on doit répondre** ».

3 Appréciation de l'article

ATTENTION ! La particularité de l'alinéa 1er de l'article 1242 du Code civil (qu'il s'agisse du fait des choses ou du fait d'autrui) est que les règles qui en découlent aujourd'hui n'ont pas été « voulues » par les rédacteurs du Code civil, en 1804. Les principes généraux de responsabilité du fait des choses et du fait d'autrui résultent d'une réinterprétation de cet alinéa par la jurisprudence, en 1896 (arrêt *Teffaine*, Cass. civ., 16 juin 1896, *DP*, 1897, 1, p. 433) et 1991 (arrêt *Blieck*, Cass. ass. plén., 29 mars 1991, *Bull. civ.*, n° 1). Ce n'est donc pas la portée normative de l'article qu'il faut étudier, mais sa portée jurisprudentielle.

Dans quel but cet article a-t-il été écrit puis, en l'occurrence, interprété ?

En 1804, l'alinéa 1er de l'article 1242 (qui était alors art. 1384) du Code civil servait de transition entre la responsabilité du fait personnel, visée aux articles 1240 et 1241 du Code civil (auparavant art. 1382 et 1383), et les différents cas spéciaux de responsabilité du fait d'autrui, envisagés aux autres alinéas de l'article 1242 du Code civil.

Peu à peu, les cas où un individu était placé sous la garde ou la surveillance d'une personne autre que celles énumérées aux alinéas 4, 5 et 6 de l'article 1242 du Code civil se multiplièrent. Or, dans de tels cas, la victime devait, pour obtenir réparation, rapporter la preuve d'une faute, sur le fondement des articles 1240 ou 1241 du Code civil. L'une des principales raisons qui poussa les hauts magistrats à consacrer le principe général de responsabilité du fait d'autrui fut l'amélioration de l'indemnisation des victimes.

Quelle solution l'article (ou sa réinterprétation) a-t-il (elle) apportée au problème posé ?

En 1991, l'Assemblée plénière de la Cour de cassation décida, dans l'arrêt *Blieck*, que l'association qui avait accepté la charge d'organiser et de contrôler, à titre permanent, le mode de vie d'un handicapé mental, devait répondre de celui-ci au sens de l'article 1242, alinéa 1er du Code civil (anc. art. 1384, al. 1er) et était donc tenue de réparer les dommages qu'il avait causés.

Cependant, cet arrêt ne précisait pas sur quel fondement reposait la responsabilité générale du fait d'autrui. La victime devait-elle prouver une faute ? La faute ou la responsabilité était-elle présumée ? Ce n'est qu'en 1997 que la Cour de cassation précisa que : « les personnes tenues de répondre du fait d'autrui au sens de l'article 1384, alinéa 1er, [art. 1242 al. 1er depuis 2016] ne peuvent s'exonérer de la responsabilité de plein droit résultant de ce texte en démontrant qu'elles n'ont commis aucune faute » (Cass. crim., 26 mars 1997, *Bull. crim.*, n° 124).

La solution est particulièrement favorable à la victime qui est déchargée du fardeau de la preuve. Seules la force majeure et la faute de la victime peuvent exonérer le responsable pour autrui, selon l'article 1242, alinéa 1er, du Code civil.

Comment ont réagi et réagissent encore la jurisprudence, la doctrine, les professionnels ?

Peu à peu, la jurisprudence a étendu le principe général de responsabilité du fait d'autrui à des personnes morales (club de sport, association, département) ou physiques (président d'une association, tuteur d'un mineur). En revanche, elle l'a écarté pour un syndicat, le tuteur d'un majeur ou des grands-parents.

Malgré l'hétérogénéité des décisions, il semble que la jurisprudence retienne deux fondements à la responsabilité générale du fait d'autrui :

- le besoin de protection et de contrôle de l'auteur potentiel du dommage (camp de scouts) ;
- le risque généré par l'activité de l'auteur potentiel du dommage (club sportif).

Dans tous les cas, les juges ont précisé, à propos des associations sportives, que ce n'était pas une responsabilité de plein droit. Le dommage doit résulter d'une faute caractérisée par une violation des règles du jeu et imputable à un joueur, même non identifié, membre de l'association (Cass. ass. plén., 29 juin 2007, *Bull. civ.*, n° 7).

4 Élaboration du plan

ATTENTION ! L'exercice demandé est un commentaire d'article. Veillez à ne pas glisser vers une dissertation sur « Le principe général de responsabilité du fait d'autrui ». Inutile de trop développer les raisons du refus puis de la découverte d'un principe général de responsabilité du fait d'autrui, ainsi que la controverse sur la généralité du principe ou l'ajout d'un nouveau cas spécial de responsabilité. Vous devez vous efforcer de « coller » à l'article, qu'il s'agisse de sa structure ou de ses termes.

Même s'il est très court, vous pouvez vous inspirer de la structure de l'article pour élaborer votre plan.
La proposition principale « **On est responsable** » constitue l'annonce du principe. La particularité de celui-ci réside dans le complément « **du dommage causé par le fait des personnes dont on doit répondre** ».

- *La première partie du complément* « **du dommage causé par le fait des personnes** » vise les conditions tenant à l'auteur direct du dommage (le responsable primaire) dans le principe général de responsabilité du fait d'autrui. Celui-ci doit avoir causé un dommage.

  D'une part, cela sous-entend que le responsable primaire doit avoir commis un fait dommageable quelconque. D'autre part, la jurisprudence a eu l'occasion de préciser que ce fait dommageable doit être susceptible d'engager la responsabilité de l'auteur direct du dommage.
- *La seconde partie du complément* « **dont on doit répondre** » concerne les conditions tenant au civilement responsable (le responsable d'autrui) dans le principe général de responsabilité du fait d'autrui. Cette personne doit avoir à répondre du responsable primaire.

  Cela signifie qu'il doit avoir pour mission soit de surveiller le responsable primaire, soit d'organiser l'activité de celui-ci.

Le plan de votre commentaire peut donc être :

Le plan

I. Les conditions de la responsabilité générale du fait d'autrui tenant au responsable primaire
   A. Un fait ayant entraîné un dommage
   B. Un fait susceptible d'entraîner la responsabilité du responsable primaire

II. Les conditions de la responsabilité générale du fait d'autrui tenant au responsable d'autrui
   A. Répondre de la surveillance du responsable primaire
   B. Répondre de l'organisation de l'activité du responsable primaire

Introduction

L'introduction (environ 1/3 du devoir) comporte plusieurs étapes.

ÉTAPES

① **Champ de l'article**

Aux cas spéciaux de responsabilité du fait d'autrui, envisagés par les rédacteurs du Code civil à l'article 1242 (anc. art. 1384), en 1804, la jurisprudence a ajouté, en 1991, un principe général de responsabilité du fait d'autrui, en réinterprétant le premier de ces alinéas.

② **Problème traité par l'article**

En 1804, l'alinéa 1er de l'article 1242 (alors art. 1384) du Code civil servait de transition entre la responsabilité du fait personnel, visée aux articles 1240 et 1241 (anc. art. 1382 et 1383) du Code civil, et les différents cas spéciaux de responsabilité du fait d'autrui, envisagés aux autres alinéas de l'article 1242 du Code civil.
Peu à peu, les cas où un individu était placé sous la garde ou la surveillance d'une personne autre que les personnes énumérées aux alinéas 4, 5 et 6 de l'article 1242 du Code civil se multiplièrent. Or, dans de telles situations, la victime devait, pour obtenir réparation, rapporter la preuve d'une faute, sur le fondement des articles 1240 ou 1241 du Code civil.
En 1991, l'Assemblée plénière de la Cour de cassation décida, dans l'arrêt « Blieck », que l'association qui avait accepté la charge d'organiser et de contrôler, à titre permanent, le mode de vie d'un handicapé mental, devait répondre de celui-ci au sens de l'article 1384, alinéa 1er (désormais art. 1242) du Code civil et était tenue de réparer les dommages qu'il avait causés (Cass. ass. plén., 29 mars 1991, *Bull. civ.*, n° 1). En 1997, la chambre criminelle précisa que : « les personnes tenues de répondre du fait d'autrui au sens de l'article 1384, alinéa 1er [art. 1242 al. 1er], ne peuvent s'exonérer de la responsabilité de plein droit résultant de ce texte en démontrant qu'elles n'ont commis aucune faute » (Cass. crim., 26 mars 1997, *Bull. crim.*, n° 124). Il s'agit donc d'une présomption de responsabilité, particulièrement favorable à la victime.

③ **Citation et situation de l'article dans le temps et l'espace**

Premier alinéa du troisième article du chapitre relatif à « La responsabilité extracontractuelle en général », dans le livre troisième « Des différentes manières dont on acquiert la propriété » du Code civil, l'alinéa 1er de l'article 1242 dispose, dans son intégralité : « On est responsable non seulement du dommage que l'on cause par son propre fait, mais encore de celui causé par le fait des personnes dont on doit répondre, ou des choses que l'on a sous sa garde. »

④ **Annonce du plan**

Il est désormais admis que cet alinéa énonce un principe général de responsabilité du fait d'autrui en précisant, notamment, les conditions tenant au responsable primaire (I) et les conditions tenant au responsable du fait d'autrui (II).

Vous trouverez la majorité des arrêts cités, et leurs références, dans le Code civil [Dalloz ou LexisNexis], sous l'article 1384.

Développement

I. Les conditions de la responsabilité générale du fait d'autrui tenant au responsable primaire

Pour que le principe général de responsabilité du fait d'autrui puisse être invoqué, le responsable primaire doit avoir commis un fait ayant entraîné un dommage (A) et de nature à engager sa responsabilité (B).

A. Un fait ayant entraîné un dommage

Comme pour la responsabilité du fait personnel, la responsabilité du fait d'autrui englobe tous les types de dommages. Il peut s'agir de dommages matériels tels la perte subie (destruction d'un bien) ou le manque à gagner (perte de clientèle) ; de dommages moraux tels les préjudices esthétique, d'agrément, le prix de la douleur, à la suite d'une atteinte corporelle, ou les atteintes aux droits de la personnalité en cas d'atteinte non corporelle ; de dommages corporels, empruntant à la fois aux dommages matériels et aux dommages moraux, tels les préjudices économiques (frais médicaux) à la suite d'une atteinte corporelle.

La responsabilité générale du fait d'autrui fut ainsi appliquée pour :

- les blessures causées à un joueur de rugby, lors d'un match, par un membre, même non identifié, de l'équipe adverse (Cass. 2e civ., 22 mai 1995, *Bull. civ.*, n° 155) ;
- les blessures causées par un mineur placé dans un foyer éducatif à d'autres pensionnaires, en manipulant un tracteur (Cass. 2e civ., 22 mai 2003, *Bull. civ.*, 157) ;
- l'incendie et l'accident de la circulation avec un véhicule volé, causé par un mineur placé dans une association par une décision du juge des enfants (Cass. 2e civ., 6 juin 2002, *Bull. civ.*, n° 120, 2 arrêts).

Tout fait du responsable primaire peut entraîner la responsabilité du civilement responsable à condition, toutefois, que la responsabilité du premier puisse être recherchée.

B. Un fait susceptible d'entraîner la responsabilité du responsable primaire

Traditionnellement, les différentes responsabilités du fait d'autrui étaient conçues comme devant s'ajouter et non se substituer à la responsabilité de l'auteur du dommage.
La question s'est posée de savoir si, pour engager la responsabilité générale du fait d'autrui, le responsable primaire devait commettre une faute ou si un simple fait causal pouvait suffire. Le doute est particulièrement permis depuis que la jurisprudence a fait de la responsabilité des parents, du fait de leurs enfants, une responsabilité de plein droit (arrêt *Levert*, Cass. 2e civ., 10 mai 2001, *Bull. civ.* II, n° 96).
La Cour de cassation a précisé, s'agissant des associations sportives, que la responsabilité générale du fait d'autrui n'est pas une responsabilité de plein droit. Le dommage doit résulter d'une faute caractérisée par une violation des règles du jeu et imputable à un joueur, même non identifié, membre de l'association (Cass. 2e civ., 20 novembre 2003, *Bull. civ.* II, n° 356). En pratique, la plupart des affaires relatives à la responsabilité du fait d'autrui, autres que celles des associations ou clubs sportifs, concernent des cas d'incendie ou de dégradation, par des mineurs délinquants, des cas de violences, plus ou moins volontaires, par des mineurs en camp de vacances ou en internat ; ou des cas de dommages causés par des choses dont le responsable primaire avait la garde. Or, étant donné la conception extensive de la notion de faute et l'objectivité de la responsabilité du fait des choses que l'on a sous sa garde, la responsabilité de l'auteur direct du dommage, dans ces différentes hypothèses, ne fait guère de doute.

Outre les conditions tenant au responsable primaire, la jurisprudence a déduit, de l'alinéa 1er de l'article 1242 du Code civil, les conditions de la responsabilité générale du fait d'autrui tenant au civilement responsable.

II. Les conditions de la responsabilité générale du fait d'autrui tenant au responsable d'autrui

En 1991, la jurisprudence avait fondé la responsabilité générale du fait d'autrui sur l'acceptation, par le civilement responsable, « d'organiser et de contrôler, à titre permanent, le mode de vie d'autrui ». À présent, il semble que la jurisprudence retienne deux fondements : la surveillance (A) et l'organisation de l'activité (B) du responsable primaire.

A. Répondre de la surveillance du responsable primaire

L'un des principaux fondements du principe général de responsabilité du fait d'autrui est la mission de surveillance du responsable d'autrui sur le responsable primaire. À l'instar des parents pour le fait de leur enfant, cette surveillance est justifiée par le besoin de protection et de contrôle de l'auteur potentiel du dommage résultant, souvent, de sa propre vulnérabilité.

Ont été jugés responsables du fait d'autrui :

- une association scoute, pour le dommage causé par l'un des membres (CA Paris, 9 juin 2000, *Resp. civ. et assur.*, 2001, Comm. 74) ;
- le tuteur d'un mineur, pour le dommage causé par ce dernier (Cass. crim., 28 mars 2000, *Bull. crim.*, 140) ;
- un établissement d'éducation spécialisée accueillant des mineurs en difficultés, pour les dommages causés par l'un d'eux (Cass. 2e civ., 6 juin 2002, précité).

Cependant, lorsque la personne investie d'une mission de surveillance l'est bénévolement ou lorsque la surveillance n'est pas permanente mais exceptionnelle, la jurisprudence répugne à étendre le principe général de responsabilité du fait d'autrui. Celui-ci n'a pas été appliqué, par exemple, à des grands-parents, pour les dommages causés par leur petit-fils (Cass. 2e civ., 18 septembre 1996, *Bull. civ.* II, n° 217), ou au tuteur d'un majeur, pour le dommage causé par ce dernier (Cass. 2e civ., 25 février 1998, *Bull. civ.* II, n° 62).

Peu à peu, la jurisprudence a également admis, comme fondement de la responsabilité générale du fait d'autrui, l'organisation de l'activité du responsable primaire.

B. Répondre de l'organisation de l'activité du responsable primaire

Parfois, ce n'est pas la surveillance du responsable primaire qui justifie l'application du principe général de responsabilité du fait d'autrui, mais l'organisation d'une activité générant des risques. La responsabilité générale du fait d'autrui se rapproche ainsi de la responsabilité des commettants du fait de leurs préposés.

Ont été jugés responsables du fait d'autrui :

- un club de rugby, pour les dommages causés par un membre non identifié de son équipe, à un joueur de l'équipe adverse, lors d'une rencontre (Cass. 2e civ., 22 mai 1995, précité) ;
- une association de majorettes, lorsque l'une d'elles blessa une autre, au cours d'un défilé (Cass. 2e civ., 12 décembre 2002, *Bull. civ.* II, n° 289) ;
- une association de supporters d'un club de football, pour les dommages causés par certains de ses membres aux autocars loués pour leur déplacement (CA Aix-en-Provence, 9 octobre 2003, *Resp. civ. et assur.*, 2003, Comm. 89).

En revanche, le principe général de responsabilité du fait d'autrui est écarté lorsque le comportement du responsable primaire échappe au civilement responsable (tel un syndicat, Cass. 2e civ., 26 octobre 2006, *Bull. civ.* II, n° 299 ; ou une association de chasse, Cass. 2e civ., 11 septembre 2008, *Bull.* civ. II, n° 192) ou lorsque l'organisation de l'activité du responsable primaire résulte d'un contrat (telle une maison de retraite pour le fait de l'un de ses pensionnaires, Cass. 1re civ., 15 décembre 2011, *Bull. civ.* I, n° 220).

Bien que le principe général de responsabilité du fait d'autrui ait été découvert il y a plus de vingt ans, ses contours laissent encore la place à quelques incertitudes.

2 Commentaire d'arrêt

sur la responsabilité des commettants du fait de leurs préposés

Cass. ass. plén., 25 février 2000, *Bull. civ.*, n° 2, Arrêt *Costedoat*

Joint les pourvois n°s 97-17.378 et 97-20.152 ;

(...)

Attendu, selon l'arrêt attaqué, que la SCA du Mas de Jacquines et M. Bortino ont demandé à la société Gyrafrance de procéder, par hélicoptère, à un traitement herbicide de leurs rizières ; que, sous l'effet du vent, les produits ont atteint le fonds voisin de M. Girard, y endommageant des végétaux ; que celui-ci a assigné en réparation de son préjudice la SCA du Mas de Jacquines, les époux Reynier, M. Bortino, M. Costedoat, pilote de l'hélicoptère, et la société Gyrafrance ;

Sur le moyen unique du pourvoi n° 97-20.152, pris en ses deux branches : (...) *[sans intérêt]*

Mais sur le moyen unique du pourvoi n° 97-17.378, pris en sa première branche :

Vu les articles 1382 et 1384, alinéa 5, du Code civil ;

Attendu que n'engage pas sa responsabilité à l'égard des tiers le préposé qui agit sans excéder les limites de la mission qui lui a été impartie par son commettant ;

Attendu que, pour retenir la responsabilité de M. Costedoat, l'arrêt énonce qu'il aurait dû, en raison des conditions météorologiques, s'abstenir de procéder ce jour-là à des épandages de produits toxiques ;

Qu'en statuant ainsi, alors qu'il n'était pas prétendu que M. Costedoat eût excédé les limites de la mission dont l'avait chargé la société Gyrafrance, la cour d'appel a violé les textes susvisés ;

Par ces motifs :

Casse et annule, en ses seules dispositions concernant la responsabilité de M. Costedoat, l'arrêt rendu le 26 mars 1997, entre les parties, par la cour d'appel d'Aix-en-Provence ; remet, en conséquence, la cause et les parties dans l'état où elles se trouvaient avant ledit arrêt et, pour être fait droit, les renvoie devant la cour d'appel de Montpellier.

Préparation

1 Identifier

2 Analyser

3 Apprécier l'arrêt

4 Élaborer un plan

1 Identification de l'arrêt

Date. Le 25 février 2000.

Juridiction. L'Assemblée plénière de la Cour de cassation. Il s'agit donc :

- d'un arrêt tranchant une question de droit délicate ;
- d'un arrêt relativement récent.

RAPPEL. L'Assemblée plénière est une formation de la Cour de cassation comprenant des représentants des cinq chambres civiles et de la chambre criminelle, sous la présidence du Premier président. Sa saisine peut être obligatoire ou facultative.
– *Obligatoire :* lorsque la juridiction de renvoi ne s'est pas inclinée devant la position de la Cour de cassation et qu'un second pourvoi est formé, fondé sur les mêmes moyens que le premier.
– *Facultative :* lorsqu'il existe des divergences entre les solutions des juges du fond ou entre les juges du fond et la Cour de cassation.
La décision prise par l'Assemblée plénière s'impose à la juridiction de renvoi.

2 Analyse de l'arrêt

Structure de l'arrêt L'analyse de l'arrêt consiste à en rechercher la structure pour constituer la « fiche de l'arrêt » ou « fiche de jurisprudence ».

Cass. ass. plén., 25 février 2000, *Bull. civ.*, n° 2
Arrêt *Costedoat*

Nombre et numéro des pourvois formés contre la décision d'appel	Joint les pourvois nos 97-17.378 et 97-20.152 ; (...)
Faits	Attendu, selon l'arrêt attaqué, que la SCA du Mas de Jacquines et M. Bortino ont demandé à la société Gyrafrance de procéder, par hélicoptère, à un traitement herbicide de leurs rizières ; que, sous l'effet du vent, les produits ont atteint le fonds voisin de M. Girard, y endommageant des végétaux ;
Demandeur à l'action (victime)	que celui-ci a assigné
Objet de l'action	en réparation de son préjudice
Défendeur à l'action (auteur(s) du dommage)	la SCA du Mas de Jacquines, les époux Reynier, M. Bortino, M. Costedoat, pilote de l'hélicoptère, et la société Gyrafrance ;
Le premier pourvoi a un fondement divisé en deux arguments)	Sur le moyen unique du pourvoi n° 97-20.152, pris en ses deux branches : (...)
Précision insérée par la personne qui a reproduit l'arrêt	[*sans intérêt*]
Visa	Vu les articles 1382 et 1384, alinéa 5, du Code civil ;
Attendu de principe	Attendu que n'engage pas sa responsabilité à l'égard des tiers le préposé qui agit sans excéder les limites de la mission qui lui a été impartie par son commettant ;
Solution de la cour d'appel	Attendu que, pour retenir la responsabilité de M. Costedoat,
Argument retenu par la cour d'appel	l'arrêt énonce qu'il aurait dû, en raison des conditions météorologiques, s'abstenir de procéder ce jour-là à des épandages de produits toxiques ;
Argument retenu par la Cour de cassation	Qu'en statuant ainsi, alors qu'il n'était pas prétendu que M. Costedoat eût excédé les limites de la mission dont l'avait chargé la société Gyrafrance,
Solution de la Cour de cassation	la cour d'appel a violé les textes susvisés ;
Dispositif	Par ces motifs : Casse et annule, en ses seules dispositions concernant la responsabilité de M. Costedoat, l'arrêt rendu le 26 mars 1997, entre les parties, par la cour d'appel d'Aix-en-Provence ; remet, en conséquence, la cause et les parties dans l'état où elles se trouvaient avant ledit arrêt et, pour être fait droit, les renvoie devant la cour d'appel de Montpellier.

L'auteur du sujet (ou le responsable de la revue lorsque l'arrêt est publié ainsi) a jugé que le premier moyen du pourvoi ne devait pas vous être donné à commenter (ou à lire) :
- *soit la question qui y est abordée est sans intérêt juridique ;*
- *soit le thème abordé est hors programme.*

Fiche de l'arrêt

(Cinq rubriques, quelle que soit la décision à commenter)

1 Faits

Une société et un particulier ont demandé à une entreprise de procéder, par hélicoptère, à un traitement herbicide de leurs rizières. Sous l'effet du vent, les produits ont atteint le fonds voisin, y endommageant des végétaux.

2 Procédure

Le propriétaire du fonds voisin a assigné en réparation de son préjudice ceux qui avaient demandé le traitement herbicide, le pilote de l'hélicoptère et l'entreprise qui emploie ce dernier.

La cour d'appel a retenu la responsabilité du pilote d'hélicoptère, préposé.

Précision. L'entreprise employant le pilote a été écartée des débats pour des raisons procédurales. Elle a été mise en liquidation judiciaire et la victime ne s'est pas fait connaître assez rapidement auprès du liquidateur.

3 Arguments des parties

Argument du demandeur au pourvoi (le préposé)

La responsabilité personnelle d'un préposé ne peut pas être engagée sur le fondement de l'article 1382 du Code civil, devenu l'article 1240 lors de la réforme du droit des contrats, lorsque, agissant dans les limites de la mission fixée par son employeur, il n'a commis aucune faute.

Argument du défendeur au pourvoi (la victime)

Le préposé a commis une faute. Il aurait dû, en raison des conditions météorologiques, s'abstenir de procéder ce jour-là à des épandages de produits toxiques. Cette faute est à l'origine du dommage et la responsabilité du préposé peut être retenue.

4 Problème juridique

Un préposé peut-il être tenu personnellement responsable pour les dommages causés aux tiers, dans l'exercice de sa mission ?

Plus généralement : À quelle(s) condition(s) la responsabilité d'un préposé peut être engagée à l'égard des tiers ?

5 Solution

Le préposé qui agit sans excéder les limites de la mission qui lui a été impartie par son commettant n'engage pas sa responsabilité à l'égard des tiers.

Dès lors qu'il n'était pas prétendu, en l'espèce, que le préposé avait excédé les limites de sa mission, la cour d'appel a violé les articles 1382 et 1384, aliéna 5, du Code civil (désormais art. 1240 et 1242, al. 5), en retenant sa responsabilité.

3 Appréciation de l'arrêt

Vous devez déterminer le sens, la valeur et la portée de l'arrêt.

Le sens de l'arrêt

Qu'est-ce que les juges ont décidé ? Qu'ont-ils déclaré ? Qu'ont-ils répondu aux parties ? Ont-ils sanctionné ou approuvé la décision de la cour d'appel ?

Les hauts magistrats ont énoncé que le préposé qui agit sans excéder les limites de la mission qui lui a été impartie par son commettant n'engage pas sa responsabilité à l'égard des tiers. Ils ont cassé, pour violation de la loi, l'arrêt d'appel qui avait retenu la responsabilité du préposé car, selon eux, il n'était pas établi que celui-ci avait outrepassé les limites de sa mission.

La valeur de l'arrêt

Pourquoi les juges ont-ils pris cette décision ? Pouvaient-ils juger autrement ? Quelles règles ont-ils appliquées ? Était-ce prévisible ? Est-ce un revirement de jurisprudence, une décision isolée ?

Cette décision est un revirement de jurisprudence. En énonçant que le préposé qui agit sans excéder les limites de la mission qui lui a été impartie par son commettant n'engage pas sa responsabilité à l'égard des tiers, la Cour de cassation a modifié la finalité de la responsabilité du commettant. Celle-ci n'a plus seulement pour but de garantir la victime contre l'insolvabilité du préposé. Elle tend également à protéger le préposé contre les actions en responsabilité pour les actes accomplis dans le cadre de sa mission.

Ne pouvant juger en fait mais seulement en droit, les hauts magistrats ne pouvaient pas apprécier si le comportement du préposé avait été fautif. Ils devaient seulement vérifier si la cour d'appel avait fait une bonne application de l'ancien article 1382 du Code civil (devenu art. 1240). Or, en l'espèce, ils ont estimé que l'application faite aboutissait à une violation de la loi.

- *En principe,* la responsabilité d'un préposé ne peut être admise que s'il est établi qu'il a outrepassé les limites de la mission qui lui était impartie.
- *En l'espèce,* les magistrats de la cour d'appel, chargés d'apprécier les faits, n'avaient pas conclu que le préposé avait outrepassé les limites de sa mission.
- *En conclusion,* la cour d'appel a violé la loi en retenant la responsabilité du préposé.

La portée de l'arrêt

? Quelles vont être les conséquences de l'arrêt ? Que va-t-il se passer pour les prochaines affaires similaires ? Les parties seront-elles mieux protégées, plus libres ? Sera-t-il plus opportun de se prévaloir d'autres règles de droit ? Quelle va être la réaction du législateur ? Va-t-il devoir légiférer ? La jurisprudence risque-t-elle de changer ?

D'une part, *en théorie*, cette décision bouleverse les rapports entre la victime, le préposé et le commettant.

- *Le préposé.* L'engagement de la responsabilité civile du préposé à l'égard des tiers étant limité aux cas où il outrepasse les limites de sa mission, sa responsabilité est allégée.
- *La victime.* En revanche, la situation de la victime semble plus délicate puisque, lorsque le préposé a agi dans les limites de sa mission, elle n'a plus le choix et ne peut rechercher que la responsabilité du commettant.
- *Le commettant.* La situation du commettant devient plus difficile puisque, seul interlocuteur de la victime, sa responsabilité risque d'être systématiquement engagée.

En pratique, la situation n'a guère changé. La victime, aujourd'hui comme avant, agit en principe contre le commettant, généralement plus solvable que le préposé et, surtout, assuré.
Or, interdiction est faite à l'assureur du commettant de se retourner contre le préposé après avoir indemnisé la victime, sauf en cas de malveillance (art. L. 121-12, al. 3, C. ass.).

D'autre part, la jurisprudence postérieure à l'arrêt *Costedoat* a limité la portée de cet arrêt dans deux cas :

- lorsque le préposé, même agissant dans le cadre de la mission qui lui était impartie par son commettant, a commis une infraction pénale volontaire (Cass ass. plén., 14 décembre 2001, arrêt *Cousin*, *Bull. civ.*, n° 17) ;
- lorsque le préposé bénéficie d'une indépendance professionnelle, notamment en matière médicale (Cass. 1re civ., 9 avril 2002, *Bull. civ.* I, n° 114) et pour les agents généraux d'assurance (Cass. 1re civ., 10 décembre 2002, *Bull. civ.* I, n° 299). En 2004, la jurisprudence semble être revenue à une stricte application de l'arrêt *Costedoat* aux professions médicales salariées (Cass. 1re civ., 9 novembre 2004, *Bull. civ.* I, nos 260 et 262).

4 Élaboration du plan

Cet arrêt constitue un revirement de jurisprudence particulièrement important puisqu'il a été rendu par l'Assemblée plénière de la Cour de cassation. Cela doit impérativement ressortir dans le **I.** Classiquement, vous pouvez étudier la nouvelle solution dans le **I.B.** et le droit antérieur dans le **I.A.**

La solution ayant déjà quelques années, ses conséquences ont déjà dû apparaître. La jurisprudence a déjà dû apporter certaines précisions et poser certaines limites. Vous pouvez les étudier dans le **II.** Pour distinguer le **II.A.** et le **II.B.**, vous pouvez trier les conséquences ou les limites immédiates et médiates, celles apportées par la pratique ou la jurisprudence.

Le plan du commentaire peut être :

Le plan

I. L'évolution de la conception de la responsabilité du préposé à l'égard du tiers
   A. La conception traditionnelle de la responsabilité du préposé à l'égard des tiers
   B. La nouvelle conception de la responsabilité du préposé à l'égard des tiers

II. Les limites à la nouvelle conception de la responsabilité du préposé à l'égard des tiers
   A. Les limites constatées en pratique
   B. Les limites apportées par la jurisprudence

Introduction

L'introduction reprend les éléments exposés dans la fiche de l'arrêt en faisant en sorte qu'ils s'enchaînent.

ÉTAPES

① Phrase d'accroche

À l'égard des tiers, les commettants sont responsables du fait de leurs préposés. Qu'en est-il des préposés eux-mêmes ?

② Faits

Une société et un particulier ont demandé à une entreprise de procéder, par hélicoptère, à un traitement herbicide de leurs rizières. Sous l'effet du vent, les produits ont atteint le fonds voisin, y endommageant des végétaux.

③ Procédure

Le propriétaire de ce terrain a assigné en réparation de son préjudice, entre autres personnes, le pilote de l'hélicoptère. La cour d'appel ayant retenu sa responsabilité, ce dernier s'est pourvu en cassation.

④ Argument des parties

Selon le préposé, sa responsabilité personnelle ne pouvait pas être engagée sur le fondement de l'ancien article 1382 du Code civil (devenu art. 1240) car, ayant agi dans les limites de la mission fixée par son employeur, il n'avait commis aucune faute. Pour la victime, au contraire, la responsabilité du préposé pouvait être retenue car il avait commis une faute. Il aurait dû, en raison des conditions météorologiques, s'abstenir de procéder ce jour-là à des épandages de produits toxiques.

⑤ Problème juridique

La question posée à la Cour de cassation était donc de savoir si un préposé engage sa responsabilité personnelle lorsqu'il cause un dommage en effectuant sa mission. De manière plus générale, il s'agissait de savoir à quelle(s) condition(s) un préposé engage sa responsabilité personnelle à l'égard des tiers.

⑥ Solution de l'arrêt à commenter

La Cour de cassation a répondu que le préposé qui agit sans excéder les limites de la mission qui lui a été impartie par son commettant n'engage pas sa responsabilité à l'égard des tiers. Dès lors, en l'espèce, qu'il n'était pas prétendu que le préposé avait excédé les limites de sa mission, la cour d'appel avait violé les anciens articles 1382 et 1384, aliéna 5, du Code civil (devenu art. 1240 et 1242, al. 5), en retenant sa responsabilité.

⑦ Annonce du plan

Cet arrêt constitue un revirement dans l'évolution de la conception de la responsabilité du préposé à l'égard des tiers (I). Les conséquences de cette nouvelle conception furent néanmoins limitées (II).

Développement

I. L'évolution de la conception de la responsabilité du préposé à l'égard des tiers

L'arrêt *Costedoat* a abandonné la conception traditionnelle de la responsabilité du commettant du fait de son préposé (A) pour une nouvelle (B).

A. La conception traditionnelle de la responsabilité du préposé à l'égard des tiers

Dans un premier temps, la responsabilité du commettant avait pour but de garantir l'indemnisation des victimes et non d'exclure la responsabilité des préposés. La victime pouvait agir soit contre le commettant (anc. art. 1384, al. 5, C. civ.), soit contre le préposé (anc. art. 1382 C. civ.), soit contre le préposé et le commettant, *in solidum*. En théorie, le préposé pouvait voir sa responsabilité engagée du fait d'éventuels défauts d'organisation de l'entreprise qui ne lui étaient pourtant pas imputables. En pratique, la victime se contentait d'assigner le commettant. Ce dernier, généralement assuré, exerçait rarement un recours contre son préposé dès lors qu'interdiction est faite à l'assureur du commettant de se retourner contre le préposé après avoir indemnisé la victime, sauf en cas de malveillance (art. L. 121-12, al. 3, C. ass.).

Ensuite, dans un arrêt de la chambre commerciale du 12 octobre 1993, les magistrats décidèrent que la responsabilité du préposé ne pouvait être engagée lorsque celui-ci avait agi dans le cadre de la mission qui lui était impartie par son employeur et qu'il n'était pas établi qu'il en avait outrepassé les limites (Cass. com., 12 octobre 1993, « Parfums Rochas », *Bull. com.*, n° 338). Cet arrêt portait sur le recours d'un commettant contre son préposé et une question restait en suspens : la protection dont bénéficiait le préposé à l'égard de son commettant était-elle étendue à l'égard des tiers ?

La réponse fut apportée par l'Assemblée plénière de la Cour de cassation le 25 février 2000, qui admit une nouvelle conception de la responsabilité du commettant.

B. La nouvelle conception de la responsabilité du préposé à l'égard des tiers

Dans l'affaire étudiée, le préposé reprochait à la cour d'appel d'avoir retenu sa responsabilité alors qu'il n'avait pas outrepassé les limites de sa mission. Ne pouvant juger en fait mais seulement en droit, les hauts magistrats ne pouvaient pas apprécier si le comportement du préposé avait été fautif. Ils devaient seulement vérifier si la cour d'appel avait fait une bonne application de l'ancien article 1382 du Code civil. Selon eux, la responsabilité d'un préposé ne peut être admise que s'il est établi qu'il a outrepassé les limites de la mission qui lui était impartie. Or, en l'espèce, les juges de la cour d'appel, chargés d'apprécier les faits, n'avaient pas conclu que le préposé avait outrepassé les limites de sa mission. En conclusion, la cour d'appel avait violé la loi en retenant, néanmoins, la responsabilité du préposé.

En principe, la responsabilité du fait d'autrui suppose un acte susceptible d'engager la responsabilité de l'auteur direct du dommage. La responsabilité du commettant s'ajoute à celle du préposé mais ne la remplace pas. En admettant que la responsabilité du commettant puisse être retenue en l'absence d'acte fautif du préposé, l'arrêt *Costedoat* a modifié le fondement de la responsabilité du commettant. Il y a objectivation de la responsabilité et glissement de « la responsabilité » vers « l'indemnisation ».

De plus, alors que, auparavant, la victime avait le choix entre deux débiteurs, le préposé et le commettant, elle ne peut, dorénavant, assigner que le commettant lorsque le préposé n'a pas excédé les limites de sa mission. La responsabilité du commettant n'a donc plus seulement pour but de garantir la victime contre l'insolvabilité du préposé. Elle tend également à protéger le préposé contre les actions en responsabilité pour les actes accomplis dans le cadre de sa mission.

Le changement de conception de la responsabilité du commettant du fait de son préposé est néanmoins limité.

II. Les limites de la nouvelle conception de la responsabilité du préposé à l'égard des tiers

Les limites de la nouvelle conception de la responsabilité du préposé à l'égard des tiers ont été constatées en pratique (A) ou apportées par la jurisprudence (B).

A. Les limites constatées en pratique

En théorie, cette décision a bouleversé les rapports entre la victime, le préposé et le commettant.

D'abord, la responsabilité civile du préposé à l'égard des tiers est allégée puisqu'elle est limitée aux cas où celui-ci outrepasse les limites de sa mission.

Ensuite, la situation de la victime semble plus délicate puisque, lorsque le préposé a agi dans les limites de sa mission, elle ne peut rechercher que la responsabilité du commettant. Or, si ce dernier est insolvable (comme en l'espèce), elle n'est pas indemnisée. Néanmoins cette conséquence doit être nuancée. Si la responsabilité du commettant peut être engagée, même en l'absence de faute du préposé, elle tend à être objective. La victime peut alors obtenir réparation de tout dommage résultant de l'exécution de sa mission par le préposé. De ce point de vue, sa situation est améliorée.

Enfin, la situation du commettant devient plus difficile. D'une part, il ne dispose plus d'un recours subrogatoire contre le préposé, en cas de faute personnelle n'excédant pas les limites de sa mission. D'autre part, seul interlocuteur de la victime, sa responsabilité risque d'être systématiquement engagée.

En pratique, la situation n'a guère changé. En principe, la victime agit toujours contre le commettant, généralement plus solvable que le préposé et, surtout, assuré. Or, interdiction est faite à l'assureur du commettant de se retourner contre le préposé après avoir indemnisé la victime, sauf en cas de malveillance (art. L. 121-12, al. 3, C. ass.).

B. Les limites apportées par la jurisprudence

La jurisprudence a exclu certains préposés du champ d'application de l'arrêt *Costedoat.*

D'abord, la Cour de cassation a décidé que « le préposé condamné pénalement pour avoir intentionnellement commis, fut-ce sur l'ordre du commettant, une infraction ayant porté préjudice à un tiers, engage sa responsabilité civile à l'égard de celui-ci » (Cass. ass. plén., 14 décembre 2001, *Cousin*, *Bull. civ.*, n° 17). Ainsi, lorsque le préposé agit sans excéder les limites de la mission qui lui est impartie, il n'engage pas sa responsabilité personnelle à l'égard des tiers (arrêt *Costedoat*), sauf s'il a commis intentionnellement un acte délictueux, même sur ordre du commettant (arrêt *Cousin*). La crainte de l'engagement de sa responsabilité a une valeur symbolique pour le préposé. Une immunité totale aurait déséquilibré les rapports préposé/commettant.

Ensuite, la jurisprudence a exclu l'application de la jurisprudence *Costedoat* lorsque la mission du préposé suppose un libre arbitre de sa part. Elle a ainsi refusé de l'appliquer d'une part aux médecins salariés (Cass. 1re civ., 9 avril 2002, *Bull. civ.* I, n° 114) ainsi que, par extension, aux autres professions médicales et, d'autre part, aux agents généraux d'assurances (Cass. 1re civ., 10 décembre 2002, *Bull. civ.* I, n° 299). Cependant, la Cour de cassation semble être revenue à une stricte application de la jurisprudence *Costedoat* aux professions médicales salariées en ayant cassé les arrêts qui avaient condamné, *in solidum*, les préposés et leur établissement employeur, au motif de leur indépendance professionnelle (Cass. 1re civ., 9 novembre 2004, *Bull. civ.* I, nos 260 et 262).

Il est impératif, mais difficile, de trouver un juste équilibre quant à l'immunité du préposé.

sur la responsabilité des parents du fait de leurs enfants et la responsabilité des instituteurs du fait de leurs élèves

Enfant turbulent et risque d'accident

Monsieur Flou et Madame Fly ont deux garçons particulièrement turbulents, Brad et Pitt, âgés de 13 et 7 ans. Grand consommateur d'alcool et de stupéfiants, Monsieur Flou a été déchu de son autorité parentale. Il se contente d'envoyer une carte postale à ses fils, pour leur anniversaire. Hôtesse de l'air, Madame Fly a des horaires de travail irréguliers. Elle s'est donc installée chez ses parents, avec les deux garçons, afin que ceux-ci ne soient pas seuls en son absence. Pour l'école, Madame Fly a opté pour l'internat, espérant que ses enfants y trouveraient l'encadrement et l'autorité que leurs grands-parents, âgés, ne pouvaient instaurer. Pourtant, depuis quelque temps, les enfants multiplient les bêtises.

Lors des dernières vacances scolaires, alors que sa mère était en voyage, Pitt échappa à la surveillance de ses grands-parents et mit accidentellement le feu à une grange. Celle-ci fut détruite mais, heureusement, personne ne fut blessé.

Lors de la dernière séance de natation avec sa classe, à la piscine municipale, Brad se mit à courir, malgré l'interdiction maintes fois rappelée par son professeur. Il perdit l'équilibre et fit tomber les rouleaux de flotteurs et leur socle, pourtant rangés à leur place. Un camarade fut gravement blessé et deux margelles de la piscine furent cassées.

Très inquiète, Madame Fly souhaite consulter un avocat pour faire le point sur la situation.

Préparation

1. Analyser les faits
2. Rechercher les problèmes juridiques posés
3. Rechercher les éléments de réponse

1 Analyse des faits

Repérage des faits importants

Monsieur Flou et Madame Fly ont deux garçons particulièrement turbulents, Brad et Pitt, âgés de 13 et 7 ans. Grand consommateur d'alcool et de stupéfiants, Monsieur Flou a été déchu de son autorité parentale. Il se contente d'envoyer une carte postale à ses fils, pour leur anniversaire. Hôtesse de l'air, Madame Fly a des horaires de travail irréguliers. Elle s'est donc installée chez ses parents, avec les deux garçons, afin que ceux-ci ne soient pas seuls en son absence. Pour l'école, Madame Flou a opté pour l'internat, espérant que ses enfants y trouveraient l'encadrement et l'autorité que leurs grands-parents, âgés, ne pouvaient instaurer. Pourtant, depuis quelque temps, les enfants multiplient les bêtises.

Lors des dernières vacances scolaires, alors que sa mère était en voyage, Pitt échappa à la surveillance de ses grands-parents et mit accidentellement le feu à une grange. Celle-ci fut détruite mais, heureusement, personne ne fut blessé.

Lors de la dernière séance de natation avec sa classe, à la piscine municipale, Brad se mit à courir, malgré l'interdiction maintes fois rappelée par son professeur. Il perdit l'équilibre et fit tomber les rouleaux de flotteurs et leur socle, pourtant rangés à leur place. Un camarade fut gravement blessé et deux margelles de la piscine furent cassées.

Très inquiète, Madame Fly souhaite consulter un avocat pour faire le point sur la situation.

Qualification juridique des faits

- **deux garçons, âgés de 13 et 7 ans :** mineurs
- **père déchu de son autorité parentale – se contente d'envoyer une carte postale pour les anniversaires :** enfant n'ayant plus de contact avec leur père, celui-ci n'ayant ni l'autorité parentale ni, apparemment, de droit de visite
- **mère ayant des horaires de travail irréguliers – installée chez ses parents, avec les deux garçons :** mère souvent absente, pour des raisons professionnelles, mais domiciliée avec ses enfants = cohabitation
- **échappa à la surveillance de ses grands-parents pendant les vacances scolaires alors que sa mère était en voyage :** mineur placé sous la surveillance de ses grands-parents et absence de sa mère
- **mit accidentellement le feu à une grange :** accident
- **grange détruite mais personne ne fut blessé :** dommage matériel mais pas corporel
- **enfant placé en internat :** régime de scolarité particulier, enfant rentrant chez eux en fin de semaine et pendant les vacances
- **séance de natation avec sa classe :** accident survenu pendant « l'horaire » scolaire
- **à la piscine municipale :** accident survenu hors de « l'environnement » scolaire
- **se mit à courir, malgré l'interdiction maintes fois rappelée par son professeur :** désobéissance de l'élève
- **perdit l'équilibre et fit tomber les rouleaux de flotteurs et leur socle, pourtant rangés à leur place :** accident
- **camarade blessé :** dommage corporel (éventuellement moral et matériel si séquelles et frais d'hospitalisation…)
- **margelles cassées :** dommage matériel

2 Recherche des (ou du) problèmes juridiques

Ce cas pratique n'est pas présenté sous la forme d'une consultation, mais d'une intention de consultation, ce qui revient au même. Une femme souhaite faire le point sur la situation de ses deux fils, tous deux à l'origine d'un accident. Il vous appartient donc de formuler les questions soulevées par le comportement des deux enfants.

Pitt a échappé à la surveillance de ses grands-parents et mit le feu à une grange.
Question : Quelle responsabilité(s) peu(ven)t être recherchée(s) lorsqu'un mineur cause un dommage, alors qu'il était sous la surveillance de ses grands-parents ?

Brad est à l'origine d'un accident scolaire ayant entraîné des dommages corporel et matériel.
Question : Quelle responsabilité(s) peu(ven)t être recherchée(s) lorsqu'un mineur cause un accident, lors d'une activité scolaire ?

3 Recherche des éléments de réponse

L'incendie de la grange

Sur la responsabilité des grands-parents

Art. 1240 C. civ. « Tout fait quelconque de l'homme, qui cause à autrui un dommage, oblige celui par la faute duquel il est arrivé, à le réparer. »

Art. 1241 C. civ. « Chacun est responsable du dommage qu'il a causé non seulement par son fait, mais encore par sa négligence ou par son imprudence. »

Art. 1242, al. 1er C. civ. « On est responsable non seulement du dommage que l'on cause par son propre fait, mais encore de celui qui est causé par le fait des personnes dont on doit répondre (...). »

Jurisprudence

La responsabilité édictée par l'article 1242, alinéa 4, du Code civil ne s'applique qu'aux père et mère. La responsabilité des grands-parents pour le fait d'un petit enfant qu'ils hébergent pendant les vacances scolaires ne peut être engagée sur le fondement de l'article 1242, alinéa 1er, du Code civil, car les conditions d'application de ce texte ne sont pas réunies. La responsabilité d'une grand-mère ne peut être retenue si aucune faute n'est établie à son encontre, au sens de l'article 1240 du Code civil.

Cass. 2e civ., 18 septembre 1996, *Bull. civ.* II, n° 217.

Lorsqu'un mineur séjournant en vacances chez ses grands-parents se rend dans une ferme voisine avec son grand-père et y met accidentellement le feu, la responsabilité de ce dernier ne peut être retenue ni sur le fondement de l'article 1242, alinéa 1er, ni sur celui de l'article 1240 du Code civil, dès lors qu'il est impossible de savoir à qui le briquet utilisé par l'enfant a appartenu et comment il s'est trouvé dans cette cour de la ferme ; que le mineur, âgé de onze ans, qui avait une certaine autonomie, évoluait dans une propriété privée dont il n'est pas établi qu'elle ait pu par elle-même présenter des dangers particuliers et que son grand-père ignorait qu'il était en possession d'un briquet et se trouvait à portée de voix.

Cass. 2e civ., 5 février 2004, *Bull. civ.* II, n° 50.

Sur la responsabilité des parents du fait de leurs enfants

Art. 1242, al. 4, C. civ. **« Le père et la mère, en tant qu'ils exercent l'autorité parentale, sont solidairement responsables du dommage causé par leurs enfants mineurs habitant avec eux. »**

Jurisprudence

La responsabilité de plein droit encourue par les père et mère sur le fondement de l'article 1242, alinéas 4 et 7, du Code civil du fait des dommages causés par leur enfant mineur habitant avec eux n'est pas subordonnée à l'existence d'une faute de l'enfant.

Cass. 2e civ., 10 mai 2001, arrêt *Levert*, *Bull. civ.* II, n° 96.

La cohabitation de l'enfant avec ses père et mère, visée à l'article 1242, alinéa 4, du Code civil, résulte de la résidence habituelle de l'enfant au domicile des parents ou de l'un d'eux.

Cass. 2e civ., 20 janvier 2000, *Bull. civ.* II, n° 14.

Lorsqu'un mineur séjournant en vacances chez son grand-père met accidentellement le feu à une ferme voisine, la responsabilité de plein droit de ses père et mère peut être retenue sur le fondement de l'article 1242, alinéa 4, du Code civil, dès lors qu'il résidait habituellement avec eux.

Cass. 2e civ., 5 février 2004, précité.

Le fait que le mineur ait été confié par ses parents, qui exercent l'autorité parentale, à sa grand-mère, qui l'élève depuis douze ans, n'a pas fait cesser la cohabitation de l'enfant avec eux.

Cass crim., 8 février 2005, *Bull. crim.*, n° 44.

L'accident à la piscine

Sur la responsabilité des instituteurs du fait de leurs élèves

Art. 1242, al. 6 et 8, C. civ. « Les instituteurs et les artisans [sont responsables], du dommage causé par leurs élèves et apprentis pendant le temps qu'ils sont sous leur surveillance (al. 6).

En ce qui concerne les instituteurs, les fautes, imprudences ou négligences invoquées contre eux comme ayant causé le fait dommageable, devront être prouvées, conformément au droit commun, par le demandeur, à l'instance (al. 8). »

Art. L. 911-4, al. 1er, C. éducation « Dans tous les cas où la responsabilité des membres de l'enseignement public se trouve engagée à la suite ou à l'occasion d'un fait dommageable commis, soit par les élèves ou les étudiants qui leur sont confiés à raison de leurs fonctions, soit au détriment de ces élèves ou de ces étudiants dans les mêmes conditions, la responsabilité de l'État est substituée à celle desdits membres de l'enseignement qui ne peuvent jamais être mis en cause devant les tribunaux civils par la victime ou ses représentants. »

Jurisprudence

Non-application de l'article 1242, alinéas 6 et 8, du Code civil, lors d'un accident survenu à l'occasion de la pratique amicale du rugby par les élèves pendant une récréation, en l'absence de faute d'un enseignant.

Cass. 2e civ., 10 mai 2001, arrêt *Levert*, *Bull. civ.* II, n° 96.

Dans une affaire où un élève d'un établissement scolaire public a été blessé par la chute d'un rouleau de ligne de flotteurs, alors qu'il participait, sous la direction d'un professeur d'éducation physique, à une séance de natation dans une piscine municipale, il a été jugé qu'avait commis une faute personnelle le professeur d'éducation physique qui s'était abstenu de toute initiative pour écarter le danger résultant de la position anormale du rouleau de flotteurs, posé à même le sol au bord du bassin, alors qu'en raison de son poids de vingt-cinq kilos et de sa propension à rouler, il aurait dû être arrimé sur le socle prévu à cet effet.

Cass. 2e civ., 23 octobre 2003, *Bull. civ.* II, n° 331.

REMARQUE. Même s'il fait partie d'un autre code, cet article est reproduit dans le Code civil [Dalloz ou LexisNexis]. Il vous suffit de chercher « Instituteur », dans l'index, pour savoir à quelle page vous devez vous reporter.

Sur la responsabilité des parents du fait de leurs enfants

Art. 1242, al. 4 et 7, C. civ. « Le père et la mère, en tant qu'ils exercent l'autorité parentale, sont solidairement responsables du dommage causé par leurs enfants mineurs habitant avec eux. »

Jurisprudence

La responsabilité de plein droit encourue par les père et mère sur le fondement de l'article 1242, alinéas 4 et 7, du Code civil du fait des dommages causés par leur enfant mineur habitant avec eux n'est pas subordonnée à l'existence d'une faute de l'enfant.

Cass. 2e civ., 10 mai 2001, arrêt *Levert*, précité.

La présence d'un enfant mineur dans un établissement scolaire, même en régime d'internat, ne supprime pas la cohabitation de l'enfant avec ses parents.

Cass. 2e civ., 29 mars 2001, *Bull. civ.* II, n° 69.

Introduction

L'introduction (assez courte) comporte plusieurs étapes.

ÉTAPES

① **Annonce du thème**

Les enfants, notamment lorsqu'ils sont turbulents, sont souvent à l'origine d'accidents pouvant entraîner, entre autres responsabilités, celle de leurs parents, de leurs grands-parents, de leurs enseignants…

② **Résumé et qualification juridique des faits**

Deux frères, Brad et Pitt, âgés de 13 et 7 ans, n'ont presque plus de contact avec leur père. Leur mère, hôtesse de l'air, seule titulaire de l'autorité parentale, a décidé de les placer en internat et de s'installer avec eux chez ses parents, pour qu'ils ne soient pas seuls pendant les vacances. Récemment, les deux garçons ont été à l'origine d'accidents.
Pendant les vacances scolaires, Pitt échappa à la surveillance de ses grands-parents et mit accidentellement le feu à une grange. Si personne ne fut blessé, le bâtiment fut détruit. Brad, quant à lui, passa outre les consignes de son professeur, lors d'une séance de natation, et fit tomber des flotteurs qui blessèrent un camarade et abîmèrent le bord de la piscine.

③ **Problème posé par les faits**

La mère des garçons se demande quelle(s) responsabilité(s) ces accidents peuvent engager. Qui peut être responsable des dommages résultant :

- de l'incendie d'une grange causé par un mineur en vacances placé sous la surveillance de ses grands-parents ?
- de la chute de flotteurs, lors d'une séance de natation dans le cadre scolaire, à cause d'un mineur désobéissant placé en internat ?

④ **Annonce du plan**

Chaque enfant étant à l'origine d'un accident, il convient d'étudier ceux-ci successivement.

ATTENTION ! Votre argumentation, pour chacun des cas, doit être construite en trois parties :
– les faits de l'espèce ;
– la règle de droit applicable ;
– la solution.

Développement

I. Pitt et l'incendie de la grange

Les faits de l'espèce

Pitt, âgé de 7 ans, vit avec sa mère, seule titulaire de l'autorité parentale, chez ses grands-parents. Pendant les vacances scolaires, alors que sa mère, hôtesse de l'air, était en voyage, il échappa à la surveillance de ses grands-parents et mit accidentellement le feu à une grange. Personne ne fut blessé mais le bâtiment fut détruit.

La règle de droit applicable

Sur la responsabilité des grands-parents

Aucun article du Code civil n'envisage expressément la responsabilité des grands-parents pour le fait de leurs petits-enfants.

Selon la jurisprudence, la responsabilité édictée par l'article 1242, alinéa 4, du Code civil ne s'applique qu'aux père et mère et la responsabilité des grands-parents pour le fait d'un petit enfant, qu'ils hébergent pendant les vacances scolaires, ne peut être engagée sur le fondement de l'article 1242, alinéa 1er, du Code civil, dès lors que les conditions d'application de ce texte ne sont pas réunies. Seul l'article 1240 du Code civil peut être invoqué, si la preuve d'une faute des grands-parents est établie (Cass. 2e civ., 18 septembre 1996, *Bull. civ.* II, n° 217).

Il a été jugé, dans une affaire où un mineur séjournant en vacances chez ses grands-parents se rendit dans une ferme voisine avec son grand-père et y mit accidentellement le feu, que la responsabilité de ce dernier ne pouvait être retenue sur le fondement de l'article 1240 du Code civil, dès lors qu'il était impossible de savoir à qui le briquet utilisé par l'enfant avait appartenu et comment il s'était trouvé dans cette cour de la ferme ; que le mineur, âgé de onze ans, qui avait une certaine autonomie, évoluait dans une propriété privée dont il n'était pas établi qu'elle eût pu par elle-même présenter des dangers particuliers et, enfin, que son grand-père ignorait qu'il était en possession d'un briquet et se trouvait à portée de voix (Cass. 2e civ., 5 février 2004, *Bull. civ.* II, n° 50).

Sur la responsabilité des parents du fait de leurs enfants

D'après l'alinéa 4 de l'article 1242 du Code civil, les parents sont solidairement responsables des dommages causés par leurs enfants mineurs dès lors qu'ils exercent l'autorité parentale et habitent avec eux.

Selon la jurisprudence, la responsabilité de plein droit encourue par les père et mère n'est pas subordonnée à l'existence d'une faute de l'enfant (Cass. 2e civ., 10 mai 2001, arrêt *Levert*, *Bull. civ.* II, n° 96).

S'agissant du mineur confié à ses grands-parents, les juges ont précisé que la cohabitation de l'enfant avec ses père et mère, visée à l'article 1242, alinéa 4, du Code civil, résulte de la résidence habituelle de l'enfant au domicile des parents ou de l'un d'eux (Cass. 2e civ., 20 janvier 2000, *Bull. civ.* II, n° 14).

Dans une affaire où un mineur séjournant en vacances chez son grand-père mit accidentellement le feu à une ferme voisine, la responsabilité de plein droit de ses père et mère fut retenue, dès lors qu'il résidait habituellement avec eux (Cass. 2e civ., 5 février 2004, précité). De même, il a été jugé que le fait que le mineur ait été confié par ses parents, qui exerçaient l'autorité parentale, à sa grand-mère, qui l'élevait depuis douze ans, n'a pas fait cesser la cohabitation de l'enfant avec eux (Cass crim., 8 février 2005, *Bull. crim.*, n° 44).

La solution

Le propriétaire du bâtiment détruit peut demander réparation :

- aux grands-parents, en prouvant que ceux-ci ont commis une faute ;
- et/ou à la mère puisque, même si elle était en voyage au moment de l'accident, elle réside habituellement avec l'enfant.

Le seul fait d'avoir laissé l'enfant échapper à leur surveillance risque de ne pas suffire pour prouver la faute des grands-parents. En revanche, la responsabilité de la mère est présumée. Le propriétaire de la grange aura donc intérêt à agir contre cette dernière, à moins qu'elle ne soit pas solvable.

II. Brad et l'accident scolaire

Les faits de l'espèce

Brad est âgé de 13 ans. Lors d'une séance de natation avec son école, à la piscine municipale, il passa outre les consignes de son professeur de ne pas courir. Il perdit l'équilibre et fit tomber des rouleaux de flotteurs et leur socle, pourtant rangés à leur place. Un camarade fut blessé et le bord de la piscine abîmé.

La règle de droit applicable

Sur la responsabilité des instituteurs du fait de leurs élèves

Selon l'article 1242, alinéa 6 et 8, du Code civil, les instituteurs sont responsables du dommage causé par leurs élèves pendant le temps qu'ils sont sous leur surveillance. Les fautes, imprudences ou négligences invoquées contre eux comme ayant causé le fait dommageable, doivent être prouvées, conformément au droit commun, par le demandeur à l'instance.

Lorsque l'instituteur dont la responsabilité est recherchée est membre de l'enseignement public, la victime doit agir contre l'État, substitué à l'enseignant (art. L. 911-4, al. 1er, C. éducation).

La responsabilité de l'enseignant a été :

- écartée, lors d'un accident survenu à l'occasion de la pratique amicale du rugby par les élèves, pendant une récréation, en l'absence de faute d'un professeur (Cass. 2e civ., 10 mai 2001, arrêt *Levert*, *Bull. civ.* II, n° 96) ;
- retenue lorsqu'un élève a été blessé par la chute d'un rouleau de ligne de flotteurs, alors qu'il participait, sous la direction d'un professeur d'éducation physique, à une séance de natation dans une piscine municipale, au motif que le professeur avait commis une faute personnelle en s'abstenant de toute initiative pour écarter le danger résultant de la position anormale du rouleau de flotteurs, posé à même le sol au bord du bassin, alors qu'en raison de son poids de vingt-cinq kilos et de sa propension à rouler, celui-ci aurait dû être arrimé sur le socle prévu à cet effet (Cass. 2e civ., 23 octobre 2003, *Bull. civ.* II, n° 331).

Sur la responsabilité des parents du fait de leurs enfants

Selon le Code civil et la jurisprudence, les parents, en tant qu'ils exercent l'autorité parentale, sont solidairement responsables, de plein droit, du dommage causé par leurs enfants mineurs habitant avec eux (Voir première partie).

S'agissant d'un mineur placé en internat, les juges ont précisé que la présence d'un mineur en internat, ne supprime pas la cohabitation de l'enfant avec ses parents (Cass. 2e civ., 29 mars 2001, *Bull. civ.* II, n° 69).

La solution

L'élève blessé et le propriétaire de la piscine pourront demander réparation :

- à l'enseignant, en prouvant que celui-ci a commis une faute ;
- et/ou à la mère, même si le mineur est en internat et que l'accident a lieu lors d'une activité scolaire.

Cependant, le professeur ayant maintes fois rappelé de ne pas courir et les rouleaux de flotteurs étant rangés à leur place, il paraît difficile de démontrer l'existence d'une faute de surveillance de sa part. La responsabilité de la mère, en revanche, est présumée. Il semble donc plus intéressant pour la victime, dans ce cas aussi, d'agir contre cette dernière, à moins qu'elle ne soit pas solvable.

En conclusion, qu'il s'agisse de Pitt ou de Brad, la responsabilité de Madame Fly pourra être retenue. Peut-être celle-ci sera partagée avec celle des grands-parents, pour l'incendie de la grange, et celle du professeur de sport, pour l'accident à la piscine. Dans tous les cas, la responsabilité du père ne pourra être recherchée ni sur le fondement de l'article 1242, alinéa 4, du Code civil (dès lors que celui-ci a été déchu de l'autorité parentale) ni sur le fondement de l'article 1240 du même code (puisque aucune faute ne semble pouvoir lui être reprochée).

Chapitre 3

La responsabilité du fait des choses

1 Commentaire d'article

sur la responsabilité du fait des bâtiments en ruine

Art. 1244 C. civ.

(ord. n° 2016-131 du 10 février 2016, art. 2)

Le propriétaire d'un bâtiment est responsable du dommage causé par sa ruine, lorsqu'elle est arrivée par une suite du défaut d'entretien ou par le vice de sa construction.

(anc. art. 1386 C. civ.)

Préparation

1. Identifier
2. Analyser
3. Apprécier l'article
4. Élaborer un plan

1 Identification de l'article

Trois informations permettent d'identifier un article : sa date, son auteur et son support.

Support. Le Code civil.

Date. L'article 1244 est rédigé ainsi depuis 1804 (date d'élaboration du Code civil). Il portait, avant la réforme du droit des contrats, le numéro 1386.

Auteur. Les rédacteurs du Code civil.

Dans le Code LexisNexis, l'article 1244 est rédigé ainsi : « Le propriétaire d'un bâtiment est responsable du dommage causé par sa ruine, lorsqu'elle est arrivée par suite *[et non par une suite]* **du défaut d'entretien ou par le vice de sa construction ».**
Nous retiendrons la version du Code Dalloz, même si la formulation peut surprendre, car c'est celle du Code civil de 1804 et, actuellement, du site www.legifrance.gouv.fr.

2 Analyse de l'article

L'analyse de l'article consiste à définir ses principaux termes (la glose), dans le sens courant et juridique, et à décortiquer sa structure grammaticale et logique.

La glose

- **Le propriétaire :** la personne titulaire du droit de propriété (cela exclut le locataire ou un détenteur sans titre tel un squatteur)
- **d'un bâtiment :** bien immeuble ancré au sol (par opposition aux biens meubles)
- **est responsable :** assume les conséquences
- **du dommage :** du préjudice
- **causé :** entraîné, déclenché, provoqué
- **par sa ruine :** à la suite de la dégradation, du délabrement, de l'écroulement
- **lorsqu'elle :** lorsque ladite ruine
- **est arrivée :** est survenue
- **par une suite :** à cause
- **du défaut d'entretien :** du manquement à l'obligation de maintenir en état
- **ou :** soit (alternatif)
- **par le vice de sa construction :** par un défaut dans l'édification, la fabrication

La structure grammaticale et logique

Analyse grammaticale

L'article est constitué d'une seule phrase. Celle-ci est composée :

- *d'une proposition principale* « **Le propriétaire d'un bâtiment est responsable du dommage causé par sa ruine,** » posant le principe de la responsabilité ;
- *d'un complément* « **lorsqu'elle est arrivée par une suite du défaut d'entretien ou par le vice de sa construction** » précisant à quelle condition la ruine peut entraîner la responsabilité.

Analyse logique

L'article est composé d'un seul alinéa. Ses rédacteurs ont procédé ainsi :

- *d'abord,* ils ont énoncé les conditions générales de la responsabilité du fait d'un bâtiment en ruine : cette responsabilité repose sur « **Le propriétaire [du] bâtiment** » et joue dès lors qu'un « **dommage [est] causé par sa ruine** » ;
- *ensuite,* les rédacteurs de l'article ont apporté une précision qui limite le principe de responsabilité du fait d'un bâtiment en ruine : la ruine doit être « **arrivée par une suite du défaut d'entretien ou par le vice de sa construction** ».

3 Appréciation de l'article

Dans quel but cet article a-t-il été écrit ou modifié ?

Dans l'ancien droit, les voisins d'un immeuble qui menaçait ruine pouvaient contraindre le propriétaire à le réparer. Si ce dernier refusait, ils pouvaient le restaurer eux-mêmes, à ses frais.

En 1804, les rédacteurs du Code civil ont globalement repris cette règle dans l'ancien article 1386 (devenu art. 1244). À défaut d'avoir osé instaurer une responsabilité générale du fait des choses, les codificateurs ont retenu le principe de la responsabilité des propriétaires de bâtiments en ruine et d'animaux (anc. art. 1385 C. civ., devenu art. 1243), principales choses dangereuses de l'époque préindustrielle.

Quelle solution l'article a-t-il apportée au problème posé ?

L'article a posé le principe d'une responsabilité de plein droit du propriétaire d'un bâtiment en ruine à condition, toutefois, que cette ruine résulte d'un défaut d'entretien ou d'un vice de construction.

Comment ont réagi la jurisprudence, la doctrine, les professionnels ?

Dans un premier temps, les victimes tentèrent d'étendre le champ d'application de l'article pour l'appliquer, par exemple, à l'outillage industriel en cas d'accident du travail.

Puis, après la découverte du principe général de responsabilité du fait des choses que l'on a sous sa garde, en 1896, les demandes fondées sur l'ancien article 1386 du Code civil (désormais art. 1244) se raréfièrent. L'essentiel du débat, doctrinal et jurisprudentiel, concerna la portée de l'article 1386 par rapport à l'article 1384, alinéa 1er, du Code civil (à présent art. 1242). Il est désormais admis que, lorsque les conditions d'application de l'article 1244 du Code civil sont remplies, la victime ne peut pas agir sur le fondement de l'article 1242, alinéa 1er, du même code contre le propriétaire mais le peut, en revanche, contre le gardien non-propriétaire du bâtiment.

4 Élaboration du plan

L'article est composé d'un seul alinéa. Vous ne pouvez pas vous inspirer de cette structure pour élaborer le plan du commentaire.

La raison d'être de cet article est d'énoncer qu'il existe une responsabilité du fait des bâtiments en ruine et, plus précisément, quelles sont les conditions de mise en œuvre de la responsabilité du fait des bâtiments en ruine. Cela peut être étudié dans le **I.** Il faut que le dommage ait pour origine un bâtiment (**A.**), que ce bâtiment soit en ruine et que cette ruine résulte d'un défaut d'entretien ou d'un vice de construction (**B.**).

Après la découverte du principe général de responsabilité du fait des choses, en 1896, la portée de l'article 1244 du Code civil, par rapport à l'article 1242 alinéa 1er du même code, fit l'objet de vifs débats. Ce point peut être abordé dans le **II**. Il est désormais admis que, lorsque les conditions d'application du premier article sont réunies, le recours au second est exclu contre le propriétaire (**A.**) mais possible contre le gardien, non-propriétaire (**B.**).

Le plan du commentaire peut être :

Le plan

I. Les conditions de la responsabilité du fait des bâtiments en ruine
- **A.** Un bâtiment
- **B.** Une ruine imputable à un défaut d'entretien ou à un vice de construction

II. La portée de la responsabilité du fait des bâtiments en ruine
- **A.** La non-application de l'article 1242, alinéa 1er, au propriétaire
- **B.** L'application de l'article 1242, alinéa 1er, au gardien non-propriétaire

Introduction

L'introduction (environ 1/3 du devoir) comporte plusieurs étapes.

ÉTAPES

① **Champ de l'article**

La responsabilité du fait des choses est composée d'un principe général, concernant la majorité des choses, et de deux régimes spéciaux relatifs aux animaux et aux bâtiments en ruine.

② **Problème traité par l'article**

Dans l'ancien droit, les voisins d'un immeuble qui menaçait ruine pouvaient contraindre le propriétaire à le réparer. Si ce dernier refusait, ils pouvaient le restaurer eux-mêmes, à ses frais.
En 1804, les rédacteurs du Code civil ont globalement repris cette règle dans l'ancien article 1386, devenu l'article 1244 lors de la réforme du droit des contrats. À défaut d'avoir osé instaurer une responsabilité générale du fait des choses, les codificateurs ont retenu le principe de la responsabilité des propriétaires de bâtiments en ruine et d'animaux (anc. art. 1385, nouv. art. 1243 C. civ.), principales choses dangereuses de l'époque préindustrielle.

③ **Citation et situation de l'article dans le temps et l'espace**

Cinquième et dernier article du chapitre I relatif à « La responsabilité extracontractuelle en général », dans le livre troisième « Des différentes manières dont on acquiert la propriété » du Code civil, l'article 1244 dispose « Le propriétaire d'un bâtiment est responsable du dommage causé par sa ruine, lorsqu'elle est arrivée par une suite du défaut d'entretien ou par le vice de sa construction. »
Il s'agit d'une responsabilité de plein droit. Le propriétaire ne peut pas s'exonérer en démontrant qu'il n'a pas commis de faute, qu'il a ignoré les causes de la ruine, qu'il a acheté l'immeuble récemment et n'a pas eu le temps de faire les travaux d'entretien ou de constater le vice de construction, que l'obligation d'entretenir le bâtiment ne lui incombait pas ou qu'il n'en était pas le gardien. Il doit, pour échapper à sa responsabilité, prouver que le dommage est dû à un cas de force majeure ou une faute de la victime.

④ **Annonce du plan**

Cet article a plus de 200 ans. La jurisprudence a dû, notamment depuis la découverte du principe général du fait des choses, en préciser les conditions d'application (I) et la portée (II).

Développement

I. Les conditions de la responsabilité du fait des bâtiments en ruine

L'application de l'article 1244 du Code civil suppose qu'un dommage soit dû à un bâtiment (A) et que celui-ci soit en ruine à cause d'un défaut d'entretien ou d'un vice de sa construction (B).

A. Un bâtiment

De 1804 à 1896, l'ancien article 1386 du Code civil (devenu art. 1244) avait pour seul concurrent l'ancien article 1382 du même code (devenu art. 1240). Pour que les victimes bénéficient de la présomption de responsabilité énoncée par le premier et échappent à l'obligation de rapporter la preuve d'une faute imposée par le second, la jurisprudence admettait largement la notion de bâtiment. Des juges acceptèrent ainsi d'étendre l'application de l'article 1386 du Code civil à la chute d'un arbre ou à l'explosion d'une chaudière.

À partir de 1896, l'ancien article 1386 du Code civil eut pour concurrent l'alinéa 1er de l'ancien article 1384 du même code (devenu art. 1242), également fondé sur une présomption de responsabilité. La jurisprudence revint donc à une conception plus réaliste de la notion de bâtiment. Elle a défini ce dernier comme une construction ou un assemblage de matériaux par la main de l'homme.

- Sont concernés : les immeubles incorporés au sol ou à un autre bâtiment en matériaux durables (escalier, portail, balcon, pont, mur).
- Sont exclus : les arbres et les rochers, en cas de chute, les plantations, les remblais et le sol lui-même, en cas de glissement. Il en est de même pour les constructions provisoires, tels les baraquements posés sur un chantier, ou non ancrées au sol, telles les palissades, ainsi que pour les bâtiments en construction qui, *a priori*, ne peuvent pas encore être « en ruine »

En effet, pour que l'article 1244 du Code civil trouve application, il ne suffit pas de prouver que le dommage a pour origine un bâtiment. Encore faut-il que ce bâtiment soit en ruine.

B. Une ruine imputable à un défaut d'entretien ou à un vice de construction

D'une part, l'accident doit résulter d'une ruine, et non d'un incendie ou d'une explosion. La ruine s'entend de l'écroulement, total ou partiel, du bâtiment ou de tout élément mobilier ou immobilier qui y est incorporé de façon indissoluble.

- Sont concernées : les chutes de matériaux : tuiles, garde-corps d'un balcon, clôture, rampe d'escalier, grille d'un portail ou porte de grange.
- Sont exclus : le simple mauvais état ne donnant pas lieu à un effondrement (rupture de canalisation, fuite d'une chaudière, fissure d'un conduit de cheminée) et la démolition volontaire, au cours de travaux de rénovation par exemple.

Contrairement à l'ancien droit, la simple menace de chute ou d'effondrement n'est pas retenue. L'article 1244 du Code civil ne permet pas de contraindre le propriétaire à réparer le bâtiment, préventivement, mais seulement à réparer le dommage, postérieurement.

D'autre part, la ruine doit être due à un défaut d'entretien ou un vice de construction du bâtiment, et non à une démolition par éboulement ou à un ébranlement suite à un bombardement. Le défaut d'entretien correspond à la vétusté et le vice de construction peut être dû, par exemple, à un ancrage insuffisant. Il appartient au demandeur de prouver l'existence et la cause de la ruine. Il n'est pas impératif de démontrer, en revanche, que la ruine est imputable au propriétaire.

Outre les conditions d'application, la jurisprudence a dû préciser la portée de cet article, notamment par rapport à l'article 1242, alinéa 1er, du Code civil.

II. La portée de la responsabilité du fait des bâtiments en ruine

L'article 1244 exclut l'application de l'article 1242, alinéa 1er, du même code au propriétaire (A), mais l'autorise, en revanche, contre le gardien non-propriétaire (B).

A. La non-application de l'article 1242, alinéa 1er, du Code civil au propriétaire

L'application de l'article 1244 du Code civil est limitée au propriétaire du bâtiment, qu'il s'agisse d'une personne physique ou morale de droit privé (les personnes morales de droit public sont soumises aux règles administratives). Dès lors que la preuve d'un dommage causé par un bâtiment en ruine est rapportée, objectivement, la responsabilité du propriétaire peut être retenue même si le défaut d'entretien ou le vice de construction incombe à l'ancien propriétaire, au locataire ou à l'architecte. Le propriétaire dispose toutefois d'un recours contre le locataire, si celui-ci est responsable du défaut d'entretien ; contre l'architecte ou l'entrepreneur en cas de vice de la construction ; ou contre le vendeur, en cas de vices cachés.

L'application de l'article 1244 du Code civil exclut celle de l'article 1242, alinéa 1er, du même code contre le propriétaire. Lorsque le dommage résulte de la ruine d'un bâtiment, la victime doit invoquer l'article 1244 du Code civil contre le propriétaire et non l'article 1242, alinéa 1er, du même code (Cass. 2e civ., 17 décembre 1997, *Bull. civ.* II, n° 323). Cette solution est critiquée par les victimes. Certes, dans tous les cas, ces dernières bénéficient d'une présomption de responsabilité. Cependant, il est plus facile de prouver que le dommage résulte « du fait [quelconque] de la chose », y compris un bâtiment (art. 1242, al. 1er, C. civ.), plutôt que « de la ruine d'un bâtiment imputable à un défaut d'entretien ou à un vice de la construction » (art. 1244 C. civ.).

Attention ! Lorsqu'elle est le locataire du bâtiment, la victime ne peut pas agir sur le fondement de l'article 1244 du Code civil mais doit engager la responsabilité contractuelle du propriétaire (en raison du principe de non-cumul des responsabilités délictuelle et contractuelle) pour inexécution de son obligation d'entretien (art. 6, L. 6 juillet 1989 visant à améliorer les rapports locatifs).

Mis en place pour les victimes, l'article 1244 leur est à présent défavorable. Heureusement, la jurisprudence a admis que l'application de cet article n'excluait pas celle de l'article 1242, alinéa 1er, du Code civil au gardien non-propriétaire.

B. L'application de l'article 1242, alinéa 1er, du Code civil au gardien non-propriétaire

La responsabilité du constructeur ou du locataire ne peut pas être engagée sur le fondement de l'article 1244 du Code civil. Cependant, après l'avoir longtemps refusé, la jurisprudence a fini par admettre que la victime d'un bâtiment en ruine puisse invoquer l'article 1242, alinéa 1er, du Code civil contre le gardien non-propriétaire (locataire, usufruitier) (Cass. civ., 23 mars 2000, *Bull. civ.* II, n° 54). Dans un tel cas, la victime n'a pas à prouver le défaut d'entretien ou le vice de construction mais seulement le fait de la chose. Les actions contre le gardien (art. 1242 al. 1er) et contre le propriétaire (art. 1244 C. civ.) sont donc cumulables.

Du point de vue du locataire ou de l'usufruitier, la solution peut paraître sévère. Ceux-ci peuvent voir leur responsabilité retenue à cause d'un défaut de conception ou d'un défaut d'entretien du ressort du propriétaire (Cass. 3e civ., 13 juillet 2005, *Bull. civ.* III, n° 155).

Du point de vue du propriétaire, la situation peut paraître absurde lorsque la victime invoque l'absence de ruine pour se soustraire à l'article 1244 du Code civil alors que le propriétaire revendique son application (Cass. 2e civ., 16 mars 1994, *Bull. civ.* II, n° 94).

Du point de vue de la doctrine, cet article est un vestige du passé devenu inutile. Il suffirait d'étendre le principe général de responsabilité du fait des choses aux bâtiments, choses pour lesquelles les rédacteurs du Code civil, déjà, avaient posé le principe de la responsabilité du propriétaire, lequel est aussi souvent gardien.

Même si la doctrine souhaite sa suppression, il faut reconnaître que l'article 1244 du Code civil présente l'avantage, pour la victime, de pouvoir engager la responsabilité du propriétaire non-gardien.

2 Commentaire d'arrêt

sur le principe général de responsabilité du fait des choses

Cass. ass. plén., 14 avril 2006, *Bull. civ.*, n° 6

Sur le moyen unique :

Attendu, selon l'arrêt attaqué (Paris, 29 juin 2004), que le corps sans vie de Corinne X... a été découvert, entre le quai et la voie, dans une gare desservie par la Régie autonome des transports parisiens (la RATP) ; qu'une information ouverte du chef d'homicide involontaire a révélé que l'accident, survenu lors du départ d'une rame, était passé inaperçu, aucun témoin des faits ne s'étant fait connaître ; que M. X..., époux de la victime, agissant tant en son nom personnel qu'en qualité de représentant légal de ses deux enfants mineurs, a demandé que la RATP soit condamnée à réparer le préjudice causé par cet accident ;

Attendu que M. X... fait grief à l'arrêt d'avoir rejeté cette demande alors, selon le moyen, qu'en application de l'article 1384, alinéa 1er, du Code civil, la faute de la victime n'exonère totalement le gardien de sa responsabilité que si elle constitue un cas de force majeure ; qu'en constatant que la chute de la victime ne peut s'expliquer que par l'action volontaire de celle-ci et que la réalité de la volonté de provoquer l'accident est confortée par l'état de détresse apparent de la victime, alors qu'un tel comportement ne présentait pas les caractères de la force majeure, la cour d'appel a violé de façon flagrante les dispositions de l'article précité ;

Mais attendu que si la faute de la victime n'exonère totalement le gardien qu'à la condition de présenter les caractères d'un événement de force majeure, cette exigence est satisfaite lorsque cette faute présente, lors de l'accident, un caractère imprévisible et irrésistible ; qu'ayant retenu que la chute de Corinne X... sur la voie ne pouvait s'expliquer que par l'action volontaire de la victime, que le comportement de celle-ci n'était pas prévisible dans la mesure où aucun des préposés de la RATP ne pouvait deviner sa volonté de se précipiter contre la rame, qu'il n'avait été constaté aucun manquement aux règles de sécurité imposées à l'exploitant du réseau et que celui-ci ne saurait se voir reprocher de ne pas prendre toutes mesures rendant impossible le passage à l'acte de personnes ayant la volonté de produire le dommage auquel elles s'exposent volontairement, la cour d'appel a décidé à bon droit que la faute commise par la victime exonérait la RATP de toute responsabilité ;

D'où il suit que le moyen n'est pas fondé ;

Par ces motifs :

Rejette le pourvoi ;

Préparation

1. Identifier
2. Analyser
3. Apprécier l'arrêt
4. Élaborer un plan

1 Identification de l'arrêt

Un arrêt est identifié par sa date et par la juridiction qui l'a rendu.

Date. Le 14 avril 2006.

Juridiction. L'Assemblée plénière de la Cour de cassation. L'Assemblée plénière n'est saisie que dans des cas particuliers (voir p. 109) et ses décisions tranchent toujours des questions importantes.

2 Analyse de l'arrêt

Structure de l'arrêt

L'analyse de l'arrêt consiste à en rechercher la structure pour constituer la « fiche de l'arrêt » ou « fiche de jurisprudence ».

Cass. ass. plén., 14 avril 2006, *Bull. civ.*, n° 6

L'action a 1 seul fondement	Sur le moyen unique :
Date et ville de décision d'appel	Attendu, selon l'arrêt attaqué (Paris, 29 juin 2004), — *[l'arrêt contre lequel le pourvoi a été formé a été rendu par la cour d'appel de Paris, le 29 juin 2004]*
Faits	que le corps sans vie de Corinne X... a été découvert, entre le quai et la voie, dans une gare desservie par la Régie autonome des transports parisiens (la RATP) ; qu'une information ouverte du chef d'homicide involontaire a révélé que l'accident, survenu lors du départ d'une rame, était passé inaperçu, aucun témoin des faits ne s'étant fait connaître ;
Demandeur	que M. X..., époux de la victime, agissant tant en son nom personnel qu'en qualité de représentant légal de ses deux enfants mineurs, a demandé
Défendeur	que la RATP
Objet de l'action	soit condamnée à réparer le préjudice causé par cet accident ;
Auteur du pourvoi	Attendu que M. X... fait grief à l'arrêt
Solution de la cour d'appel	d'avoir rejeté cette demande
Argument du demandeur au pourvoi	alors, selon le moyen, qu'en application de l'article 1384, alinéa 1er du Code civil, la faute de la victime n'exonère totalement le gardien de sa responsabilité que si elle constitue un cas de force majeure ;
Éléments retenus par la cour d'appel	qu'en constatant que la chute de la victime ne peut s'expliquer que par l'action volontaire de celle-ci et que la réalité de la volonté de provoquer l'accident est confortée par l'état de détresse apparent de la victime,
Reproche du demandeur au pourvoi à la cour d'appel	alors qu'un tel comportement ne présentait pas les caractères de la force majeure, la cour d'appel a violé de façon flagrante les dispositions de l'article précité ;
Attendu de principe	Mais attendu que si la faute de la victime n'exonère totalement le gardien qu'à la condition de présenter les caractères d'un événement de force majeure, cette exigence est satisfaite lorsque cette faute présente, lors de l'accident, un caractère imprévisible et irrésistible ;
Éléments retenus par la cour d'appel et repris par la Cour de cassation	qu'ayant retenu que la chute de Corinne X... sur la voie ne pouvait s'expliquer que par l'action volontaire de la victime, que le comportement de celle-ci n'était pas prévisible dans la mesure où aucun des préposés de la RATP ne pouvait deviner sa volonté de se précipiter contre la rame, qu'il n'avait été constaté aucun manquement aux règles de sécurité imposées à l'exploitant du réseau et que celui-ci ne saurait se voir reprocher de ne pas prendre toutes mesures rendant impossible le passage à l'acte de personnes ayant la volonté de produire le dommage auquel elles s'exposent volontairement,
Solution de la Cour de cassation	la cour d'appel a décidé à bon droit que la faute commise par la victime exonérait la RATP de toute responsabilité ; D'où il suit que le moyen n'est pas fondé ;
Dispositif	Par ces motifs : Rejette le pourvoi ;

Fiche de l'arrêt

(Cinq rubriques, quelle que soit la décision à commenter)

1 Faits

Le corps sans vie d'une femme a été découvert, entre le quai et la voie, dans une gare desservie par la Régie autonome des transports parisiens (la RATP). Une information ouverte du chef d'homicide involontaire a révélé que l'accident, survenu lors du départ d'une rame, était passé inaperçu, aucun témoin ne s'étant fait connaître.

2 Procédure

L'époux de la victime, agissant tant en son nom personnel qu'en qualité de représentant légal de ses deux enfants mineurs, a demandé que la RATP soit condamnée à réparer le préjudice causé par cet accident.

La cour d'appel de Paris, le 29 juin 2004, a rejeté la demande au motif que la chute de la victime ne pouvait s'expliquer que par l'action volontaire de celle-ci et que la réalité de la volonté de provoquer l'accident était confortée par l'état de détresse apparent de la victime. L'accident avait pour unique cause la faute de la victime.

L'époux a formé un pourvoi en cassation contre cet arrêt.

3 Arguments des parties (l'époux de la victime)

Selon l'ancien article 1384, alinéa 1er, du Code civil, devenu l'article 1242 lors de la réforme du droit des contrats de 2016, la faute de la victime n'exonère totalement le gardien de sa responsabilité que si elle constitue un cas de force majeure.

Or, en l'espèce, le comportement de la victime n'a pas présenté les caractères de la force majeure pour la RATP.

La cour d'appel a donc violé les dispositions de l'article 1384, alinéa 1er, du Code civil, de l'époque.

4 Problème juridique

Quels caractères doit présenter la faute de la victime pour constituer un événement de force majeure susceptible d'exonérer totalement le gardien ?

5 Solution

Si la faute de la victime n'exonère totalement le gardien qu'à la condition de présenter les caractères d'un événement de force majeure, cette exigence est satisfaite lorsque cette faute présente, lors de l'accident, un caractère imprévisible et irrésistible.

La faute commise par la victime, en l'espèce, étant imprévisible et irrésistible pour la RATP, la cour d'appel a décidé à bon droit qu'elle exonérait celle-ci de toute responsabilité. Le moyen n'était donc pas fondé et le pourvoi devait être rejeté.

3 Appréciation de l'arrêt

Vous devez déterminer le sens, la valeur et la portée de l'arrêt, à l'aide de ce que vous avez appris en cours et de l'ensemble de vos connaissances.

Le sens de l'arrêt

Qu'est-ce que les juges ont décidé ? Qu'ont-ils déclaré ? Qu'ont-ils répondu aux parties ? Ont-ils sanctionné ou approuvé la décision de la cour d'appel ?

La Cour de cassation a rejeté le pourvoi formé contre l'arrêt qui avait refusé de condamner la RATP à indemniser l'époux d'une personne retrouvée morte entre le quai et la voie, dans une gare. Les hauts magistrats ont approuvé les juges du fond d'avoir retenu l'existence d'un cas de force majeure exonérant la RATP.

La valeur de l'arrêt

Pourquoi les juges ont-ils pris cette décision ? Pouvaient-ils juger autrement ? Quelles règles ont-ils appliquées ? Était-ce prévisible ? Est-ce un revirement de jurisprudence, une décision isolée ?

Sans être un revirement (la solution n'est pas totalement nouvelle), cet arrêt est important. Il précise à quelle condition la faute de la victime peut être qualifiée de force majeure exonérant totalement le gardien de sa responsabilité : « si la faute de la victime n'exonère totalement le gardien qu'à la condition de présenter les caractères d'un événement de force majeure, cette exigence est satisfaite lorsque cette faute présente, lors de l'accident, un caractère imprévisible et irrésistible ».

Or, en l'espèce, la cour d'appel a estimé que l'accident avait pour origine la faute de la victime dont le comportement était imprévisible et irrésistible pour la RATP.

Le pourvoi ne pouvait qu'être rejeté.

La portée de l'arrêt

Quelles vont être les conséquences de l'arrêt ? Que va-t-il se passer pour les prochaines affaires similaires ? Les parties seront-elles mieux protégées, plus libres ? Sera-t-il plus opportun de se prévaloir d'autres règles de droit ? Quelle va être la réaction du législateur ? Va-t-il devoir légiférer ? La jurisprudence risque-t-elle de changer ?

D'un point de vue juridique, cette décision apporte quelques précisions sur les caractères de la faute de la victime constituant un cas de force majeure, sans toutefois définir cette dernière ou en bouleverser les critères.

D'un point de vue pratique, cet arrêt se démarque de la jurisprudence tendant à indemniser systématiquement les personnes blessées dans des gares. La raison de cette démarcation semble résider dans le fait que la victime directe a volontairement recherché le dommage.

4 Élaboration du plan

L'intérêt de cet arrêt est de préciser que la faute de la victime constitue un cas de force majeure exonérant totalement le gardien de sa responsabilité dès lors qu'elle présente, lors de l'accident, un caractère imprévisible et irrésistible. Cela doit être traité dans le **I.B.** Avant de développer cela, vous devez exposer, dans le **I.A.**, quels sont les critères classiques de la force majeure. Le **I.** est alors consacré aux critères de la faute constituant un cas de force majeure.

Ayant retenu que le comportement de la victime présentait les caractères de la force majeure, cette décision en illustre les conséquences (**II**) : exonération du gardien d'une part (**A**), et non indemnisation de la victime d'autre part (**B**).

Le commentaire peut s'articuler autour du plan suivant :

Le plan

I. Les critères de la faute de la victime constituant un cas de force majeure
   A. Les critères classiques de la force majeure : irrésistibilité, imprévisibilité, extériorité
   B. Les critères suffisants de la faute de la victime : irrésistibilité et imprévisibilité

II. Les conséquences de la faute de la victime constituant un cas de force majeure
   A. L'exonération du gardien
   B. La non-indemnisation de la victime

Introduction

L'introduction reprend les éléments exposés dans la fiche de l'arrêt en faisant en sorte qu'ils s'enchaînent.

ÉTAPES

① **Phrase d'accroche**

« *À l'impossible, nul n'est tenu.* » Le droit applique cet adage en permettant à une personne d'échapper à sa responsabilité (du fait personnel, d'autrui ou d'une chose) en démontrant que le dommage résulte d'un cas de force majeure.

② **Faits**

Le corps sans vie d'une femme a été découvert, entre le quai et la voie, dans une gare desservie par la Régie autonome des transports parisiens (la RATP). Une information ouverte du chef d'homicide involontaire a révélé que l'accident, survenu lors du départ d'une rame, était passé inaperçu. Aucun témoin ne s'est fait connaître.

③ **Procédure**

L'époux de la victime, agissant tant en son nom personnel qu'en qualité de représentant légal de ses deux enfants mineurs, a demandé des dommages et intérêts à la RATP, pour réparer le préjudice causé par cet accident.
La cour d'appel de Paris, le 29 juin 2004, a rejeté cette demande au motif que l'accident avait pour unique cause la faute de la victime. L'époux a formé un pourvoi en cassation contre cet arrêt.

④ **Argument des parties**

Il avance l'argument suivant : selon l'article 1384, alinéa 1er, du Code civil (devenu l'article 1242, alinéa 1er, lors de la réforme du droit des obligations), la faute de la victime n'exonère totalement le gardien de sa responsabilité que si elle constitue un cas de force majeure. Or, en l'espèce, le comportement de son épouse n'a pas présenté les caractères de la force majeure pour la RATP. La cour d'appel a donc violé les dispositions de l'article 1384, alinéa 1er, du Code civil de l'époque.

⑤ **Problème juridique**

Le problème posé à la Cour de cassation était donc de savoir quels caractères doit présenter la faute de la victime pour constituer un événement de force majeure susceptible d'exonérer totalement le gardien.

⑥ **Solution de l'arrêt à commenter**

Les hauts magistrats ont répondu que si la faute de la victime n'exonère totalement le gardien qu'à la condition de présenter les caractères d'un événement de force majeure, cette exigence est satisfaite lorsque cette faute présente, lors de l'accident, un caractère imprévisible et irrésistible. Ils ont approuvé la cour d'appel d'avoir décidé que la RATP était exonérée de toute responsabilité dès lors que la faute de la victime avait été imprévisible et irrésistible. Le pourvoi fut rejeté.

⑥ **Annonce du plan**

Cet arrêt fixe les critères (I) et illustre les conséquences (II) de la faute de la victime constituant un cas de force majeure.

Développement

I. Les critères de la faute de la victime constituant un cas de force majeure

La Cour de cassation a retenu, pour admettre que la faute de la victime constituait un cas de force majeure, deux (B) des trois (A) critères classiques de celle-ci.

A. Les critères classiques de la force majeure : irrésistibilité, imprévisibilité et extériorité

La force majeure peut être un événement naturel (tremblement de terre, cyclone) ou anonyme (attentat, guerre), le fait d'un tiers ou la faute de la victime. Un événement constitue un cas de force majeure lorsque, d'une part, il a influencé la réalisation du dommage au point de rendre négligeable les éventuelles autres causes de sa réalisation et, d'autre part, il a empêché une personne de respecter les devoirs s'imposant normalement à elle. Lorsque la preuve de la force majeure est rapportée, les juges en déduisent que l'accident est dû à celle-ci et qu'il n'y a pas de lien de causalité entre le fait générateur reproché au défendeur (fait personnel, d'autrui ou de la chose) et le dommage subi par la victime.
En principe, les caractères de la force majeure sont l'imprévisibilité, l'irrésistibilité et l'extériorité. Ceux-ci sont cumulatifs.

L'extériorité signifie que l'événement ne doit pas être imputable au défendeur, qu'il doit être hors de la sphère d'activité de celui-ci et hors de la chose elle-même. La jurisprudence minimise parfois cette condition, admettant par exemple, en matière contractuelle, que la maladie du débiteur, irrésistible, constituait un événement de force majeure, bien que n'étant pas extérieure à celui-ci (Cass. 1re civ., 10 février 1998, *Bull. civ.* I, n° 53).

L'imprévisibilité est une condition contestée. Selon certains, tout peut être prévu : tempête, vol à mains armées, tentative de suicide… Un événement irrésistible doit être exonératoire même s'il pouvait être prévu.

L'irrésistibilité est donc la condition essentielle de la force majeure. Il y a force majeure dès lors que l'événement a été insurmontable ou inévitable.

Qu'en est-il lorsque l'événement est une faute de la victime ?

B. Les critères suffisants de la faute de la victime : imprévisibilité et irrésistibilité

S'agissant de la faute de la victime, il est admis que le gardien de la chose peut être soit partiellement exonéré, s'il prouve que la faute de la victime a contribué au dommage (Cass. 1re civ., 6 avril 1987, *Bull. civ.* II, n° 86) ; soit totalement exonéré, s'il démontre que la faute de la victime a constitué la cause exclusive de son dommage (Cass. 1re civ., 6 octobre 1998, *Bull. civ.* I, n° 269). Mais quels caractères doit présenter cette faute pour constituer un cas de force majeure ?
En 1997, la Cour de cassation a énoncé que pour retenir une faute de la victime totalement exonératoire, les juges doivent relever que l'accident était dû à une cause étrangère au gardien revêtant pour lui un caractère imprévisible et irrésistible (Cass. 2e civ., 2 avril 1997, *Bull. civ.* II, n° 109). Dans l'affaire commentée, l'Assemblée plénière a atténué ces propos. « Si la faute de la victime n'exonère totalement le gardien qu'à la condition de présenter les caractères d'un événement de force majeure, cette exigence est satisfaite lorsque cette faute présente, lors de l'accident, un caractère imprévisible et irrésistible ». Les hauts magistrats n'ont pas énoncé que l'imprévisibilité et l'irrésistibilité sont nécessaires pour qualifier une faute de la victime d'événement de force majeure mais que la faute de la victime qui présente les caractères d'imprévisibilité et d'irrésistibilité est constitutive d'un cas de force majeure.
Dans tous les cas, l'absence de référence à la condition d'extériorité n'est pas surprenante. Le comportement de la victime, fautif ou non, est toujours extérieur au défendeur.

Cette décision fixe, sans toutefois les bouleverser, les critères de la faute de la victime constitutive d'un cas de force majeure. Elle en illustre également les conséquences.

II. Les conséquences de la faute de la victime constituant un cas de force majeure

Lorsque les juges admettent que la faute constitue un cas de force majeure, le gardien est exonéré (A) et la victime n'est pas indemnisée (B).

A. L'exonération du gardien

En l'espèce, la cour d'appel avait rejeté la demande au motif que l'accident avait pour unique cause la faute de la victime. L'Assemblée plénière l'a approuvée. Cependant, elle ne s'est pas contentée d'énoncer les éléments de la faute de la victime constitutifs de la force majeure. Elle a également contrôlé la qualification des faits opérée par les juges du fond pour en déduire qu'effectivement le comportement de la victime avait constitué un événement imprévisible et irrésistible.

D'une part, les magistrats ont relevé que la chute sur la voie ne pouvait s'expliquer que par l'action volontaire de la victime et qu'aucun des préposés de la RATP ne pouvait deviner la volonté de celle-ci de se précipiter contre la rame. Un tel comportement était donc imprévisible.

D'autre part, la cour a retenu qu'aucun manquement aux règles de sécurité imposées à l'exploitant du réseau n'avait été constaté et que celui-ci ne peut pas prendre toutes mesures rendant impossible le passage à l'acte de personnes ayant la volonté de produire le dommage auquel elles s'exposent volontairement. Même si elle peut les prévoir, en théorie, la RATP ne peut, en pratique, empêcher les suicides. Le comportement de la victime était donc irrésistible.

En conclusion, le suicide d'une personne constitue un cas de force majeure exonérant la RATP de sa responsabilité du fait des choses, en l'occurrence des trains.

Outre l'exonération du gardien, la reconnaissance d'un cas de force majeure aboutit à la non-indemnisation des victimes.

B. La non-indemnisation de la victime

Cette solution tranche avec la sévérité dont les juges font parfois preuve à l'égard de la SNCF.

Certes, des magistrats ont admis que l'accident avait pour cause exclusive la faute de la victime lorsqu'une personne était montée, en infraction avec la réglementation ferroviaire, sur le marchepied d'un train commençant à s'élancer après le signal du départ, puis s'était vue contrainte de lâcher prise lorsque celui-ci avait pris de la vitesse (Cass. 1re civ., 6 octobre 1998, *Bull. civ.* I, n° 269). En revanche, il n'a pas été jugé imprévisible qu'un passager descende d'un train en marche, dès lors que le système de fonctionnement des portes permettait cet acte, certes dangereux (Cass. 2e civ., 19 novembre 2009, pourvoi n° 09-10849). De même, n'a pas constitué un cas de force majeure le comportement d'une victime, non voyante, qui avait pris position à l'extrême limite du quai qu'elle connaissait en fonction des sens dont elle disposait, qui s'est maintenue dans cette position malgré un premier avertissement donné par un agent de la SNCF et qui, à la suite d'un coup de klaxon du machiniste du train qui arrivait, a perdu l'équilibre et a chuté entre le quai et la rame (Cass. 2e civ., 11 janvier 2001, *Bull. civ.* II, n° 9).

Cependant, l'imprudence du voyageur qui tente de descendre d'un train avant son arrêt complet n'est pas comparable à la recherche volontaire du dommage d'une personne suicidaire. L'équité ne suggérait pas, en l'espèce, d'exonérer à tout prix la victime, même en adoptant une conception large de la notion de garde. De plus, la responsabilité civile a pour but de retenir la responsabilité de la personne auteur d'une faute ou « gardienne » d'une personne ou d'une chose à l'origine d'un dommage et non d'indemniser systématiquement une victime.

La reconnaissance d'un cas de force majeure doit permettre d'éviter qu'une personne soit condamnée à en indemniser une autre lorsque le dommage subi par la seconde n'est absolument pas imputable à la première. Et tel fut le cas en l'espèce.

3 Cas pratique

sur les accidents de la circulation et les produits défectueux

Les dangers de la route

Laurent (le père) et César (le fils) vivent à Marseille. Dimanche dernier, ils décidèrent d'aller voir une course automobile.

Laurent choisit d'y aller à VTT. Il voulait tester les nouveaux pneus qu'il venait d'acheter pour son superbe vélo qui lui a coûté plus de 1 000 euros. Selon le fabricant, ceux-ci étaient conçus dans une matière révolutionnaire, « anti-éclatement », supportant des températures élevées. À quelques kilomètres du circuit, en pleine descente, le pneu arrière éclata, vraisemblablement sous l'effet de la chaleur. Malgré une chute spectaculaire, Laurent ne fut que légèrement blessé. Bien décidé à voir la course, il continua son chemin en poussant son VTT, inutilisable.

César, lui, décida de se rendre au circuit en voiture. À l'entrée d'un virage, il trouva, sur sa voie, un jeune cyclomotoriste âgé d'une quinzaine d'années, arrivant en sens inverse. Ce dernier zigzaguait pour amuser sa jeune passagère. En voyant César, l'adolescent freina brutalement et perdit le contrôle de son engin. Les deux jeunes glissèrent sur plusieurs mètres et le cyclomoteur s'arrêta contre un arbre. César, qui ne roulait pas vite, parvint à éviter les adolescents en faisant un léger écart sur sa droite. Cependant, lors de cette manœuvre, il frôla une personne âgée qui, victime d'un malaise, venait de se garer correctement et était en train de sortir de son véhicule. Déséquilibrée, cette personne se cogna contre sa voiture.

Laurent est en colère contre le fabricant des nouveaux pneus. César est inquiet car les parents du cyclomotoriste et la personne âgée lui reprochent d'être responsable de leurs dommages.

Qu'en pensez-vous ?

Préparation

1 Analyser les faits

2 Rechercher les problèmes juridiques posés

3 Rechercher les éléments de réponse

1 Analyse des faits

Repérage des faits importants

Laurent (le père) et César (le fils) vivent à Marseille. Dimanche dernier, ils décidèrent d'aller voir une course automobile.

Laurent choisit d'y aller à VTT. Il voulait tester les nouveaux pneus qu'il venait d'acheter pour son superbe vélo qui lui a coûté plus de 1 000 euros. Selon le fabricant, ceux-ci étaient conçus dans une matière révolutionnaire, « anti-éclatement », supportant des températures élevées. À quelques kilomètres du circuit, en pleine descente, le pneu arrière éclata, vraisemblablement sous l'effet de la chaleur. Malgré une chute spectaculaire, Laurent ne fut que légèrement blessé. Bien décidé à voir la course, il continua son chemin en poussant son VTT, inutilisable.

César, lui, décida de se rendre au circuit en voiture. À l'entrée d'un virage, il trouva, sur sa voie, un jeune cyclomotoriste âgé d'une quinzaine d'années, arrivant en sens inverse. Ce dernier zigzaguait pour amuser sa jeune passagère. En voyant César, l'adolescent freina brutalement et perdit le contrôle de son engin. Les deux jeunes glissèrent sur plusieurs mètres et le cyclomoteur s'arrêta contre un arbre. César, qui ne roulait pas vite, parvint à éviter les adolescents en faisant un léger écart sur sa droite. Cependant, lors de cette manœuvre, il frôla une personne âgée qui, victime d'un malaise, venait de se garer correctement et était en train de sortir de son véhicule. Déséquilibrée, cette personne se cogna contre sa voiture.

Laurent est en colère contre le fabricant des nouveaux pneus. César est inquiet car les parents du cyclomotoriste et la personne âgée lui reprochent d'être responsable de leurs dommages.

Qu'en pensez-vous ?

Qualification juridique des faits

- **tester les nouveaux pneus qu'il venait d'acheter pour son vélo qui lui a coûté plus de 1 000 euros :** produit neuf, première utilisation, incorporation à un bien de valeur
- **fabricant :** personne à laquelle on peut demander réparation en cas de défaut du produit
- **matière révolutionnaire, anti-éclatement, supportant des températures élevées :** qualités supposées requises du produit
- **le pneu arrière éclata, vraisemblablement sous l'effet de la chaleur :** défectuosité du produit
- **légèrement blessé :** dommages corporels
- **VTT inutilisable :** dommages matériels
- **cyclomotoriste âgé d'une quinzaine d'années (...) en sens inverse (...) zigzaguait pour amuser sa jeune passagère :** conducteur ayant un comportement à risques et passagère
- **En voyant César :** implication du véhicule de César
- **les jeunes glissèrent sur plusieurs mètres et le cyclomoteur s'arrêta contre un arbre :** dommages corporels et matériels
- **ne roulait pas vite, parvint à éviter les adolescents :** respect des limitations de vitesse et absence de contact avec les adolescents
- **léger écart sur sa droite (...) frôla une personne âgée :** implication du véhicule de César – victime peut-être surprotégée
- **garer correctement et était en train de sortir de véhicule :** doute sur l'implication du véhicule et sur la qualité de conducteur de la personne qui en sort
- **Déséquilibrée, cette personne se cogna contre sa voiture :** dommage corporel

2 Recherche des (ou du) problèmes juridiques

Ce cas pratique n'est pas présenté sous la forme d'une consultation chez un avocat. Il ne comporte pas de questions précises mais seulement la formule générale : « Qu'en pensez-vous ? ». Les problèmes posés sont suggérés dans les dernières lignes du cas pratique. À vous d'en déduire les problèmes juridiques auxquels vous devez répondre.

– « Laurent est en colère contre le fabricant des nouveaux pneus. »
Question : Le fabricant d'un produit peut-il être responsable des dommages, corporels et matériels, résultant d'un accident dû à la défectuosité du produit ?

– « César est inquiet car les parents du cyclomotoriste et la personne âgée lui reprochent d'être responsable de leurs dommages. »
Question : Un automobiliste peut-il être reconnu responsable lorsque, à l'entrée d'un virage, il surprend un jeune cyclomotoriste, et sa passagère, zigzaguant sur la chaussée, fait un écart et frôle une personne en train de sortir de son véhicule, après l'avoir garé, et qu'il en résulte une longue glissade pour les adolescents et une chute pour la personne âgée ?

3 Recherche des éléments de réponse

L'accident avec le VTT et la loi sur les produits défectueux

Art. 1245 C. civ. « Le producteur est responsable du dommage causé par un défaut de son produit, qu'il soit ou non lié par un contrat avec la victime. » (anc. art. 1386-1)

Art. 1245-1 C. civ. « Les dispositions du présent titre s'appliquent à la réparation du dommage qui résulte d'une atteinte à la personne.

Elles s'appliquent également à la réparation du dommage supérieur à un montant déterminé par décret, qui résulte d'une atteinte à un bien autre que le produit défectueux lui-même. » (anc. art. 1386-2)

Art. 1er Décr. n° 2005-113 du 11 février 2005, pris pour application de l'article 1386-2 du Code civil (modifié) « Le montant visé à l'article 1245-1 du code civil [anc. 1386] est fixé à 500 euros. »

Vous trouverez cette information dans le Code civil [Dalloz et LexisNexis], sous l'article 1245-1.

Art. 1245-3, al. 1 et 2, C. civ. « Un produit est défectueux au sens du présent titre lorsqu'il n'offre pas la sécurité à laquelle on peut légitimement s'attendre.

Dans l'appréciation de la sécurité à laquelle on peut légitimement s'attendre, il doit être tenu compte de toutes les circonstances et notamment de la présentation du produit, de l'usage qui peut en être raisonnablement attendu et du moment de sa mise en circulation. » (anc. art. 1386-4)

Art. 1245-5, al. 1, C. civ. « Est producteur, lorsqu'il agit à titre professionnel, le fabricant d'un produit fini, le producteur d'une matière première, le fabricant d'une partie composante. » (anc. art. 1386-6)

Art. 1245-8 C. civ. « Le demandeur doit prouver le dommage, le défaut et le lien de causalité entre le défaut et le dommage. » (anc. art. 1386-9)

Art. 1245-10 C. civ. « Le producteur est responsable de plein droit à moins qu'il ne prouve :

1° Qu'il n'avait pas mis le produit en circulation ;
2° Que, compte tenu des circonstances, il y a lieu d'estimer que le défaut ayant causé le dommage n'existait pas au moment où le produit a été mis en circulation par lui ou que ce défaut est né postérieurement ;
3° Que le produit n'a pas été destiné à la vente ou à toute autre forme de distribution ;
4° Que l'état des connaissances scientifiques et techniques, au moment où il a mis le produit en circulation, n'a pas permis de déceler l'existence du défaut ;
5° Où que le défaut est dû à la conformité du produit avec des règles impératives d'ordre législatif ou réglementaire.

(...) » (anc. art. 1386-11).

Art. 1245-12 C. civ. « La responsabilité du producteur peut être réduite ou supprimée, compte tenu de toutes les circonstances, lorsque le dommage est causé conjointement par un défaut du produit et par la faute de la victime ou d'une personne dont la victime est responsable. » (anc. art. 1386-13).

Jurisprudence

Il importe peu que les causes exactes du sinistre (explosion de la vitre d'un insert de cheminée) ne soient pas établies, dès lors que le demandeur établit que le produit n'offre pas une sécurité normale, le producteur ayant la charge de la preuve d'une cause exonératoire ou de la faute de l'utilisateur.

TGI Aix-en-Provence, 2 octobre 2001, *D.*, 2001, IR p. 3092.

S'agissant de pneus, a été retenue la responsabilité du vendeur professionnel d'un pneu défectueux (défaut d'étanchéité), dont l'éclatement a été à l'origine d'un accident.

CA Toulouse, 7 novembre 2000, *Resp. civ. et assur.*, 2001, n° 199.

L'accident avec les VTM et la loi sur les accidents de la circulation

Sur les conditions d'application de la loi sur les accidents de la circulation

Art. 1er, Loi 5 juillet 1985 « Les dispositions du présent chapitre s'appliquent (...) aux victimes d'un accident de la circulation dans lequel est impliqué un véhicule terrestre à moteur ainsi que ses remorques ou semi-remorques, à l'exception des chemins de fer et des tramways circulant sur des voies qui leur sont propres. »

Jurisprudence

Les victimes ne doivent pas prouver le lien de causalité entre le dommage et le fait dommageable mais l'implication du VTM dans l'accident de la circulation. Un véhicule est impliqué dans un accident de la circulation dès lors qu'il est intervenu de quelque manière que ce soit dans l'accident.

Cass. 2e civ., 28 février 1990, *Bull. civ.* II, n° 42.

S'il y a contact, l'implication est présumée, que le VTM ait été en mouvement ou à l'arrêt, même régulier, sans perturber la circulation.

Cass. 2e civ., 25 janvier 1995, *Bull. civ.* II, n° 27.

S'il n'y a pas eu contact, l'implication n'est pas présumée. La victime doit prouver que le VTM est « intervenu, à quelque titre que ce soit, dans la survenance de l'accident ».

Cass. 2e civ., 24 juin 1998, *Bull. civ.* II, n° 205.

- *Le VTM en mouvement* est impliqué si, par exemple, un piéton chute, surpris par le recul de l'engin (Cass. 2e civ., 2 avril 1997, *Bull. civ.* II, n° 100) ; si un cycliste freine brutalement et tombe pour éviter la voiture qui le précédait dans un virage en « épingle à cheveux » (Cass. 2e civ., 15 mai 1992, *Bull.* civ. II, n° 139) ; ou si un conducteur est ébloui par les phares d'un autre véhicule (Cass crim., 21 juin 1988, *Bull. crim., n° 279*).
- *Le VTM en stationnement* est impliqué en cas d'obstacle à la visibilité ou à la circulation, de propagation d'une épaisse fumée, ou si son alarme, en se déclenchant, affole des chevaux créant un accident avec un autre véhicule (Cass. 2e civ., 13 juillet 2000, *Bull. civ. II, n° 126*).

Sur les différentes catégories de victimes et l'opposabilité de leur faute

Art. 3, Loi 5 juillet 1985 « Les victimes, hormis les conducteurs de véhicules terrestres à moteur, sont indemnisées des dommages résultant des atteintes à leur personne qu'elles ont subis, sans que puisse leur être opposée leur propre faute à l'exception de leur faute inexcusable si elle a été la cause exclusive de l'accident.

Les victimes désignées à l'alinéa précédent, lorsqu'elles sont âgées de moins de seize ans ou de plus de soixante-dix ans, ou lorsque, quel que soit leur âge, elles sont titulaires, au moment de l'accident, d'un titre leur reconnaissant un taux d'incapacité permanente ou d'invalidité au moins égal à 80 p. 100, sont, dans tous les cas, indemnisées des dommages résultant des atteintes à leur personne qu'elles ont subis.

Toutefois, dans les cas visés aux deux alinéas précédents, la victime n'est pas indemnisée par l'auteur de l'accident des dommages résultant des atteintes à sa personne lorsqu'elle a volontairement recherché le dommage qu'elle a subi. »

Jurisprudence

Est inexcusable la faute volontaire, d'une exceptionnelle gravité, exposant sans raison valable son auteur à un danger dont il aurait dû avoir conscience.

Cass. 2e civ., 20 juillet 1987, *Bull. civ.* II, n° 160.

Est inexcusable la faute du piéton qui traverse :

- en courant la chaussée à la sortie d'un tunnel réservé à la circulation des véhicules, à une distance telle qu'il ne pouvait ni les apercevoir ni être vu des conducteurs et en choisissant, sans raison valable, l'endroit où la traversée était la plus dangereuse en raison de l'intensité de la circulation, de l'insuffisance de la visibilité et de l'interdiction qui était faite aux piétons de circuler sur la chaussée (Cass. 2e civ., 15 juin 1988, *Bull. civ. II, n° 138*) ;
- de nuit, une autoroute composée de 2 voies séparées par un terre-plein central et par une glissière de sécurité, alors que des véhicules feux allumés arrivaient (Cass. 2e civ., 28 juin 1989, *Bull. civ. II, n° 137*).

N'est pas inexcusable la faute du piéton qui traverse :

- sans être poussé par une impérieuse nécessité, une route nationale de façon soudaine, sans regarder s'il arrivait des véhicules et se jette sur l'un d'eux (Cass. 2e civ., 20 avril 1988, *Bull. civ. II, n° 86*) ;
- sans précaution une artère urbaine à deux voies dans chaque sens en se faufilant entre des voitures à l'arrêt (Cass. 2e civ., 12 novembre 1987, *Bull. civ. II, n° 222*).

Art. 4, Loi 5 juillet 1985 « La faute commise par le conducteur du véhicule terrestre à moteur a pour effet de limiter ou d'exclure l'indemnisation des dommages qu'il a subis. »

Art. 5, Loi 5 juillet 1985 « La faute, commise par la victime a pour effet de limiter ou d'exclure l'indemnisation des dommages aux biens qu'elle a subis. (...) »

Jurisprudence

Les juges du fond apprécient souverainement si l'indemnisation du conducteur victime qui a commis une faute doit être limitée dans une certaine proportion.

Cass. 2e civ., 28 janvier 1998, *Bull. civ.* II, n° 30.

N'est pas conducteur celui qui a été blessé au moment où, après avoir arrêté la voiture, coupé le moteur et ouvert la portière, il descendait du véhicule.

Cass. 2e civ., 31 mai 1995, *Bull. civ.* II, n° 162.

Sur les recours entre les différents conducteurs

Jurisprudence

Le conducteur d'un véhicule terrestre à moteur impliqué dans un accident de la circulation et son assureur qui a indemnisé les dommages causés à un tiers ne peuvent exercer un recours contre un autre conducteur impliqué que sur le fondement des articles 1214, 1382 et 1251 du Code civil (voir à présent : art. 1317, 1240 et 1346).

Cass. 2e civ., 8 juillet 2004, *Bull. civ.* II, n° 343.

Introduction

L'introduction (assez courte) comporte plusieurs étapes.

ÉTAPES

① **Annonce du thème**

Les véhicules terrestres à moteur (VTM) et les produits défectueux sont à l'origine de nombreux accidents. Ils ont fait l'objet de deux lois : celle du 5 juillet 1985 dite « Loi Badinter » tendant à l'amélioration de la situation des victimes d'accident de la circulation et à l'accélération des procédures d'indemnisation, non codifiée, et celle du 19 mai 1998, relative à la responsabilité du fait des produits défectueux, codifiée aux articles 1386-1 à 1386-18 du Code civil, devenus les articles 1245 à 1245-17 lors de la réforme du droit des contrats.

② **Résumé et qualification juridique des faits**

Deux hommes, père et fils, ont chacun eu un accident. Le père fit une chute, en VTT, parce que son pneu arrière, que le fabricant qualifiait d'« anti-éclatement », éclata, vraisemblablement sous l'effet de la chaleur. Le fils fit un écart avec sa voiture, à l'entrée d'un virage, pour éviter un jeune cyclomotoriste arrivant en sens inverse et faisant des zigzags pour amuser sa jeune passagère. Il frôla alors une personne âgée qui, victime d'un malaise, avait garé son véhicule et était en train d'en sortir. Il en résulta une glissade pour les adolescents, surpris par la voiture, et une chute pour la personne âgée.
À présent, le père est en colère contre le fabricant des nouveaux pneus et le fils est inquiet car les parents du cyclomotoriste et la personne âgée lui reprochent d'être responsable de leurs dommages.

③ **Problème posé par les faits**

Ces faits soulèvent deux questions. D'une part, le fabricant d'un produit peut-il être responsable des dommages, corporels et matériels, résultant d'un accident dû à la défectuosité du produit ? D'autre part, un automobiliste peut-il être reconnu responsable lorsque, à l'entrée d'un virage, il surprend un jeune cyclomotoriste, et sa passagère, zigzaguant sur la chaussée, fait un écart et frôle une personne en train de sortir de son véhicule, après l'avoir garé, et qu'il en résulte une longue glissade pour les adolescents et une chute pour la personne âgée ?

④ **Annonce du plan**

Après l'accident de Laurent (I), il faudra envisager celui de César (II).

Développement

I. L'accident de Laurent

Les faits de l'espèce

Un homme achète de nouveaux pneus pour son VTT. Ceux-ci sont, selon le fabricant, conçus dans une matière révolutionnaire, « anti-éclatement », et peuvent supporter des températures élevées. Lors d'une sortie, le pneu arrière éclate, vraisemblablement sous l'effet de la chaleur. Le cycliste est blessé et le VTT inutilisable. La victime est en colère contre le fabricant.

La règle de droit applicable

Le fabricant d'un produit est responsable du dommage causé par un défaut de celui-ci, qu'il soit ou non lié par un contrat avec la victime (art. 1245 et 1245-5 C. civ.). Cette dernière peut demander réparation pour les dommages résultant d'une atteinte à la personne et pour les dommages résultant d'une atteinte à un bien, autre que le produit défectueux lui-même, d'un montant supérieur à 500 euros (art. 1245-1 C. civ.).
Un produit est considéré comme défectueux lorsqu'il n'offre pas la sécurité à laquelle on peut légitimement s'attendre. Il est notamment tenu compte, pour apprécier la sécurité à laquelle on peut légitimement s'attendre, de l'usage qui peut être raisonnablement attendu du produit (art. 1245-3 C. civ.).

La responsabilité du fait des produits défectueux est une responsabilité de plein droit (art. 1245-10, al. 1er, C. civ.). Le demandeur doit prouver le dommage, le défaut et le lien de causalité entre le défaut et le dommage, et non une faute du producteur (art. 1245-8 C. civ.). Le producteur peut s'exonérer en démontrant, notamment :

- qu'il y a lieu d'estimer que le défaut ayant causé le dommage n'existait pas au moment où le produit a été mis en circulation par lui ou que ce défaut est né postérieurement ;
- que l'état des connaissances scientifiques et techniques, au moment où il a mis le produit en circulation, n'a pas permis de déceler l'existence du défaut ;
- ou que le défaut est dû à la conformité du produit avec des règles impératives d'ordre législatif ou réglementaire (art. 1245-10, al. 2, C. civ.).

De plus, la responsabilité du producteur peut être réduite ou supprimée lorsque le dommage est causé conjointement par un défaut du produit et par la faute de la victime ou d'une personne dont la victime est responsable (art. 1245-12 C. civ.).

Il a été jugé qu'il importe peu que les causes exactes du sinistre (explosion de la vitre d'un insert de cheminée) ne soient pas établies, dès lors que le demandeur établit que le produit n'offre pas une sécurité normale, le producteur ayant la charge de la preuve d'une cause exonératoire ou de la faute de l'utilisateur (TGI Aix-en-Provence, 2 octobre 2001, *D.*, 2001, IR p. 3092). S'agissant de pneus, les juges ont retenu la responsabilité du vendeur professionnel d'un pneu défectueux (défaut d'étanchéité), dont l'éclatement a été à l'origine d'un accident (CA Toulouse, 7 novembre 2000, *Resp. civ. et assur.*, 2001, n° 199).

La solution

Le pneu arrière du vélo de Laurent, censé être « anti-éclatement », a éclaté, vraisemblablement sous l'effet de la chaleur. Il est possible de considérer que ce pneu n'offrait pas la sécurité à laquelle on pouvait légitimement s'attendre. Laurent peut donc agir contre le fabricant pour obtenir réparation de ses dommages corporels et des dommages causés à son VTT, celui-ci ayant coûté plus de 1 000 euros. Il n'a pas à démontrer la faute du fabricant et les causes exactes du sinistre, mais seulement le dommage, le défaut et le lien de causalité entre le défaut et le dommage. Il reviendra au fabricant, pour échapper à sa responsabilité, d'invoquer l'une des causes d'exonération expressément prévues par la loi.

II. L'accident de César

A. L'accident avec le cyclomoteur

Les faits de l'espèce

Un cyclomotoriste, âgé d'une quinzaine d'années, zigzague sur la chaussée pour amuser sa jeune passagère. En voyant arriver une voiture, en sens inverse, à la sortie d'un virage, l'adolescent freine et perd le contrôle de son engin. Les deux jeunes glissent sur plusieurs mètres et le cyclomoteur s'arrête contre un arbre. César, qui ne roule pas vite, parvient à éviter les adolescents en faisant un léger écart.

1. L'action du cyclomotoriste

La règle de droit applicable

Sur les conditions d'application de la loi sur les accidents de la circulation

La loi du 5 juillet 1985 est applicable en cas d'accident de la circulation dans lequel un véhicule terrestre à moteur (VTM) est impliqué (art. 1er de la loi).

Un véhicule est impliqué dans un accident de la circulation dès lors qu'il est intervenu d'une manière ou d'une autre dans cet accident (Cass. 2e civ., 28 février 1990, *Bull. civ.* II, n° 42). S'il n'y a pas eu contact, l'implication n'est pas présumée. La victime doit prouver que le VTM est « intervenu, à quelque titre que ce soit, dans la survenance de l'accident » (Cass. 2e civ., 24 juin 1998, *Bull. civ.* II, n° 205). Le *VTM en mouvement* est impliqué lorsque, par exemple, un cycliste freine brutalement et tombe pour éviter la voiture qui le précédait dans un virage en « épingle à cheveux » (Cass. 2e civ., 15 mai 1992, *Bull. civ.* II, n° 139).

Sur les différentes catégories de victimes et l'opposabilité de leur faute

Lorsque la victime était conductrice d'un VTM, toute faute quelconque peut être retenue pour limiter l'indemnisation de ses dommages, qu'elle ait subi une atteinte à la personne ou aux biens (art. 3 et 5 de la loi). Le juge du fond apprécie souverainement si l'indemnisation du conducteur victime qui a commis une faute doit être limitée (Cass. 2e civ., 28 janvier 1998, *Bull. civ.* II, n° 30).

La solution

C'est parce qu'il a vu la voiture de César, en sortant du virage, que l'adolescent a brusquement freiné et perdu le contrôle de son engin. Le véhicule de César est donc impliqué dans l'accident. C'est parce qu'il zigzaguait dans un virage que l'adolescent a dû freiner brusquement et a perdu le contrôle de l'engin. Cette faute peut donc être retenue contre lui et limiter la réparation de ses dommages corporels et matériels.

ATTENTION ! Même s'il n'a qu'une quinzaine d'années, le cyclomotoriste est un conducteur.

2. L'action de la passagère

La règle de droit applicable

Sur les conditions d'application de la loi sur les accidents de la circulation (voir cas précédent)

Sur les différentes catégories de victimes et l'opposabilité de leur faute

L'article 3 de la loi de 1985 distingue deux catégories de victimes non-conductrices.

- Les victimes sont dites « surprotégées » lorsqu'elles sont âgées de moins de 16 ans ou de plus de 70 ans, ou lorsque, quel que soit leur âge, elles sont titulaires, au moment de l'accident, d'un titre leur reconnaissant un taux d'incapacité permanente ou d'invalidité au moins égal à 80 %. Ces personnes sont indemnisées des dommages résultant des atteintes à leur personne qu'elles ont subis à moins qu'elles aient volontairement recherché le dommage.
- Les victimes sont dites « protégées » lorsqu'elles ne remplissent pas les conditions précédentes. Elles sont indemnisées des dommages résultant des atteintes à leur personne qu'elles ont subis à moins qu'elles aient soit volontairement recherché le dommage, soit commis une faute inexcusable qui a été la cause exclusive de l'accident.

S'agissant des dommages matériels, toute faute est opposable à la victime, quelle que soit sa catégorie (art. 5 de la loi).
Selon la jurisprudence, est inexcusable la faute volontaire, d'une exceptionnelle gravité, exposant sans raison valable son auteur à un danger dont il aurait dû avoir conscience (Cass. 2e civ., 20 juillet 1987, *Bull. civ.* II, n° 160).

Sur les recours entre les différents conducteurs
Le conducteur d'un VTM impliqué dans un accident de la circulation et son assureur qui a indemnisé les dommages causés à un tiers ne peuvent exercer un recours contre un autre conducteur impliqué que sur le fondement des articles 1214, 1382 et 1251 du Code civil (Cass. 2e civ., 8 juillet 2004, *Bull. civ.* II, n° 343).

La solution
La passagère peut demander réparation à l'adolescent ou à César, tous deux conducteurs de VTM impliqués dans l'accident. Quel que soit son âge, et donc sa catégorie, ses dommages corporels seront intégralement indemnisés. Il est en effet très peu probable que les juges considèrent que le fait d'avoir accepté d'être la passagère d'un conducteur qui zigzague pour s'amuser est une faute inexcusable. Même si le comportement des adolescents est dangereux, il ne peut être assimilé à une recherche volontaire du dommage.
Si la passagère choisit de n'assigner que César, ce dernier pourra exercer un recours contre le cyclomotoriste sur le fondement des articles 1317, 1240 et 1346 du Code civil.

B. L'accident avec le véhicule en stationnement

Les faits de l'espèce
En faisant un écart pour éviter le cyclomotoriste qui zigzaguait, César frôle une personne âgée qui, victime d'un malaise, venait de se garer correctement et était en train de sortir de son véhicule. Déséquilibrée, cette personne se cogne contre sa voiture.

La règle de droit applicable

Sur les conditions d'application de la loi sur les accidents de la circulation
Le *VTM en mouvement* est impliqué si, par exemple, un piéton chute, surpris par le recul de l'engin (Cass. 2e civ., 2 avril 1997, *Bull. civ.* II, n° 100).

Sur les différentes catégories de victimes et l'opposabilité de leur faute
La loi de 1985 distingue les victimes conductrices et les victimes non-conductrices. Selon la jurisprudence, n'est pas conducteur celui qui a été blessé au moment où, après avoir arrêté sa voiture, coupé le moteur et ouvert la portière, il descendait du véhicule (Cass. 2e civ., 31 mai 1995, *Bull. civ.* II, n° 162).
Parmi les victimes non conductrices, il faut encore distinguer les victimes dites « surprotégées » et les victimes dites « protégées » (voir *supra*).
Il a été jugé que n'est pas inexcusable la faute du piéton qui traverse, sans être poussé par une impérieuse nécessité, une route nationale de façon soudaine, sans regarder s'il arrivait des véhicules et se jette sur l'un d'eux (Cass. 2e civ., 20 avril 1988, *Bull. civ.* II, n° 86).

Sur les recours entre les différents conducteurs : voir situation précédente

La solution
Prise d'un malaise, la victime s'est arrêtée correctement sur le bord de la route et sortait de son véhicule lors de l'accident. Elle n'était plus conductrice. Qu'elle soit protégée ou surprotégée, son attitude ne constitue pas une faute inexcusable, cause exclusive du dommage, et rien ne laisse penser qu'elle a volontairement recherché le dommage. Cette personne peut donc demander réparation à César. Si elle choisit de n'assigner que ce dernier, celui-ci pourra exercer un recours contre le cyclomotoriste.

En conclusion, Laurent peut être en colère et César peut être inquiet.

TITRE 2

Les contrats

Chapitre 1

La formation du contrat

1 Commentaire d'article

sur l'intégrité du consentement

> **Art. 1132 C. civ.**
>
> *(ord. n° 2016-131 du 10 février 2016, art. 2)*
>
> L'erreur de droit ou de fait, à moins qu'elle ne soit inexcusable, est une cause de nullité du contrat lorsqu'elle porte sur les qualités essentielles de la prestation due ou sur celles du cocontractant.

Préparation

1 Identifier

2 Analyser

3 Apprécier l'article

4 Élaborer un plan

1 Identification de l'article

Trois informations permettent d'identifier un article : sa date, son auteur et son support.

Support. Le Code civil.

> **ATTENTION ! En droit des contrats, la plupart des articles donnés à commenter, lors des TD ou des examens, sont issus du Code civil. Néanmoins, soyez vigilant ! Il est possible que vous ayez à commenter, par exemple, un article du Code de la consommation relatif à la protection des consommateurs contre les clauses abusives.**

Date. La référence à l'ordonnance 2016-131, en italique et entre parenthèses, sous l'intitulé du Chapitre ou au début de l'article, permet de conclure que ce dernier a été inséré dans le Code civil en 2016.

Auteur. Le législateur de 2016.

2 Analyse de l'article

L'analyse de l'article consiste à définir ses principaux termes (la glose) et à décortiquer sa structure grammaticale et logique.

La glose

- **L'erreur :** l'appréciation inexacte de la réalité
- **de droit :** en cas d'ignorance de l'existence ou du contenu d'une loi
- **ou de fait, :** ou en cas de mauvaise appréciation d'une situation
- **à moins qu' :** sauf si – à l'exception du cas où
- **elle ne soit inexcusable, :** que l'erreur soit impardonnable, grossière
- **est une cause de nullité :** constitue une raison d'annulation, une justification de l'anéantissement rétroactif
- **du contrat :** de l'accord de volonté, de la convention
- **lorsqu'elle porte :** si l'erreur concerne
- **sur les qualités essentielles de la prestation due :** sur les caractéristiques fondamentales de l'obligation
- **ou sur celles du cocontractant :** sur les caractéristiques de l'une des parties, erreur sur la personne

En pratique, les termes « contrat » et « convention » sont souvent employés comme synonymes alors que, en réalité, un contrat est une espèce de convention.

La structure grammaticale et logique

Analyse grammaticale

L'article est composé d'*une seule phrase*, comportant :

- *une proposition principale* : « **L'erreur de droit ou de fait est une cause de nullité du contrat** » ;
- *deux propositions subordonnées* : « **à moins qu'elle ne soit inexcusable,** » et « **lorsqu'elle porte sur les qualités essentielles de la prestation due ou sur celles du cocontractant** »

Analyse logique

L'article est composé d'*un seul alinéa* énonçant :

- *un principe* : « **L'erreur est une cause de nullité du contrat** » ;
- *une précision* : l'erreur est une cause de nullité du contrat, qu'elle soit « **de droit ou de fait** » ;
- *une condition* : l'erreur est une cause de nullité du contrat « **lorsqu'elle porte sur les qualités essentielles de la prestation due ou sur celles du cocontractant** » ;
- *une exception* : l'erreur est une cause de nullité du contrat « **à moins qu'elle ne soit inexcusable,** ».

3 Appréciation de l'article

Dans quel but cet article a-t-il été écrit ou modifié ?

Le contrat est une rencontre de volonté, et donc de consentement, entre deux ou plusieurs parties. Que faire lorsque l'une des parties donne son consentement en commettant une erreur, c'est-à-dire en ayant une fausse représentation du contenu du contrat ou de la personne du contractant ? Faut-il annuler ou maintenir le contrat ? Qui doit supporter l'erreur ? Celui qui l'a commise ou l'autre partie ?

Quelle solution l'article a-t-il apportée au problème posé ?

Dès 1804, les rédacteurs du Code civil ont estimé que l'annulation d'un contrat, pour erreur, devait être exceptionnelle. Ils ont donc énoncé, dans l'ancien article 1110, que l'erreur est une cause de nullité du contrat, « lorsqu'elle tombe sur la substance même de la chose qui en est l'objet » et lorsqu'elle tombe « sur la personne avec laquelle on a intention de contracter », dès lors que la considération de cette personne est « la cause principale de la convention ».

En 2016, le législateur a repris ces dispositions, en simplifiant et clarifiant la formulation de l'article.

Comment ont réagi la jurisprudence, la doctrine, les professionnels ?

Avant 2016, il est revenu à la jurisprudence de préciser les caractères que devait présenter l'erreur pour être une cause de nullité. Celle-ci devait avoir été déterminante et excusable. En 2016, le législateur a clairement repris cette dernière condition dans l'article 1132 du Code civil.

Toute la difficulté, pour les juges, est de trouver un équilibre entre la protection des contractants qui commettent des erreurs et la sécurité des transactions.

4 Élaboration du plan

En principe, quatre sortes d'erreurs sont invoquées par les contractants : l'erreur sur la valeur, l'erreur sur les motifs, l'erreur sur les qualités essentielles de la prestation et l'erreur sur les qualités essentielles du cocontractant. La raison d'être de l'article 1132 du Code civil est d'énoncer :

- que l'erreur est une cause de nullité du contrat dans les deux dernières hypothèses ;
- que l'erreur peut être de droit ou de fait ;
- que l'erreur ne doit pas être inexcusable.

Le législateur a donc indiqué :

- *d'une part,* quels types d'erreurs peuvent entraîner la nullité du contrat :
  - l'erreur portant sur « **les qualités essentielles de la prestation** » ;
  - l'erreur portant sur « **les qualités essentielles (...) du cocontractant** » ;
- *d'autre part,* quelles sont les caractéristiques de ces erreurs :
  - une erreur « **de droit ou de fait** » ;
  - une erreur « **excusable** ».

Les « qualités essentielles de la prestation ou du contractant » vont constituer le **A.** et le **B.** d'une partie et les caractères « de doit ou de fait » et « inexcusable » le **A.** et le **B.** de l'autre partie. Mais que traiter en premier ? les types d'erreurs ou les caractéristiques de ces erreurs ?

Certes, dans l'article, le législateur a précisé les caractéristiques (de droit ou de fait d'une part, et inexcusable d'autre part), avant d'indiquer quelles erreurs pouvaient être retenues (sur les qualités essentielles de la prestation ou du contractant). Cela n'est pas gênant lorsqu'il s'agit d'une seule phrase, intégralement lue en quelques secondes. Dans un commentaire, dont la lecture suppose plusieurs minutes, les différentes idées ne peuvent pas être appréhender en même temps. Il est donc plus logique de commencer par indiquer « de quoi on parle » avant de préciser « quelles sont les caractéristiques de ce dont on parle ».

Le plan

I. Les types d'erreur pouvant entraîner la nullité du contrat

A. L'erreur sur les qualités essentielles de la prestation

B. L'erreur sur les qualités essentielles du contractant

II. Les caractéristiques des erreurs pouvant entraîner la nullité du contrat

A. Une erreur de droit ou de fait

B. Une erreur excusable

Introduction

L'introduction (environ 1/3 du devoir) comporte plusieurs étapes.

ÉTAPES

① **Champ de l'article**

Parmi les trois vices du consentement prévus à l'article 1130 du Code civil : l'erreur, le dol et la violence, la première est le plus fréquemment invoquée.

② **Problème traité par l'article**

Le contrat est une rencontre de volonté, et donc de consentement, entre deux ou plusieurs parties. Que faire lorsque l'une d'elles donne son consentement en commettant une erreur, c'est-à-dire en ayant une fausse représentation du contenu du contrat entraînant une discordance entre la croyance et la réalité ? Doit-on annuler ou maintenir le contrat ? Qui doit supporter l'erreur ? Celui qui l'a commise (*l'errans*) ou l'autre partie ?
La protection du consentement des contractants tend vers une conception souple de la nullité pour erreur. La sécurité juridique de tous, en revanche, commande de n'annuler le contrat qu'en cas d'altération importante de la volonté.
Pour les rédacteurs du Code civil, comme pour le législateur de 2016, l'annulation d'un contrat pour erreur doit être exceptionnelle.

③ **Citation et situation de l'article dans le temps et l'espace**

L'article 1132 est le troisième du paragraphe : « Les vices du consentement », dans le chapitre du Code civil relatif à la formation du contrat. Inséré en 2016, lors de la réforme du droit des contrats, il énonce : « L'erreur de droit ou de fait, à moins qu'elle ne soit inexcusable, est une cause de nullité du contrat lorsqu'elle porte sur les qualités essentielles de la prestation due ou sur celles du cocontractant. »

④ **Annonce du plan**

Ce texte indique quelles erreurs peuvent entraîner la nullité du contrat (I) et quelles sont leurs caractéristiques (II).

ATTENTION ! L'article 1132 du Code civil ne concerne que deux sortes d'erreurs : l'erreur sur les qualités essentielles de la prestation ou du contractant. L'erreur sur la valeur et l'erreur sur les motifs, qui ne peuvent pas, en principe, entraîner la nullité du contrat sont envisagées dans les articles suivants. Veillez alors à bien respecter la méthode du commentaire d'article et à ne pas glisser vers une dissertation sur, par exemple, « L'erreur dans le contrat ». Vous pouvez envisager les autres types d'erreur en quelques mots, mais n'y consacrez pas de longs paragraphes et surtout pas une sous-partie ou une partie.

Développement

I. Les types d'erreurs pouvant entrainer la nullité du contrat

Deux types d'erreurs peuvent entraîner la nullité d'un contrat : l'erreur sur les qualités essentielles de la prestation (A) et l'erreur sur les qualités essentielles du contractant (B).

A. Une erreur sur les qualités essentielles de la prestation

Les qualités essentielles de la prestation sont définies, à l'alinéa 1er de l'article 1133 du Code civil, comme celles qui ont été expressément ou tacitement convenues et en considération desquelles les parties ont contracté. Elles peuvent être appréciées *in abstracto,* objectivement, en retenant quelle est, dans l'opinion commune, la qualité essentielle de l'obligation (authenticité d'un tableau) ou *in concreto*, subjectivement, en recherchant précisément quelle qualité le contractant a pris en considération pour conclure le contrat, indépendamment de l'opinion commune (tableau ayant appartenu à un membre de la famille de l'acheteur). Dans un souci d'équité, la jurisprudence a opté pour le second mode d'appréciation.

Lorsque la qualité de la prestation qui fait défaut était objectivement essentielle, le juge présume son caractère essentiel pour le contractant. Il présume, par exemple, que l'authenticité est une qualité substantielle d'un tableau. Il s'agit d'une qualité *a priori* essentielle, quel que soit le contractant.

Lorsque, au contraire, la qualité de la prestation qui fait défaut était subjectivement essentielle, l'errans (celui qui a commis l'erreur) doit prouver qu'il en avait fait une condition de son engagement. L'autre partie doit avoir eu connaissance de ce caractère essentiel. La qualité essentielle doit être « entrée dans le champ contractuel ». Elle doit avoir été expressément ou tacitement convenue. Si une personne achète un tableau parce qu'elle le croit authentique ou parce qu'elle pense retrouver une œuvre qui a appartenu à sa famille, elle peut faire valoir qu'il y a eu erreur sur les qualités essentielles si, ultérieurement, elle se rend compte que le tableau n'est pas authentique (qualité essentielle pour tous : objective), mais pas si elle réalise que ce n'est pas l'œuvre ayant appartenu à ses ancêtres (qualité essentielle pour cette personne seulement : subjective), à moins que cette condition ait été expressément stipulée dans le contrat.

B. Une erreur sur les qualités essentielles du contractant

L'erreur sur les qualités essentielles du cocontractant n'est, selon l'article 1134 du Code civil, une cause de nullité que dans les contrats conclus en considération de la personne. En effet, lorsque le contrat a été conclu *intuitu personae,* la considération du contractant est un élément fondamental du contrat. L'erreur sur les qualités essentielles de la personne peut donc être une cause de nullité de celui-ci. Il en est ainsi pour les contrats à titre gratuit (donation) ou certains contrats à titre onéreux dont la bonne exécution dépend souvent de la personnalité du contractant (contrats de travail, mandats rémunérés). Les qualités essentielles sont celles qui ont déterminé le consentement : honorabilité, expérience professionnelle, moralité, solvabilité.

Ont par exemple été annulés pour erreur sur la personne :

- le contrat conclu avec une personne physique, alors que l'autre partie avait l'intention de contracter avec une agence commerciale d'expérience (CA Saint-Denis de la Réunion, 6 octobre 1989, *JCP*, 1990, II, 21504) ;
- le bail à ferme (ayant pour objet un fond rural) conclu en croyant que les preneurs étaient mariés, alors qu'ils vivaient en concubinage (et n'étaient soumis à aucune solidarité, entre eux ou à l'égard des tiers) (Cass. soc., 29 mai 1954, *Bull. civ.* V, n° 354).

II. Les caractéristiques des erreurs pouvant entraîner la nullité du contrat

Les erreurs pouvant entraîner la nullité du contrat sont les erreurs de droit ou de fait (A), excusables (B).

A. **Une erreur de droit ou de fait**

L'erreur sur les qualités essentielles de l'obligation ou du contractant peut être invoquée sans qu'il y ait lieu de distinguer l'erreur de fait et l'erreur de droit. L'adage selon lequel « nul n'est censé ignorer la loi » a pour objectif d'empêcher qu'un individu prétexte de son ignorance pour se soustraire à une règle légale. Il n'interdit pas à une personne d'invoquer la méconnaissance d'une règle juridique pour demander la nullité d'un contrat (Cass. 3e civ., 24 mai 2000, *Bull. civ.* III, n° 114). Du point de vue psychologique, le consentement peut être autant vicié par la méconnaissance d'un élément de fait que par une opinion juridique inexacte.

Ont par exemple été qualifiées d'inexcusables :

- l'erreur commise par une entreprise qui avait embauché un directeur alors que celui-ci venait de déposer le bilan d'une société et que cette information était facilement vérifiable (Cass. soc., 3 juillet 1990, *Bull. civ.* V, n° 329) ;
- l'erreur commise par un architecte à propos de la constructibilité d'un terrain (Cass. 1re civ., 2 mars 1964, *Bull. civ.* I, n° 122) ;
- l'erreur commise par un marchand de biens sur la conversion entre les francs et les euros (Cass. 3e civ., 4 juillet 2007, *Bull. civ.* III, n° 123).

B. **Une erreur excusable**

L'erreur est une cause de nullité du contrat dans la mesure où elle est excusable ou pardonnable. Une partie ne peut pas demander la nullité du contrat pour erreur, si celle-ci résulte de sa propre négligence ou si elle s'est abstenue de s'informer. D'un côté, certes, le consentement est vicié et le contrat devrait être annulé. D'un autre côté, cependant, le contractant a eu un comportement tel qu'il ne mérite pas la protection que constitue la théorie des vices du consentement. Celui qui croit découvrir un tableau de maître au marché aux puces et l'achète au bas prix demandé par le vendeur ne peut réclamer la nullité du contrat si un expert conclut qu'il s'agit d'une copie.

Les juges apprécient l'erreur *in concreto* et font preuve de sévérité lorsque l'*errans* s'est trompé sur sa propre prestation ou est un professionnel contractant dans son domaine d'activité. Lorsqu'elle a été provoquée, y compris par simple réticence dolosive d'un cocontractant, l'erreur est en revanche toujours excusable (art. 1139 C. civ.). Elle est alors une cause de nullité même si elle porte sur la valeur de la prestation ou sur un simple motif du contrat.

Le fait d'être un professionnel n'empêche toutefois pas de commettre des erreurs excusables, y compris dans son domaine de compétence (Cass. 1re civ., 14 décembre 2004, *Bull. civ.* I, n° 326). Il a par exemple été jugé qu'une cour d'appel ne peut pas décider qu'un adjudicataire a commis une faute inexcusable sans rechercher si, nonobstant sa qualité de professionnel, celui-ci, en se fondant sur le catalogue, la photographie de l'objet et les informations obtenues par téléphone, avant la vente, de la part de la société organisatrice, ne s'est pas porté acquéreur dans la croyance erronée du bon état de l'objet (Cass. 1re civ., 8 décembre 2009, *Bull. civ.* I, n° 240).

REMARQUE Vous trouverez la plupart des décisions citées dans le Code civil [Dalloz ou LexisNexis], sous les articles 1130 et suivants. Sachez également que l'essentiel des arrêts de la Cour de cassation est publié sur le site Internet : www.legifrance.gouv.fr

2 Commentaire d'arrêt

sur le contenu du contrat

Cass. 1re civ., 7 novembre 2000, *Bull. civ.* I, n° 283

Sur le moyen unique, pris en ses deux branches :

Attendu que M. Woessner, chirurgien, a mis son cabinet à la disposition de son confrère, M. Sigrand, en créant avec lui une société civile de moyens ; qu'ils ont ensuite conclu, le 15 mai 1991, une convention aux termes de laquelle M. Woessner cédait la moitié de sa clientèle à M. Sigrand contre le versement d'une indemnité de 500 000 francs ; que les parties ont, en outre, conclu une « convention de garantie d'honoraires » par laquelle M. Woessner s'engageait à assurer à M. Sigrand un chiffre d'affaires annuel minimum ; que M. Sigrand, qui avait versé une partie du montant de l'indemnité, estimant que son confrère n'avait pas respecté ses engagements vis-à-vis de sa clientèle, a assigné celui-ci en annulation de leur convention ; que M. Woessner a demandé le paiement de la somme lui restant due sur le montant conventionnellement fixé ;

Attendu que M. Woessner fait grief à l'arrêt attaqué (Colmar, 2 avril 1998) d'avoir prononcé la nullité du contrat litigieux, de l'avoir condamné à rembourser à M. Sigrand le montant des sommes déjà payées par celui-ci et de l'avoir débouté de sa demande en paiement du solde de l'indemnité prévue par la convention, alors, selon le moyen, d'une part, qu'en décidant que le contrat était nul comme portant atteinte au libre choix de son médecin par le malade, après avoir relevé qu'il faisait obligation aux parties de proposer aux patients une « option restreinte au choix entre deux praticiens ou à l'acceptation d'un chirurgien différent de celui auquel ledit patient avait été adressé par son médecin traitant », ce dont il résultait que le malade conservait son entière liberté de s'adresser à M. Woessner, à M. Sigrand ou à tout autre praticien, de sorte qu'il n'était pas porté atteinte à son libre choix, la cour d'appel n'a pas tiré les conséquences légales de ses propres constatations en violation des articles 1128 et 1134 du Code civil ; et alors, d'autre part, qu'en s'abstenant de rechercher comme elle y était invitée, si l'objet du contrat était en partie licite, comme faisant obligation à M. Woessner de présenter M. Sigrand à sa clientèle et de mettre à la disposition de celui-ci du matériel médical, du matériel de bureautique et du matériel de communication, de sorte que l'obligation de M. Sigrand au paiement de l'indemnité prévue par le contrat était pour partie pourvu d'une cause, la cour d'appel a privé sa décision de base légale au regard des articles 1128, 1131 et 1134 du Code civil ;

Mais attendu que si la cession de la clientèle médicale, à l'occasion de la constitution ou de la cession d'un fonds libéral d'exercice de la profession, n'est pas illicite, c'est à la condition que soit sauvegardée la liberté de choix du patient ; qu'à cet égard, la cour d'appel ayant souverainement retenu, [qu']en l'espèce, cette liberté de choix n'était pas respectée, a légalement justifié sa décision ; d'où il suit que le moyen, mal fondé en sa première branche, est inopérant en sa seconde ;

Par ces motifs :

Rejette le pourvoi ;

Préparation

1. Identifier
2. Analyser
3. Apprécier l'arrêt
4. Élaborer un plan

1 Identification de l'arrêt

Date. Le 7 novembre 2000

Juridiction. La première chambre civile de la Cour de cassation.

La référence « Bull. civ. » signifie que l'arrêt a été publié au Bulletin civil de la Cour de cassation. Il est donc important.

Vous trouverez les références de cet arrêt et de la jurisprudence antérieure dans le Code civil, en recherchant « Clientèle civile » dans l'index.

2 Analyse de l'arrêt

Structure de l'arrêt L'analyse de l'arrêt consiste à en rechercher la structure pour constituer la « fiche de l'arrêt » ou « fiche de jurisprudence ».

Cass. 1re civ., 7 novembre 2000, *Bull. civ.* I, n° 283

L'action a 1 seul fondement divisé en 2 arguments	Sur le moyen unique, pris en ses deux branches :	
Faits	Attendu que M. Woessner, chirurgien, a mis son cabinet à la disposition de son confrère, M. Sigrand, en créant avec lui une société civile de moyens ; qu'ils ont ensuite conclu, le 15 mai 1991, une convention aux termes de laquelle M. Woessner cédait la moitié de sa clientèle à M. Sigrand contre le versement d'une indemnité de 500 000 francs ; que les parties ont, en outre, conclu une « convention de garantie d'honoraires » par laquelle M. Woessner s'engageait à assurer à M. Sigrand un chiffre d'affaires annuel minimum ;	
Initiative de la procédure	que M. Sigrand, qui avait versé une partie du montant de l'indemnité, estimant que son confrère n'avait pas respecté ses engagements vis-à-vis de sa clientèle, a assigné celui-ci	
Prétention du demandeur	en annulation de leur convention ;	
Prétention du défendeur	que M. Woessner a demandé le paiement de la somme lui restant due sur le montant conventionnellement fixé ;	
Demandeur au pourvoi	Attendu que M. Woessner fait grief à l'arrêt attaqué (Colmar, 2 avril 1998)	*[arrêt attaqué rendu par la cour d'appel de Colmar le 2 avril 1998]*
Solution de la cour d'appel	d'avoir prononcé la nullité du contrat litigieux, de l'avoir condamné à rembourser à M. Sigrand le montant des sommes déjà payées par celui-ci et de l'avoir débouté de sa demande en paiement du solde de l'indemnité prévue par la convention	
Argument de la cour d'appel	alors, selon le moyen, d'une part, qu'en décidant que le contrat était nul comme portant atteinte au libre choix de son médecin par le malade,	
1er grief du demandeur au pourvoi	après avoir relevé qu'il faisait obligation aux parties de proposer aux patients une « option restreinte au choix entre deux praticiens ou à l'acceptation d'un chirurgien différent de celui auquel ledit patient avait été adressé par son médecin traitant », ce dont il résultait que le malade conservait son entière liberté de s'adresser à M. Woessner, à M. Sigrand ou à tout autre praticien, de sorte qu'il n'était pas porté atteinte à son libre choix,	
Conclusion du 1er grief	la cour d'appel n'a pas tiré les conséquences légales de ses propres constatations en violation des articles 1128 et 1134 du Code civil ;	
2nd grief du demandeur au pourvoi	et alors, d'autre part, qu'en s'abstenant de rechercher comme elle y était invitée, si l'objet du contrat était en partie licite, comme faisant obligation à M. Woessner de présenter M. Sigrand à sa clientèle et de mettre à la disposition de celui-ci du matériel médical, du matériel de bureautique et du matériel de communication, de sorte que l'obligation de M. Sigrand au paiement de l'indemnité prévue par le contrat était pour partie pourvu d'une cause,	
Conclusion du 2nd grief	la cour d'appel a privé sa décision de base légale au regard des articles 1128, 1131 et 1134 du Code civil ;	
Attendu de principe	Mais attendu que si la cession de la clientèle médicale, à l'occasion de la constitution ou de la cession d'un fonds libéral d'exercice de la profession, n'est pas illicite, c'est à la condition que soit sauvegardée la liberté de choix du patient ;	
Solution de la Cour de cassation	qu'à cet égard, la cour d'appel ayant souverainement retenu, [qu']en l'espèce, cette liberté de choix n'était pas respectée, a légalement justifié sa décision ; d'où il suit que le moyen, mal fondé en sa première branche, est inopérant en sa seconde ;	
Dispositif	Par ces motifs : Rejette le pourvoi ;	

Fiche de l'arrêt

(Cinq rubriques, quelle que soit la décision à commenter)

1 Faits

M. Woessner est chirurgien. Il a mis son cabinet à la disposition de son confrère et successeur, M. Sigrand, en créant avec lui une société civile de moyens. Le 15 mai 1991, les deux hommes ont conclu une convention de cession de clientèle civile. M. Woessner devait céder la moitié de sa clientèle à M. Sigrand qui s'obligeait, en contrepartie, à lui verser une indemnité de 500 000 francs. M. Woessner, le cédant, s'était également engagé, par une convention de garantie d'honoraires, à assurer à M. Sigrand, le cessionnaire, un chiffre d'affaires annuel minimum.

2 Procédure

Estimant que M. Woessner n'avait pas respecté ses engagements concernant la clientèle, M. Sigrand, qui avait déjà versé une partie de l'indemnité prévue, l'a assigné en annulation de la convention.

M. Woessner souhaitait que le contrat ne fût pas annulé et que le reste de l'indemnité prévue lui fût versé.

Le 2 avril 1998, la cour d'appel de Colmar a prononcé la nullité de la convention au motif qu'elle portait atteinte au libre choix par le patient de son médecin. Les magistrats ont donc débouté M. Woessner de sa demande en paiement du solde restant et l'ont condamné à rembourser à M. Sigrand le montant des sommes déjà perçues.

M. Woessner s'est pourvu en cassation.

3 Arguments des parties (le cédant))

M. Woessner a avancé deux arguments en faveur de la validité de la convention.

D'une part : d'après le contrat, les patients avaient une option entre les deux médecins (le cédant et le cessionnaire) ou pouvaient accepter de consulter un chirurgien différent de celui (le cessionnaire) auquel leur médecin traitant (le cédant) les avaient adressés. Il n'était donc pas porté atteinte au libre choix des patients.

→En décidant, au contraire, que le contrat était nul comme portant atteinte au libre choix de son médecin par le malade, la cour d'appel n'avait pas tiré les conséquences légales de ses propres constatations en violation des articles 1128 et 1134 du Code civil (dans leur rédaction antérieure à la réforme de 2016).

D'autre part : l'objet du contrat était l'obligation, pour M. Woessner, de présenter M. Sigrand à sa clientèle et de mettre à la disposition de celui-ci du matériel médical, de bureautique et de communication. L'obligation de M. Sigrand au paiement de l'indemnité prévue par le contrat était donc pourvue d'une cause.

→En s'abstenant de rechercher si l'objet du contrat était en partie licite, la cour d'appel avait privé sa décision de base légale au regard des articles 1128, 1131 et 1134 du Code civil (relatif, à l'époque, à l'objet et la cause du contrat, à la bonne foi des contractants et la force obligatoire du contrat).

4 Problème juridique

Une convention de cession de clientèle civile médicale est-elle valable au regard du respect des conditions relatives à l'objet et à la cause des contrats (le transfert de clientèle civile constitue-t-il un objet licite et, par conséquent, l'obligation de payer son prix est-elle pourvue d'une cause) ?

5 Solution

La Cour de cassation a répondu par l'affirmative à cette question. Elle a toutefois approuvé la cour d'appel d'avoir annulé le contrat, dans cette affaire, et a rejeté le pourvoi.

REMARQUE. Le fait qu'il s'agisse d'un arrêt de rejet n'atténue pas sa valeur d'arrêt de revirement, le rejet ne reposant pas sur la non-validité des conventions de cession mais sur le non-respect de la liberté de choix des patients.

3 Appréciation de l'arrêt

Vous devez déterminer le sens, la valeur et la portée de l'arrêt, à l'aide de ce que vous avez appris en cours et de l'ensemble de vos connaissances.

Le sens de l'arrêt

? Qu'est-ce que les juges ont décidé ? Qu'ont-ils déclaré ? Qu'ont-ils répondu aux parties ? Ont-ils sanctionné ou approuvé la décision de la cour d'appel ?

La Cour de cassation a posé le principe selon lequel une convention de cession de clientèle civile n'est pas illicite à condition que soit sauvegardée la liberté de choix du patient. Cependant, dans l'affaire examinée, elle a retenu que la cour d'appel avait souverainement considéré que la liberté de choix des patients n'était pas respectée. Elle a donc rejeté le pourvoi et approuvé l'annulation du contrat.

RAPPEL. La Cour de cassation statue seulement en droit. Elle ne peut pas apprécier les faits. Seuls les juges du fond le peuvent. La Cour de cassation ne recherche pas si ces derniers l'ont bien fait ou mal fait. Elle vérifie seulement s'ils l'ont fait. Si les juges du fond estiment que les conditions de formation d'un contrat ne sont pas réunies, ils peuvent en prononcer la nullité et la Cour de cassation rejette le pourvoi.

La valeur de l'arrêt

?
- **Pourquoi les juges ont-ils pris cette décision ? Pouvaient-ils juger autrement ? Quelles règles ont-ils appliquées ? Était-ce prévisible ? Est-ce un revirement de jurisprudence, une décision isolée ?**

Pendant plus d'un siècle, les conventions de cession de clientèle civile ont été systématiquement annulées. Dans un premier temps, les juges se sont fondés sur l'ancien article 1126 du Code civil. Ils estimaient que ces contrats n'avaient pas d'objet. Puis, la Cour de cassation a fondé l'annulation des cessions de clientèle civile sur l'ancien article 1128 du Code civil, pour illicéité de l'objet et/ou pour absence ou illicéité de la cause.

Pour échapper à l'annulation, les professionnels libéraux avaient imaginé des contrats dont l'objet n'était pas de céder (obligation de donner) mais de présenter (obligation de faire), moyennant rémunération, leur clientèle à leur successeur.

Tout en maintenant leur refus d'admettre la validité des conventions de cession de clientèle civile, les juges ont toléré les contrats de présentation, estimant alors que leur objet et leur cause existaient et étaient parfaitement licites. Cependant, cette position de la jurisprudence a été largement critiquée par la doctrine qui dénonçait une jurisprudence hypocrite et inadaptée.

Le revirement de jurisprudence était donc attendu.

La portée de l'arrêt

?
- **Quelles vont être les conséquences de l'arrêt ? Que va-t-il se passer pour les prochaines affaires similaires ? Les parties seront-elles mieux protégées, plus libres ? Sera-t-il plus opportun de se prévaloir d'autres règles de droit ? Quelle va être la réaction du législateur ? Va-t-il devoir légiférer ? La jurisprudence risque-t-elle de changer ?**

Un tel revirement était justifié au regard de l'évolution des rapports entre les professionnels libéraux et leurs clients. À présent, la clientèle civile est souvent davantage attirée par la notoriété du cabinet auquel le médecin ou l'avocat appartient que par la personnalité du professionnel lui-même. De plus, ce revirement a permis enfin d'harmoniser le droit et la pratique. Enfin, cette jurisprudence a reconnu la patrimonialité des activités libérales.

Malgré tous ces avantages, la solution n'est pas exempte de critique. Ayant négligé de définir la liberté du patient et ne s'étant pas référée à l'article 6 du Code de déontologie (devenu l'article R. 4127-6 du Code de la santé publique), la Cour de cassation a laissé une grande marge d'appréciation aux juges du fond. Cette condition, qui permet de protéger les intérêts des patients et de contrôler judiciairement les contrats de cession, peut donner lieu à des divergences jurisprudentielles.

4 Élaboration du plan

Cet arrêt marque un tournant dans l'appréciation, par la jurisprudence, des conventions de cession de clientèle civile. Il constitue un revirement de jurisprudence après une lente évolution. Vous pouvez étudier, traditionnellement, la jurisprudence antérieure dans le **I.A.** et la nouvelle solution dans le **I.B.**

Si le **I.** est en principe descriptif (vous expliquez la solution), le **II.** est analytique (vous appréciez la solution).

En l'espèce, le revirement était attendu et souhaité, par la majorité de la doctrine et de la pratique. Cependant, il reste conditionné par la sauvegarde de la liberté de choix des patients. Il est donc justifié **II.A.** et limité **II.B.**

Le plan du commentaire peut donc être :

Le plan

I. La lente admission de la cession de clientèle civile
- A. Une cession longtemps illicite
- B. Une cession désormais licite

II. La juste admission de la cession de clientèle civile
- A. Une admission justifiée
- B. Une admission limitée

Introduction

L'introduction reprend les éléments exposés dans la fiche de l'arrêt en faisant en sorte qu'ils s'enchaînent.

ÉTAPES

① Phrase d'accroche

Contrairement aux clientèles commerciales, les clientèles civiles ont été ignorées par le législateur. Or, en pratique, les professionnels libéraux (médecins, avocats...) ont conclu des contrats de cessions de clientèle sur lesquels les juges ont dû se prononcer, en cas de litige. Rendu le 7 novembre 2000, cet arrêt constitue un important revirement de jurisprudence reconnaissant, après plus d'un siècle de controverses, la validité des conventions de cession de clientèles civiles.

② Faits

Un litige était survenu, en l'espèce, lors de l'exécution d'un contrat de cession de la clientèle d'un chirurgien. Reprochant au cédant de ne pas avoir respecté ses engagements, le cessionnaire a demandé l'annulation de la convention.

③ Procédure

Le 2 avril 1998, la cour d'appel de Colmar a prononcé la nullité de la convention au motif que cette dernière portait atteinte à la liberté de choix du médecin par le malade. Le cédant, condamné à rembourser les sommes perçues, a formé un pourvoi en cassation et invoqué dans son moyen deux arguments.

④ Argument des parties

D'une part, il avançait que les patients conservaient une liberté de choix de leur médecin et que la cour d'appel avait violé les articles 1128 et 1134 du Code civil, dans leur rédaction de l'époque, en ne tirant pas les conséquences légales de ses propres constatations. D'autre part, il arguait que l'objet du contrat était l'obligation pour le cédant de présenter le cessionnaire à sa clientèle et de mettre à la disposition de celui-ci du matériel. L'obligation de paiement du cessionnaire était donc pourvue d'une cause et, en ne se prononçant pas sur ce point, la cour d'appel avait privé sa décision de base légale au regard des anciens articles 1128, 1131 et 1134 du Code civil.

⑤ Problème juridique

La question posée à la Cour de cassation était celle de la validité des conventions de cession des clientèles civiles au regard des conditions de formation du contrat relatives à l'objet et à la cause. Une cession de clientèle civile constitue-t-elle un objet licite, l'obligation de payer son prix est-elle pourvue d'une cause ?

⑥ Solution de l'arrêt à commenter

La Cour de cassation répond par l'affirmative et opère un revirement de jurisprudence. Les magistrats posent le principe de la validité des conventions de cession de clientèles civiles et l'assortissent d'une condition : le respect de la liberté de choix du praticien par le patient. Cette dernière n'étant pas remplie, en l'espèce, selon les juges du fond, le pourvoi fut rejeté.

⑦ Annonce du plan

Même si la portée de ce revirement mérite d'être nuancée par la limite posée, cette solution semble parfaitement justifiée au regard du droit et de la pratique (II). Elle met un terme à plus d'un siècle d'interdiction des cessions de clientèle civile (I).

Développement

I. La lente admission de la cession de clientèle civile

Longtemps jugées illicites (A), les conventions de cession de clientèle civile sont désormais licites (B).

A. Une cession longtemps illicite

Dans un premier temps, la Cour de cassation a refusé d'admettre la validité des conventions de cession de clientèle civile. Alors que les clientèles commerciales ne sont pas intéressées par le commerçant mais par son commerce, dans les rapports patient/médecin ou client/avocat, c'est la confiance en la personne même du professionnel qui attire le malade ou le justiciable. D'abord, les juges se sont fondés, pour annuler ces conventions, sur l'ancien article 1126 du Code civil. Selon ce texte « Tout contrat a pour objet une chose qu'une partie s'oblige à donner, ou qu'une partie s'oblige à faire ou à ne pas faire ». Les juges estimaient donc que les contrats selon lesquels un médecin s'engageait à donner à un confrère la confiance que lui témoignent ses patients n'avaient pas d'objet. Ensuite, la Cour de cassation a fondé l'annulation des cessions de clientèle civile sur l'ancien article 1128 du Code civil selon lequel « il n'y a que les choses qui sont dans le commerce qui puissent être l'objet des conventions ». Dès lors qu'elle est indissociable de la personne même du médecin ou de l'avocat, une clientèle civile ne pouvait pas être considérée comme une chose dans le commerce. La jurisprudence prononçait la nullité des contrats de cession de clientèle civile pour illicéité de l'objet et/ou pour absence ou illicéité de la cause.

Puis, la pratique a imaginé, pour contourner l'interdiction de cession, des contrats dans lesquels les cédants n'avaient pas une obligation de donner (obligation de résultat) mais une obligation de présenter la clientèle (obligation de moyens). Tout en maintenant leur refus d'admettre la validité des conventions de cession de clientèle civile, les juges ont toléré les contrats de présentation, estimant que leur objet et leur cause existaient et étaient licites. Cependant, la doctrine a dénoncé cette attitude hypocrite et inadaptée. Il était temps d'y mettre fin.

B. Une cession désormais licite

L'affaire commentée constitue un revirement de jurisprudence : la Cour de cassation reconnaît enfin directement la licéité des conventions de cession de clientèle civile. Elle a énoncé : « si la cession de clientèle médicale, à l'occasion de la constitution ou de la cession d'un fonds libéral d'exercice de la profession, n'est pas illicite, c'est à condition que soit sauvegardée la liberté de choix du patient ».

En l'espèce, un litige était survenu dans l'exécution d'un contrat de cession de clientèle, conclu entre deux médecins. Fidèle à une jurisprudence séculaire, la cour d'appel avait estimé que le contrat portait atteinte à la liberté de choix des patients et l'avait annulé. Dans son pourvoi, le médecin cédant avançait deux arguments. D'une part, la convention ne portait pas atteinte à la liberté des patients qui avaient le choix entre les deux médecins ou un tiers. Ainsi, en annulant la convention, la cour d'appel n'avait pas tiré les conséquences légales de sa décision et avait violé les anciens articles 1128 et 1134 du Code civil. D'autre part, anticipant une annulation de la convention pour absence de cause ou cause illicite, le cédant faisait valoir qu'il avait pour obligation de présenter son confrère et « de mettre à sa disposition du matériel médical, du matériel de bureautique et du matériel de communication ». Il s'agissait donc d'une obligation de moyens qui avait pour cause, en contrepartie, le paiement d'une indemnité. Le cédant reprochait à la cour d'appel de ne pas avoir recherché si l'objet du contrat était licite, privant ainsi sa décision de base légale au regard des articles 1128, 1131 et 1134 du Code civil, dans leur rédaction de l'époque.

Les hauts magistrats ont répondu que le simple fait que la liberté des patients ne soit pas sauvegardée suffit à invalider la convention (le second moyen est inopérant). Or, le respect de cette liberté de choix étant souverainement apprécié par les juges du fond, la Cour de cassation ne peut l'étudier (le premier moyen est mal fondé). Le pourvoi devait donc être rejeté.

Le revirement opéré par l'arrêt n'a pas servi les intérêts du demandeur au pourvoi mais a consacré la juste admission de la cession de clientèle civile.

II. La juste admission de la cession de clientèle civile

Cette admission est justifiée (A) et limitée (B).

A. Une admission justifiée

Un tel revirement était justifié au regard de l'évolution des rapports entre les professionnels libéraux et leurs clients. Traditionnellement, les clientèles civiles s'opposaient aux clientèles commerciales en raison du rapport de confiance personnelle installé entre le client et le professionnel libéral. Cependant, à présent, la clientèle non commerciale est souvent davantage attirée par la notoriété du cabinet auquel le médecin ou l'avocat appartient que par la personnalité du professionnel lui-même. Souvent, les médecins généralistes adressent les patients à un cabinet ou un laboratoire, et non à un médecin spécialiste en particulier. La proximité et l'équipement de l'établissement sont parfois des critères de choix plus importants que la personnalité des médecins qui y exercent.

De plus, ce revirement a permis, enfin, d'harmoniser le droit et la pratique. La position de la Haute juridiction, avant ce revirement de jurisprudence, était considérée comme anachronique et hypocrite. En admettant la validité des conventions de cession de clientèle civile, la Cour de cassation reconnaît enfin, explicitement, une pratique courante et ancienne qui s'opérait déjà par le biais des contrats de présentation.

Enfin, cette jurisprudence reconnaît la patrimonialité des activités libérales. Si les activités commerciales recherchent nécessairement un but lucratif, les activités libérales, perçues comme plus nobles, font plutôt référence à l'altruisme et au dévouement. Mais cette distinction est anachronique et théorique. Les professionnels libéraux sont également motivés par la réalisation d'un profit et leur clientèle a une réelle valeur patrimoniale. En admettant la possibilité pour un professionnel libéral de céder sa clientèle, l'arrêt étudié reconnaît juridiquement la valeur patrimoniale de cette dernière. La clientèle fait partie du patrimoine du cédant, avant la transaction, et de celui du cessionnaire, une fois le transfert effectué.

B. Une admission limitée

La Cour de cassation a posé le respect de la liberté de choix du patient (article 6 du Code de déontologie) comme condition de validité des conventions de cession. Dans l'affaire étudiée, il est important de relever que la cession ne portait que sur la moitié de la clientèle du médecin. En pratique, il est prévisible, dans une telle hypothèse, que rares sont les patients qui vont consulter un autre praticien lorsque leur médecin traitant est encore en exercice, même si ce dernier les y encourage fortement. Certes, cela n'aboutit pas systématiquement à la nullité du contrat de cession. La jurisprudence a admis la possibilité d'établir des listes et donc de ne céder qu'une partie de la clientèle d'un infirmier (Cass. 1re civ., 7 octobre 1997, *Bull. civ.* I, n° 270). Cependant, il convient de fixer scrupuleusement les conditions du partage.

La sauvegarde de la liberté des patients dans la convention étant un élément de fait, la Cour de cassation doit s'en remettre à l'appréciation des juges du fond. Son seul pouvoir est de vérifier que ces derniers ont bien vérifié que cette liberté était sauvegardée. Or, laissée à l'appréciation souveraine des juges du fond, la question de l'atteinte au libre choix du praticien par le patient risque d'engendrer une fluctuation de la jurisprudence. Si certains magistrats, favorables à la patrimonialisation des clientèles civiles, peuvent faire preuve d'indulgence, d'autres, hostiles à la validité des cessions de clientèle civile, peuvent voir dans la sauvegarde de la liberté des patients le moyen d'annuler systématiquement de telles conventions.

La jurisprudence n'est donc pas à l'abri de quelques divergences.

sur l'échange des consentements

Retraite active ou dorée

Jacques est à la retraite depuis quelques mois. Débordant d'énergie, il souhaitait devenir pizzaïolo.

Le mois dernier, il a signé une promesse unilatérale de vente avec le propriétaire d'un petit local, en centre-ville. Il a versé une indemnité d'immobilisation correspondant à 5 % du prix.

Pour développer rapidement son affaire, il est entré en contact avec une agence de publicité, il y a quelques semaines, afin de concevoir un logo à apposer sur ses boîtes, ses cartes de fidélité L'agence a commencé une étude pour savoir quel thème aurait du succès.

De plus, pour que son épouse puisse assurer les livraisons à domicile, Jacques avait décidé d'acheter un cyclomoteur. Il avait repéré une annonce, dans un journal local. Celle-ci indiquait « Cyclomoteur en bon état à vendre – prix à débattre (écrire au journal) ». Jacques avait immédiatement répondu qu'il était prêt à acheter le cyclomoteur, selon le prix.

Tous ces projets se sont envolés, hier, lorsque Jacques a appris qu'il avait gagné au loto. Il ne veut plus ni local, ni publicité, ni cyclomoteur. Il va consacrer son énergie à jouer au tennis et faire des régates. Il a déjà signé un pacte de préférence avec le propriétaire d'une Porsche ! Il se demande, néanmoins, s'il est juridiquement engagé auprès du propriétaire du local, de l'agence de publicité et du vendeur du cyclomoteur. De plus, ayant envie de faire le tour du monde à la voile, avec son épouse, il se demande également s'il a bien fait de signer le pacte de préférence, et ce d'autant que ce dernier ne précise ni prix ni délai.

Préparation

1 Analyser les faits

2 Rechercher les problèmes juridiques posés

3 Rechercher les éléments de réponse

1 Analyse des faits

Repérage des faits importants

Jacques est à la retraite depuis quelques mois. Débordant d'énergie, il souhaitait devenir pizzaïolo.

Le mois dernier, il a signé une promesse unilatérale de vente avec le propriétaire d'un petit local, en centre-ville. Il a versé une indemnité d'immobilisation correspondant à 5 % du prix.

Pour développer rapidement son affaire, il est entré en contact avec une agence de publicité, il y a quelques semaines, afin de concevoir un logo à apposer sur ses boîtes, ses cartes de fidélité L'agence a commencé une étude pour savoir quel thème aurait du succès.

De plus, pour que son épouse puisse assurer les livraisons à domicile, Jacques avait décidé d'acheter un cyclomoteur. Il avait repéré une annonce, dans un journal local. Celle-ci indiquait « Cyclomoteur en bon état à vendre – prix à débattre (écrire au journal) ». Jacques avait immédiatement répondu qu'il était prêt à acheter le cyclomoteur, selon le prix.

Tous ces projets se sont envolés, hier, lorsque Jacques a appris qu'il avait gagné au loto. Il ne veut plus ni local, ni publicité, ni cyclomoteur. Il va consacrer son énergie à jouer au tennis et faire des régates. Il a déjà signé un pacte de préférence avec le propriétaire d'une Porsche ! Il se demande, néanmoins, s'il est juridiquement engagé auprès du propriétaire du local, de l'agence de publicité et du vendeur du cyclomoteur. De plus, ayant envie de faire le tour du monde à la voile, avec son épouse, il se demande également s'il a bien fait de signer le pacte de préférence, et ce d'autant que ce dernier ne précise ni prix ni délai.

Qualification juridique des faits

- **[Jacques] a signé une promesse unilatérale de vente (...) versé une indemnité d'immobilisation :** conclusion d'un contrat assorti d'une clause d'indemnité pour immobilisation du bien
- **est entré en contact avec une agence :** volonté de négocier, d'entrer en pourparlers
- **il y a quelques semaines :** négociation étalée dans le temps
- **[L'agence] a commencé une étude :** engagement de frais pour mener à bien la négociation
- **annonce, dans un journal local (...) « Cyclomoteur en bon état à vendre – prix à débattre » :** acte unilatéral – proposition de conclusion d'un contrat – sans que toutes les conditions (notamment le prix) soient fixées
- **(écrire au journal) :** réponse par écrit, éventualité d'un contrat entre absents
- **répondu qu'il était prêt à acheter le cyclomoteur, selon le prix :** acceptation de la proposition de conclusion d'un contrat – sous réserve de certaines conditions (l'accord sur le prix)
- **a appris qu'il avait gagné au loto. Il ne veut plus ni local, ni publicité, ni cyclomoteur :** changement d'avis dû à un événement extérieur, absence de mauvaise foi
- **a signé un pacte de préférence avec le propriétaire d'une Porsche (...) ce dernier ne précise ni prix ni délai :** conclusion d'un contrat unilatéral – non détermination du prix et non stipulation de délai

2 Recherche des (ou du) problèmes juridiques

Ce cas pratique se termine par une question « déguisée ».
Jacques se demande *(votre futur correcteur vous demande)* s'il est juridiquement engagé auprès du propriétaire du local, de l'agence de publicité et du vendeur du cyclomoteur *(quelle est la nature juridique et la force des engagements pris par Jacques)*.

Quatre engagements doivent être examinés.

1. Jacques a signé une promesse unilatérale de vente avec le propriétaire d'un petit local et versé une indemnité d'immobilisation. Or, il ne veut plus du local et se demande s'il est juridiquement engagé.

Question : Le bénéficiaire d'une promesse unilatérale de vente est-il obligé de conclure définitivement la vente ? Que risque-t-il s'il ne le fait pas ?

2. Jacques est entré en contact avec une agence de publicité. Celle-ci, intéressée, a accepté de négocier et a entamé des démarches pour faire une proposition. Or, Jacques ne veut plus de publicité et se demande s'il est juridiquement engagé.

Question : Une personne en négociation, ou en pourparlers, avec une autre est-elle obligée de conclure le contrat définitif ? Que risque-t-elle si elle ne le fait pas ?

3. Jacques a répondu, par écrit, à l'annonce d'un particulier vendant un cyclomoteur, dont le prix est à débattre, en précisant qu'il était prêt à acheter le bien, selon le prix. Or, il ne veut plus du cyclomoteur et se demande s'il est juridiquement engagé.

Question : La personne qui accepte, sous réserve, une offre dont certains éléments ne sont pas fixés est-elle définitivement engagée ? Que risque-t-elle si, finalement, elle ne veut plus accepter l'offre ?

4. Jacques a signé un pacte de préférence avec le propriétaire d'une Porsche, sans indication de prix et de délai. Or, ayant envie de faire le tour du monde à la voile, avec son épouse, il se demande s'il a bien fait de signer.

Question : Le bénéficiaire d'un pacte de préférence n'indiquant ni prix ni délai est-il obligé de conclure définitivement la vente ? Que risque-t-il s'il ne le fait pas ?

3 Recherche des éléments de réponse

ATTENTION ! Ce cas pratique aborde de nombreux thèmes sur l'échange du consentement (offre - acceptation - pourparlers - pacte de préférence - promesse de vente). Cela correspond à plusieurs pages de votre cours et de votre manuel. Or votre correcteur attend des réponses précises à un cas précis. Concentrez-vous donc uniquement sur les éléments de réponse justifiés par le sujet.

Il est inutile, par exemple, de préciser quelles sont les conséquences lorsque le propriétaire qui a signé une promesse unilatérale de vente ou un pacte de préférence se rétracte ou vend à un tiers puisque, dans le sujet, cette hypothèse ne vous est à aucun moment suggérée.

Il est important, en revanche, d'être attentif à tous les détails. Le fait qu'il vous soit précisé que Jacques a répondu à l'annonce « par écrit » laisse entendre qu'un ou deux points « Bonus » peuvent être consacrés à ceux qui envisageront, succinctement bien sûr, le cas des contrats entre absents.

La promesse de vente du local

Art. 1124, al. 1er, C. civ. « La promesse unilatérale est le contrat par lequel une partie, le promettant, accorde à l'autre, le bénéficiaire, le droit d'opter pour la conclusion d'un contrat dont les éléments essentiels sont déterminés, et pour la formation duquel ne manque que le consentement du bénéficiaire. »

Jurisprudence

Si l'indemnité est d'un montant si élevé qu'elle contraint le bénéficiaire, de manière détournée, à acheter, la promesse unilatérale peut être requalifiée en promesse synallagmatique.

Cass. com, 20 novembre 1962, *Bull. civ.* IV, n° 470.

Il a par exemple été jugé que tel n'était pas le cas lorsque l'indemnité atteignait 5 % du prix total.

Cass. 3e civ., 16 novembre 1994, *Bull. civ.* III, n° 196.

Les pourparlers avec l'agence de publicité

Art. 1112 C. civ. « L'initiative, le déroulement et la rupture des négociations précontractuelles sont libres. Ils doivent impérativement satisfaire aux exigences de la bonne foi.

En cas de faute commise dans les négociations, la réparation du préjudice qui en résulte ne peut avoir pour objet de compenser la perte des avantages attendus du contrat non conclu. »

Jurisprudence

Il n'y a pas faute :

- lorsque l'auteur de la rupture a fait des propositions non excessives (refusées par l'autre partie) et a laissé un délai raisonnable de préavis.

  Cass. com, 9 mars 1999, *Bull. civ.* IV, 54.

Il y a faute :

- en cas de rupture brutale, à la veille de la signature.

  Cass. 1re civ., 6 janvier 1998, *Bull. civ.* I, n° 7.

L'annonce sur le cyclomoteur

L'offre

Art. 1114 C. civ. « L'offre, faite à personne déterminée ou indéterminée, comprend les éléments essentiels du contrat envisagé et exprime la volonté de son auteur d'être lié en cas d'acceptation. À défaut, il y a seulement invitation à entrer en négociation. »

Jurisprudence

L'offre faite au public (annonce dans un journal) lie le pollicitant à l'égard du premier acceptant dans les mêmes conditions qu'une offre faite à personne déterminée.

Cass. 3e civ., 28 novembre 1968, *Bull. civ.* III, n° 507.

L'acceptation

Art. 1118 C. civ. « L'acceptation est la manifestation de volonté de son auteur d'être lié dans les termes de l'offre.

Tant que l'acceptation n'est pas parvenue à l'offrant, elle peut être librement rétractée, pourvu que la rétractation parvienne à l'offrant avant l'acceptation.

L'acceptation non conforme à l'offre est dépourvue d'effet, sauf à constituer une offre nouvelle. »

Le pacte de préférence pour la Porsche

Art. 1123 C. civ. « Le pacte de préférence est le contrat par lequel une partie s'engage à proposer prioritairement à son bénéficiaire de traiter avec lui pour le cas où elle déciderait de contracter. »

Jurisprudence

La prédétermination du prix et la stipulation d'un délai ne sont pas des conditions de validité d'un pacte de préférence.

Cass. 3e civ., 15 janvier 2003, *Bull. civ.* III, n° 9.

Introduction

L'introduction (assez courte) comporte plusieurs étapes.

ÉTAPES

① Annonce du thème

La conclusion d'un contrat suppose un échange de consentements entre les parties. Cet échange peut se faire instantanément ou progressivement.

② Résumé et qualification juridique des faits

Jacques, jeune retraité, envisage de devenir pizzaïolo. Pour cela, il entreprend différentes démarches.
D'abord, il signe une promesse unilatérale de vente avec le propriétaire d'un petit local et verse une indemnité d'immobilisation.
Ensuite, il entre en contact avec une agence de publicité pour la création d'un logo. Celle-ci, intéressée, accepte de négocier et entame des démarches pour faire une proposition.
Enfin, Jacques répond, par écrit, à l'annonce d'un particulier vendant un cyclomoteur, dont le prix est à débattre, en précisant qu'il est prêt à acheter le bien, selon le prix.
Or, Jacques gagne au loto. Il abandonne son projet de pizzeria. Il ne veut plus ni du local, ni de la publicité, ni du cyclomoteur. Il signe un pacte de préférence avec le propriétaire d'une Porsche, sans indication de prix et de délai, mais se demande, finalement, s'il a bien fait.
Toutes ces démarches l'ont-elles juridiquement engagé ?

③ Problème posé par les faits

Ces différentes démarches soulèvent les questions suivantes :
- Le bénéficiaire d'une promesse unilatérale de vente est-il obligé de conclure définitivement la vente ?
- Une personne en négociation, ou en pourparlers, avec une autre est-elle obligée de conclure le contrat définitif ?
- La personne qui accepte, sous réserve, une offre dont certains éléments ne sont pas fixés est-elle définitivement engagée ?
- Le bénéficiaire d'un pacte de préférence n'indiquant ni prix ni délai est-il obligé de conclure définitivement la vente ?

④ Annonce du plan

Chacun de ces projets fera l'objet d'une partie.

ATTENTION ! N'oubliez pas de justifier vos réponses et de les construire en trois parties :

- les faits de l'espèce ;
- la règle de droit applicable ;
- la solution.

Développement

I. La promesse unilatérale de vente du local

Les faits de l'espèce

Jacques a signé une promesse unilatérale de vente avec le propriétaire d'un petit local et versé une indemnité d'immobilisation correspondant à 5 % du prix. Or, il ne veut plus du local. Il se demande s'il est juridiquement engagé.

La règle de droit applicable

« La promesse unilatérale est le contrat par lequel une partie, le promettant, accorde à l'autre, le bénéficiaire, le droit d'opter pour la conclusion d'un contrat dont les éléments essentiels sont déterminés, et pour la formation duquel ne manque que le consentement du bénéficiaire » (art. 1124, al. 1er, C. civ.). Il s'agit d'un contrat préparant le contrat définitif. *Le promettant* est réellement engagé.
Le bénéficiaire, en revanche, a consenti à la promesse mais pas au contrat définitif. Il est libre de lever l'option ou non (acheter ou non) dans un délai déterminé ou non. Il peut toutefois, pour payer le service que lui rend le promettant en tenant le bien à sa disposition, verser une indemnité d'immobilisation. Cette dernière est acquise au promettant, si le bénéficiaire ne lève pas l'option ; ou vient en déduction du prix, si la vente se signe.

Lorsque l'indemnité est d'un montant si élevé qu'elle contraint le bénéficiaire, de manière détournée, à acheter, les juges peuvent requalifier la promesse unilatérale en promesse synallagmatique (Cass. com., 20 novembre 1962, *Bull. civ.* IV, n° 470). Il a par exemple été jugé que tel n'était pas le cas lorsque l'indemnité atteignait 5 % du prix total (Cass. 3e civ., 16 novembre 1994, *Bull. civ.* III, n° 196).

La solution

Jacques n'est pas obligé d'acheter le local. Il lui suffit de ne pas lever l'option. Il est obligé, en revanche, le cas échéant, de laisser au promettant la somme versée à titre d'indemnité, pour immobilisation du bien.

II. Les pourparlers avec l'agence de publicité

Les faits de l'espèce

Jacques est entré en contact avec une agence de publicité. Celle-ci, intéressée, a accepté de négocier et a entamé des démarches pour faire une proposition. Or, Jacques ne veut plus de publicité. Il se demande s'il est juridiquement engagé.

La règle de droit applicable

L'article 1112 du Code civil dispose que « L'initiative, le déroulement et la rupture des négociations précontractuelles sont libres. Ils doivent impérativement satisfaire aux exigences de la bonne foi. En cas de faute commise dans les négociations, la réparation du préjudice qui en résulte ne peut avoir pour objet de compenser la perte des avantages attendus du contrat non conclu. »
Il a par exemple été jugé :

- qu'il n'y avait pas de faute lorsque l'auteur de la rupture avait fait des propositions non excessives (refusées par l'autre partie) et a laissé un délai raisonnable de préavis (Cass. com., 9 mars 1999, *Bull. civ.* IV, n° 54) ;
- qu'il y avait faute en cas de rupture brutale, à la veille de la signature (Cass. 1re civ., 6 janvier 1998, Bull. civ. I, n° 7).

REMARQUE. La responsabilité encourue, dans un tel cas, n'est pas contractuelle mais délictuelle ou extracontractuelle puisque, au moment où la faute est commise, le contrat n'est pas encore conclu.
Responsabilité contractuelle : **obligation de réparer les préjudices causés à autrui par l'inexécution d'une obligation contractuelle.**
Responsabilité délictuelle : **obligation de réparer les préjudices causés à autrui par la violation de l'obligation générale de ne pas causer de dommage à autrui.**

La solution
Jacques est libre de rompre les pourparlers. Il n'est pas juridiquement engagé.
Si elle souhaite rechercher la responsabilité de Jacques, pour rupture abusive, l'agence devra prouver qu'il a agi de mauvaise foi ou avec légèreté ou qu'il a eu l'intention de nuire.
Cependant, tel n'est pas le cas. La rupture des pourparlers est la conséquence d'un événement « heureux », indépendant de la volonté de Jacques. C'est parce qu'il a gagné au loto que Jacques décide de ne plus travailler.
Il est donc peu probable que des magistrats retiennent sa responsabilité.

III. L'annonce pour le cyclomoteur

Les faits de l'espèce
Jacques a répondu, par écrit, à l'annonce d'un particulier vendant un cyclomoteur. Il a précisé qu'il était prêt à acheter le bien, selon le prix. Or, il ne veut plus du cyclomoteur. Il se demande s'il est juridiquement engagé.

La règle de droit applicable
– *S'agissant de l'offre :*
Selon l'article 1114 du Code civil, « L'offre, faite à personne déterminée ou indéterminée, comprend les éléments essentiels du contrat envisagé et exprime la volonté de son auteur d'être lié en cas d'acceptation. À défaut, il y a seulement invitation à entrer en négociation. »
L'offre peut être expresse ou tacite (tel un taxi dans la file d'attente des taxis).
La Cour de cassation a précisé que l'offre faite au public (annonce dans un journal) lie le pollicitant à l'égard du premier acceptant dans les mêmes conditions qu'une offre faite à personne déterminée (Cass. 3e civ., 28 novembre 1968, *Bull. civ.* III, n° 507).

– *S'agissant de l'acceptation :*
D'après l'article 1118 du Code civil, « L'acceptation est la manifestation de volonté de son auteur d'être lié dans les termes de l'offre. Tant que l'acceptation n'est pas parvenue à l'offrant, elle peut être librement rétractée, pourvu que la rétractation parvienne à l'offrant avant l'acceptation. L'acceptation non conforme à l'offre est dépourvue d'effet, sauf à constituer une offre nouvelle. »
L'acceptation peut être expresse ou tacite (le fait de monter dans un taxi), à condition de ne pas être équivoque.
Après acceptation, le contrat est valablement formé. Ni l'offrant, ni l'acceptant ne peuvent se rétracter. Si l'un deux ne s'exécute pas, il peut être sanctionné pour inexécution du contrat.

La solution
L'annonce, dans le journal, indiquait que le prix était à débattre. Un des éléments essentiels de la vente, le prix, manquait. L'offre n'était donc pas assez précise pour que son acceptation aboutisse à la formation du contrat. De plus, dans sa réponse, Jacques a écrit qu'il acceptait, selon le prix. Il s'agissait donc davantage d'une contre-proposition ou d'une nouvelle offre que d'une acceptation.
Jacques n'est donc pas engagé par la lettre envoyée au journal. Aucun contrat n'est formé entre lui et l'offrant.

PRÉCISION. Lorsque les contractants ne sont pas en présence l'un de l'autre, au moment de l'acceptation, le contrat est dit « entre absents ». Selon l'article 1121 du Code civil le contrat est alors conclu dès que l'acceptation parvient à l'offrant. Il est réputé l'être au lieu où l'acceptation est parvenue.

IV. Le pacte de préférence

Les faits de l'espèce

Jacques a signé un pacte de préférence avec le propriétaire d'une Porsche, sans indication de prix et de délai. Or, ayant envie de faire le tour du monde à la voile, avec son épouse, il se demande s'il a bien fait de signer et s'il est juridiquement engagé.

La règle de droit applicable

Selon l'article 1123 du Code civil : « Le pacte de préférence est le contrat par lequel une partie s'engage à proposer prioritairement à son bénéficiaire de traiter avec lui pour le cas où elle déciderait de contracter. »
Contrairement à la promesse unilatérale de vente, le détenteur du bien ne s'engage pas à le vendre absolument *mais* à le proposer en priorité à une personne déterminée, dans l'hypothèse où il déciderait de le vendre. Le bénéficiaire dispose d'un droit de préemption, « de priorité », *mais* n'est en aucun cas obligé d'acheter.

La Cour de cassation a précisé que la prédétermination du prix et la stipulation d'un délai n'étaient pas des conditions de validité d'un pacte de préférence (Cass. 3e civ., 15 janvier 2003, *Bull. civ.* III, n° 9).

La solution

Le pacte de préférence conclu par Jacques semble tout à fait valable.
Néanmoins, le fait de bénéficier d'un pacte de préférence n'engage nullement Jacques. Celui-ci n'est absolument pas obligé d'acheter la Porsche si, finalement, son propriétaire décide de la vendre.

En conclusion, tout va bien pour Jacques. Il n'est engagé avec aucun de ses interlocuteurs et peut partir faire le tour du monde l'esprit libre.

Chapitre 2
Les effets du contrat

1 Commentaire d'article

sur la force obligatoire du contrat

Art. 1103 C. civ.

(ord. n° 2016-131 du 10 février 2016, art. 2)

Les contrats légalement formés tiennent lieu de loi à ceux qui les ont faits.

Préparation

1 Identifier

2 Analyser

3 Apprécier l'article

4 Élaborer un plan

1 Identification de l'article

Trois informations permettent d'identifier un article : sa date, son auteur et son support.

Support. Le Code civil.

Date. La référence de l'ordonnance 2016-131 au début l'article (ou du chapitre dans lequel il apparait), vous permet de savoir que ce texte a été inséré dans le Code civil lors de la réforme du droit des contrats de 2016.

Auteur. Le législateur de 2016.

2 Analyse de l'article

L'analyse de l'article consiste à définir ses principaux termes (la glose) et à décortiquer sa structure grammaticale et logique.

La glose

- **Les contrats :** les accords de volonté visant à produire un effet de droit
- **légalement formées :** ayant respecté les conditions de formation des contrats
- **tiennent lieu :** valent, servent
- **de loi :** de règle, d'obligation
- **à ceux :** aux personnes
- **qui les ont faits :** qui les ont signés, conclus ; qui se sont engagés

La structure grammaticale et logique

Analyse grammaticale

L'alinéa est composé d'une seule phrase contenant :

- *un « groupe sujet »* : « **Les contrats légalement formés** » ;
- *un « groupe verbal »* : « **tiennent lieu** » ;
- *un premier complément* : « **de loi** » ;
- *un second complément* : « **à ceux qui les ont faits** ».

Analyse logique

Les rédacteurs de l'alinéa ont posé un principe, celui de la force obligatoire du contrat, en précisant :

- *d'abord,* quels accords sont concernés : « **Les contrats légalement formés** » ;
- *ensuite,* quels sont les effets de ces contrats : ils « **tiennent lieu de loi** » ;
- *enfin,* quels sont les individus concernés : « **ceux qui les ont faits** ».

3 Appréciation de l'article

Dans quel but cet article a-t-il été écrit ou modifié ?

L'objectif d'un contrat est de créer des obligations entre les contractants. Sa raison d'être est sa phase d'exécution. Le législateur a dû préciser à quelle(s) condition(s) le contrat devait être exécuté, qui était concerné par l'obligation d'exécution, quelle était la force du contrat…

Quelle solution l'article a-t-il apportée au problème posé ?

Conformément à l'adage « *pacta sunt servanda* » ainsi qu'au principe de l'engagement moral imposant le respect de la parole donnée, les rédacteurs du Code civil ont posé le principe de la force obligatoire du contrat en énonçant, dans l'alinéa 1er de l'article 1134 du Code civil : « les conventions légalement formées tiennent lieu de loi à ceux qui les ont faites ». Dès lors qu'elle satisfait aux conditions légales, la convention s'impose aux parties comme une véritable loi. Ces dernières sont obligées d'exécuter leur engagement. Les tiers, en revanche, ne sont pas concernés. Le contrat n'a, à leur égard, qu'un effet relatif.

Lors de la réforme du droit des contrats, en 2016, le législateur a repris ce texte en remplaçant le terme « convention » par le terme « contrats » et en l'insérant dans le chapitre sur les dispositions liminaires relatives aux contrats, plutôt que dans le chapitre concernant les effets des obligations.

Rappel :
– en principe, les « contrats » ne sont qu'une espèce de « convention » ;
– en pratique, ces deux termes sont pris comme synonymes.

Comment ont réagi la jurisprudence, la doctrine, les professionnels ?

Le principe de la force obligatoire du contrat est respecté :

– par le législateur, puisque la loi nouvelle ne peut pas, en principe, s'appliquer aux contrats en cours ;
– par le juge qui, même s'il dispose d'un pouvoir d'interprétation, est tenu de respecter les termes clairs et précis du contrat.

Il admet cependant des exceptions :

– la promulgation d'une loi expressément applicable au contrat en cours ;
– le « forçage » du contrat par le juge.

4 Élaboration du plan

L'article 1103 du Code civil pose le principe de la force obligatoire du contrat.

- *Dans un premier temps,* les rédacteurs de l'article, en 1804 comme en 2016, ont posé les conditions de la force obligatoire du contrat. Celle-ci s'applique aux « **contrats légalement formés** ». Vous pouvez étudier cela dans votre **I**. Vos deux sous-parties peuvent alors correspondre aux deux conditions énoncées par ce début d'article : l'existence d'un contrat (**I.A.**) et l'obligation que ce contrat ait été légalement formé (**I.B.**).
- *Dans un second temps,* les codificateurs, en 1804, et le législateur, en 2016, ont précisé quelles étaient les conséquences de tels contrats. Ils « **tiennent lieu de loi à ceux qui les ont faits** ». Vous pouvez étudier cela dans votre **II**. Cela signifie que les parties qui ont conclu le contrat sont obligées de l'exécuter. Vous pouvez ainsi aborder l'obligation d'exécuter le contrat dans votre **II.A.** et le fait que cette obligation soit imposée aux parties qui l'ont conclu dans votre **II.B.**

Le plan du commentaire peut donc être :

Le plan

I. Les conditions de la force obligatoire du contrat
   A. Un contrat…
   B. … légalement formé

II. Les conséquences de la force obligatoire du contrat
   A. L'obligation d'exécuter le contrat…
   B. … imposée aux contractants

ATTENTION !
- Sur la « *forme* » du plan. Cette présentation des intitulés des sous-parties est appréciée par certains enseignants (qui estiment que cela démontre le lien entre vos deux sous-parties) et critiquée par d'autres (qui considèrent que les intitulés doivent être indépendants les uns des autres). Demandez à votre chargé de TD et à votre chargé de cours s'ils l'acceptent ou pas.
- Sur le « *fond* » du plan. Tel qu'il est présenté, le plan du commentaire pourrait aussi convenir pour une dissertation sur « La force obligatoire du contrat ». Veillez bien à ne pas trop étendre vos développements à des points qui ne sont pas directement sous-entendus par l'alinéa.

EXEMPLE : la question de la révocation unilatérale et l'obligation d'exécution de bonne foi (auparavant visée aux alinéas 2 et 3 de l'article 1134 et désormais envisagée aux articles 1104 et 1226), font partie intégrante du principe de la force obligatoire du contrat (et doivent être largement traitées lors d'une dissertation sur « la force obligatoire du contrat ») mais ne sont qu'indirectement sous-entendues par l'article 1103 (et ne doivent qu'être succinctement abordées lors du commentaire de ce dernier).

Introduction

L'introduction (environ 1/3 du devoir) comporte plusieurs étapes.

ÉTAPES

① **Champ de l'article**

Selon un proverbe populaire : « chose promise, chose *due* ». Dans le langage juridique, cela se traduit par : quand la convention est conclue, son exécution est *due*.

② **Problème traité par l'article**

L'objectif d'un contrat est de créer des obligations entre les contractants. Sa raison d'être est sa phase d'exécution. Le législateur a dû préciser à quelle(s) condition(s) le contrat devait être exécuté, qui était concerné par l'obligation d'exécution et quelle était la force du contrat.

③ **Citation et situation de l'article dans le temps et l'espace**

Troisième texte du chapitre du Code civil relatif aux « Dispositions liminaires », sur les contrats, l'article 1103 dispose : « Les contrats légalement formés tiennent lieu de loi à ceux qui les ont faits ». Conformément à l'adage « *pacta sunt servanda* », ainsi qu'au principe de l'engagement moral imposant le respect de la parole donnée, les rédacteurs du Code civil, et le législateur de 2016, ont posé le principe de la force obligatoire du contrat. Dès lors qu'il satisfait aux conditions légales, le contrat s'impose aux parties comme une véritable loi. Celles-ci sont obligées d'exécuter leur engagement. Ce texte, parmi les plus célèbres du Code civil, est présenté comme la consécration de l'autonomie de la volonté, puisqu'il place l'accord de particuliers sur le même plan qu'une règle émanant du législateur.

④ **Annonce du plan**

Bien que complété par de nombreux autres articles, l'article 1103 du Code civil pose, à lui seul, les conditions (I) et les conséquences (II) de la force obligatoire du contrat.

Développement

I. Les conditions de la force obligatoire du contrat

La force obligatoire du contrat suppose la réunion de deux conditions. Il faut que l'on soit en présence d'un contrat (A) et que ce contrat ait été légalement formé (B).

A. Un contrat...

La première condition, pour qu'il y ait force obligatoire, est d'être en présence d'un contrat. Le mot « contrat » n'est pas tout à fait synonyme du mot « convention ». Selon l'article 1101 du Code civil, « Le contrat est un accord de volontés entre deux ou plusieurs personnes destiné à créer, modifier, transmettre ou éteindre des obligations. » Les contrats sont des actes juridiques formés par l'accord de deux ou plusieurs volontés individuelles dans le but de faire naître une obligation. Les conventions sont des accords en vue de produire un effet juridique comprenant, en plus des contrats, les accords de volonté visant à faire produire un effet de droit quelconque telle, par exemple, l'extinction d'une obligation préexistante par la remise de dette. Le contrat est une convention mais toute convention n'est pas un contrat.

L'article 1103 du Code civil vise les contrats. Néanmoins, la jurisprudence admet que les engagements de nature extracontractuelle, tels les engagements unilatéraux (promesse de récompense pour un objet perdu), les obligations naturelles (devoir de conscience conduisant à une aide alimentaire entre frère et sœur) ont force obligatoire.

S'il est important, pour que l'article 1103 du Code civil trouve application, d'être en présence d'un contrat, il est indifférent de savoir de quel contrat il s'agit. Ce peut être un contrat synallagmatique ou unilatéral, onéreux ou à titre gratuit, commutatif ou aléatoire...

Il ne suffit toutefois pas d'être en présence d'un contrat pour que celui-ci ait force obligatoire. Encore faut-il que cet accord ait été légalement formé.

B. ... légalement formé

Le caractère obligatoire de l'acte juridique dépend directement de sa validité. Cela signifie que le contrat n'emporte force obligatoire que si les conditions légales de formation sont respectées. Il s'agit tant des conditions de fond : existence et intégrité du consentement, capacité des parties, détermination et licéité du contenu... ; que des conditions de forme : exigence d'un écrit ou de mentions obligatoires, publicité, homologation...

L'obligation faite aux contrats d'être « légalement formés », pour pouvoir tenir lieu de loi, permet au juge de considérer qu'un contrat est nul ou que certaines clauses sont non écrites.

L'exécution du contrat peut avoir une influence sur sa validité. D'une part, l'exécution peut valider un contrat non légalement formé. Il en est ainsi en cas de confirmation tacite, lorsque la partie qui pouvait invoquer la nullité y renonce en exécutant volontairement le contrat. D'autre part, la période d'exécution du contrat permet parfois de déceler une cause d'invalidité de celui-ci. Tel est le cas, par exemple, en cas de vice du consentement ou de défaut de cause.

Outre les conditions de la force obligatoire des contrats, l'article 1103 du Code civil précise quelles en sont les conséquences.

II. Les conséquences de la force obligatoire du contrat

La force obligatoire du contrat a pour conséquence d'obliger les parties (B) à exécuter le contrat (A).

A. L'obligation d'exécuter le contrat...

La force obligatoire du contrat s'étend à « tout le contrat » et « rien qu'au contrat ».

« *Tout le contrat* » signifie que celui-ci doit être exécuté dans sa totalité. Toutes ses dispositions ont force obligatoire, y compris celles qui ne s'y trouvent que par usage. La jurisprudence limite néanmoins les contentieux portant sur d'infimes détails, lorsque les parties agissent dans un but de chicane, en avançant que, conformément à l'article 1104, les contrats doivent être exécutés de bonne foi.

« *Rien que le contrat* » signifie, qu'en principe, les parties ne peuvent être tenues à une obligation qui n'est pas prévue.

En pratique, l'étendue de la force obligatoire du contrat ne se limite par toujours à la lettre du contrat. L'article 1194 du Code civil dispose « Les contrats obligent non seulement à ce qui y est exprimé, mais encore à toutes les suites que leur donnent l'équité, l'usage ou la loi. » Il existe ainsi des lois supplétives, qui s'appliquent si elles n'ont pas été écartées par les parties ; des lois impératives, qui s'ajoutent au contenu du contrat ; des usages, particulièrement nombreux en matière commerciale, correspondant souvent à des règles habituellement suivies par les contractants ; l'équité, à l'origine, par exemple, de la consécration de l'obligation de conseil. Enfin, il arrive que le juge soit amené à « forcer le contrat », en y ajoutant des obligations auxquelles les parties n'avaient pas songé, voire qu'elles avaient implicitement écartées (obligation de sécurité du transporteur, Cass. civ., 21 novembre 1911, *DP*, 1913, 1, p. 249 – obligation d'assistance mise à la charge d'un vendeur de matériel informatique, Cass. com., 11 avril 1995, pourvoi n° 92-21426).

Dans tous les cas, l'obligation d'exécuter le contrat s'impose aux parties qui l'ont conclu.

B. ... imposée aux contractants

La force obligatoire du contrat s'impose aux parties. À l'exception des contrats à durée indéterminée (tels les contrats de travail) et de certains contrats à durée déterminée (tels les mandats), une partie ne peut révoquer unilatéralement une convention qu'exceptionnellement (art. 1224 C. civ.). En pratique, sont liés par le contrat : ceux qui l'ont conclu et leurs ayants cause universels ou à titre particulier (sauf exception). Il peut s'agir de personnes physiques ou morales.

Par extension, le principe de la force obligatoire s'impose au législateur, dont la loi nouvelle ne peut, généralement, s'appliquer aux contrats en cours. Il s'impose également au juge qui, même s'il dispose d'un pouvoir d'interprétation, est tenu de respecter les termes clairs et précis du contrat, y compris s'ils lui paraissent contraires à l'équité, et ne peut le réviser qu'exceptionnellement (art. 1195 C. civ.).

En revanche, l'obligation d'exécuter le contrat ne concerne pas les tiers. À leur égard, le contrat a un effet relatif. Cela est sous-entendu dans l'article 1103 du Code civil, et clairement énoncé par l'article 1199 du même code selon lequel « Le contrat ne crée d'obligations qu'entre les parties. Les tiers ne peuvent ni demander l'exécution du contrat ni se voir contraints de l'exécuter, (...) [sauf exception, en cas de promesse de porte-fort et de stipulation pour autrui]. » Néanmoins, s'il ne lie pas les tiers, le contrat peut leur être opposable, en tant que donnée de fait. La responsabilité délictuelle d'une personne peut être retenue, par exemple, si elle débauche le salarié d'un concurrent.

Le principe de la force obligatoire du contrat est un pilier du droit des obligations, même s'il admet de nombreuses exceptions qui tendent à l'affaiblir.

2 Commentaire d'arrêt

sur l'imprévision

Cass civ. 6 mars 1876, *D.*, 1876, 1, p. 193, Arrêt *Canal de Craponne*

[Résumé des faits extrait du jugement du Tribunal civil d'Aix du 18 mars 1841 :

Par une convention de 1567, Adam de Craponne s'est obligé à construire un canal destiné à arroser les propriétés des habitants de la commune de Pélissane, moyennant une redevance de 3 sols par carteirade (190 ares). Au cours du XIXe siècle, le successeur de Craponne demanda un relèvement de la taxe. Il avança qu'étant donné la baisse de la valeur de la monnaie et la hausse du coût de la main-d'œuvre, cette taxe n'était plus en rapport avec les frais d'entretien.]

Sur le premier moyen du pourvoi :

Vu l'article 1134 du Code civil ;

Attendu que la disposition de cet article n'étant que la reproduction des anciens principes constamment suivis en matière d'obligations conventionnelles, la circonstance que les contrats dont l'exécution donne lieu au litige sont antérieurs à la promulgation du Code civil ne saurait être, dans l'espèce, un obstacle à l'application dudit article ;

Attendu que la règle qu'il consacre est générale, absolue et régit les contrats dont l'exécution s'étend à des époques successives de même qu'à ceux de toute autre nature ;

Que, dans aucun cas, il n'appartient aux tribunaux, quelque équitable que puisse apparaître leur décision, de prendre en considération le temps et les circonstances pour modifier les conventions des parties et substituer des clauses nouvelles à celles qui ont été librement acceptées par les contractants ;

Qu'en décidant le contraire et en élevant à 30 centimes de 1834 à 1874, puis à 60 centimes à partir de 1874, la redevance d'arrosage, fixée à 3 sols par les conventions de 1560 et 1567, sous prétexte que cette redevance n'était plus en rapport avec les frais d'entretien du canal de Craponne, l'arrêt attaqué a formellement violé l'article 1134 ci-dessus visé ;

Par ces motifs, casse, dans la disposition relative à l'augmentation du prix de la redevance d'arrosage, l'arrêt rendu entre les parties par la cour d'appel d'Aix le 31 décembre.

Préparation

1 Identifier
2 Analyser
3 Apprécier l'arrêt
4 Élaborer un plan

1 Identification de l'arrêt

Date. Le 6 mars 1876.

Juridiction. La section civile de la Cour de cassation.

RAPPEL. La Cour de cassation, d'abord appelée Tribunal de cassation, a été créée en 1790. Pendant longtemps, elle a été composée de trois sections (section des requêtes, section civile et section criminelle). Plusieurs réformes, au milieu du XXe siècle, ont modifié la composition de la Cour de cassation. Une chambre sociale a été créée en 1938, une chambre commerciale en 1947, une 2e chambre civile en 1952 et une 3e chambre civile en 1967. La section des requêtes, devenue chambre des requêtes, a été supprimée en 1947. Ainsi, la Cour de cassation est actuellement composée de cinq chambres civiles et d'une chambre criminelle.

2 Analyse de l'arrêt

Structure de l'arrêt L'analyse de l'arrêt consiste à en rechercher la structure pour constituer la « fiche de l'arrêt » ou « fiche de jurisprudence ».

Cass. civ., 6 mars 1876, *D.*, 1876, 1, p. 193
Arrêt *Canal de Craponne*

L'action a plusieurs fondements mais seul le premier est reproduit	Sur le premier moyen du pourvoi :
Visa	Vu l'article 1134 du Code civil ;
Attendu de principe de la Cour de cassation	Attendu que la disposition de cet article n'étant que la reproduction des anciens principes constamment suivis en matière d'obligations conventionnelles, la circonstance que les contrats dont l'exécution donne lieu au litige sont antérieurs à la promulgation du Code civil ne saurait être, dans l'espèce, un obstacle à l'application dudit article ;
	Attendu que la règle qu'il consacre est générale, absolue et régit les contrats dont l'exécution s'étend à des époques successives de même qu'à ceux de toute autre nature ;
	Que, dans aucun cas, il n'appartient aux tribunaux, quelque équitable que puisse apparaître leur décision, de prendre en considération le temps et les circonstances pour modifier les conventions des parties et substituer des clauses nouvelles à celles qui ont été librement acceptées par les contractants ;
Solution de la cour d'appel	Qu'en décidant le contraire et en élevant à 30 centimes de 1834 à 1874, puis à 60 centimes à partir de 1874, la redevance d'arrosage, fixée à 3 sols par les conventions de 1560 et 1567,
Argument de la cour d'appel	sous prétexte que cette redevance n'était plus en rapport avec les frais d'entretien du canal de Craponne,
Solution de la cour de cassation	l'arrêt attaqué a formellement violé l'article 1134 ci-dessus visé ;
Dispositif	Par ces motifs, casse, dans la disposition relative à l'augmentation du prix de la redevance d'arrosage, l'arrêt rendu entre les parties par la cour d'appel d'Aix le 31 décembre.

Fiche de l'arrêt

(Cinq rubriques, quelle que soit la décision à commenter)

REMARQUE. Cet arrêt est très célèbre. Il est systématiquement abordé en cours et très souvent en TD. Or, seule sa réponse sur la révision du contrat présente aujourd'hui un intérêt. Il est donc inutile de développer la question de l'application de l'ancien article 1134 du Code civil aux contrats conclus avant la promulgation du Code civil. En principe, votre correcteur vous le précise, soit par écrit, sur le sujet lui-même, soit à l'oral, au début de l'épreuve d'examen.

1 Faits

Par une convention de 1567, Adam de Craponne s'est engagé à construire un canal destiné à arroser les propriétés des habitants de la commune de Pélissane, moyennant une redevance de 3 sols par carteirade (190 ares). Au cours du XIXe siècle, le successeur de Craponne demanda un relèvement de la taxe. Il soutint qu'étant donné la baisse de la valeur de la monnaie et la hausse du coût de la main d'œuvre, cette taxe n'était plus en rapport avec les frais d'entretien.

2 Procédure

Le 31 décembre 1875, la cour d'appel d'Aix fit droit à la demande, estimant que la taxe, fixée à 3 sols par les conventions de 1560 et 1567, n'était plus en rapport avec les frais d'entretien du canal de Craponne. Elle a décidé de l'élever à 30 centimes de 1834 à 1874, puis à 60 centimes à partir de 1874.

Un pourvoi fut formé, vraisemblablement par les habitants de la commune arrosée.

3 Arguments des parties (les bénéficiaires de l'arrosage)

D'une part, l'article 1134 du Code civil (dans sa rédaction antérieure à la réforme de 2016) était applicable aux contrats antérieurs à la promulgation du Code civil.

D'autre part, il n'appartenait pas aux tribunaux, quelque équitable que pût apparaître leur décision, de prendre en considération le temps et les circonstances pour modifier les conventions des parties et substituer des clauses nouvelles à celles qui avaient été librement acceptées par les contractants.

4 Problème juridique

Le contractant pour lequel l'exécution de la convention devient un sacrifice peut-il demander au juge la révision du contrat ? Les juges peuvent-ils, lorsque l'équité le commande, prendre en considération le temps et les circonstances pour modifier une convention ?

5 Solution

L'ancien article 1134 était parfaitement applicable et la cour d'appel l'avait violé. Le juge ne pouvait en aucun cas réviser le contrat.

« Dans aucun cas, il n'appart[enait] aux tribunaux, quelque équitable que [pût] apparaître leur décision, de prendre en considération le temps et les circonstances pour modifier les conventions des parties et substituer des clauses nouvelles à celles qui [avaient] été librement acceptées par les contractants. »

3 Appréciation de l'arrêt

Vous devez déterminer le sens, la valeur et la portée de l'arrêt, à l'aide de ce que vous avez appris en cours et de l'ensemble de vos connaissances.

Le sens de l'arrêt

Qu'est-ce que les juges ont décidé ? Qu'ont-ils déclaré ? Qu'ont-ils répondu aux parties ? Ont-ils sanctionné ou approuvé la décision de la cour d'appel ?

La Cour de cassation a rejeté la possibilité de réviser le contrat. Selon elle, il n'appartenait pas aux tribunaux, quelque équitable que pût apparaître leur décision, de prendre en considération le temps et les circonstances pour modifier les conventions des parties et substituer des clauses nouvelles à celles qui avaient été librement acceptées par les contractants. Les hauts magistrats ont estimé que la cour d'appel avait violé l'ancien article 1134 du Code civil en élevant le montant de la redevance, au motif que celle-ci n'était plus en rapport avec les frais d'entretien du canal.

La valeur de l'arrêt

Pourquoi les juges ont-ils pris cette décision ? Pouvaient-ils juger autrement ? Quelles règles ont-ils appliquées ? Était-ce prévisible ? Est-ce un revirement de jurisprudence, une décision isolée ?

Le problème de l'imprévision se pose dans les contrats à exécution successive ou échelonnée. L'équilibre entre les intérêts respectifs des parties, trouvé lors de la signature, peut disparaître du fait de l'évolution des circonstances. Plusieurs arguments ont été avancés en faveur de la révision du contrat par le juge, en cas d'imprévision : l'équité, l'obligation d'exécuter les contrats de bonne foi, l'assimilation des circonstances imprévues à un cas de force majeure, la volonté des parties d'insérer dans tous les contrats, tacitement, une clause *rebus* sic *stantibus* (tant que les choses restent à l'état). Cependant, les hauts magistrats ont longtemps fait prévaloir les principes de la force obligatoire du contrat et de la sécurité juridique, en appliquant strictement l'ancien article 1134 du Code civil. Cette solution avait déjà été posée, avant ce célèbre arrêt, et n'a pas été franchement remise en cause avant la réforme du droit des contrats.

La portée de l'arrêt

Quelles vont être les conséquences de l'arrêt ? Que va-t-il se passer pour les prochaines affaires similaires ? Les parties seront-elles mieux protégées, plus libres ? Sera-t-il plus opportun de se prévaloir d'autres règles de droit ? Quelle va être la réaction du législateur ? Va-t-il devoir légiférer ? La jurisprudence risque-t-elle de changer ?

Cette jurisprudence a longtemps été reprise. Elle a eu deux principales conséquences. *D'une part,* elle a créé une divergence entre la jurisprudence judiciaire et la jurisprudence administrative. *D'autre part,* elle a abouti, peu à peu, à la multiplication des clauses de révision dans les contrats et des interventions législatives en faveur des clauses de révision.

Ces dernières années, la Cour de cassation a marqué un infléchissement dans le rejet de la théorie de l'imprévision. Lors de la réforme du droit des contrats, en 2016, le législateur est clairement revenu sur cette question en admettant, certes exceptionnellement, la révision du contrat par le juge.

4 Élaboration du plan

L'intérêt de l'arrêt, en une phrase, est de préciser que la Cour de cassation a rejeté la théorie de l'imprévision en faisant prévaloir l'intangibilité des contrats. Cela doit être étudié dans le **I.B.**

Avant d'étudier les arguments retenus par les hauts magistrats, dans le **I.B.**, vous pouvez examiner ceux admis par la cour d'appel, dans le **I.A.** Cela est justifié lorsque, comme en l'espèce, il s'agit d'un arrêt de cassation et que la cour d'appel avait, justement, retenu des arguments différents (l'équité) et une solution opposée à ceux de la Haute juridiction.

Le **I.** concerne donc les raisons du rejet de la théorie de l'imprévision.

> **ATTENTION ! L'étude de la solution de la cour d'appel dans le I.A. et de celle de la Cour de cassation dans le I.B. suppose que les magistrats aient admis des arguments différents. Votre correcteur n'attend pas de vous que vous mettiez la même phrase, à la forme négative dans le I.A. et à la forme affirmative dans le I.B.**

Si le **I.** est descriptif (vous exposez la solution), le **II.** est analytique (vous appréciez l'arrêt).

Lorsque la décision est ancienne, cela revient souvent à se demander ce que sa solution est devenue.

Peu à peu, les parties ont multiplié l'insertion, dans les contrats, de clauses de révision ou d'indexation. Il existe ainsi des tempéraments légaux au principe de rejet de la théorie de l'imprévision. De plus, depuis quelques années, la Cour de cassation semble infléchir sa position. Il s'agit alors d'un tempérament jurisprudentiel au rejet de la théorie de l'imprévision. Cette exception est d'autant bien venue que, depuis 1916, le Conseil d'État admet la révision des contrats en cas d'imprévision.

Enfin, en 2016, le législateur a clairement admis, certes exceptionnellement, la possibilité pour le juge de réviser le contrat.

Les deux types de tempéraments, légaux et jurisprudentiels, peuvent être envisagés dans le **II.A.**, tandis que le **II.B.** est consacré à la réforme du droit des contrats.

Le **II.** est alors intégralement consacré à l'abandon du rejet de la théorie de l'imprévision.

Le plan du commentaire peut donc être :

Le plan

I. Les raisons du rejet de la théorie de l'imprévision
  A. L'indifférence de l'iniquité
  B. La prédominance de l'intangibilité du contrat

II. L'abandon du rejet de la théorie de l'imprévision
  A. Les tempéraments légaux et jurisprudentiels
  B. La réforme du droit des contrats

Introduction

L'introduction reprend les éléments exposés dans la fiche de l'arrêt en faisant en sorte qu'ils s'enchaînent.

ÉTAPES

① **Phrase d'accroche**

Le Code civil permet au juge d'interpréter une convention obscure (anc. art. 1156 C. civ. ; nouv. art. 1188 C. civ.). Peut-il adapter une convention claire à des circonstances nouvelles ayant modifié l'équilibre originel des prestations.

② **Faits**

Par une convention de 1567, un homme, Adam de Craponne, s'était engagé à construire un canal destiné à arroser les propriétés des habitants d'une commune, moyennant une redevance de 3 sols par carteirade (190 ares). Au cours du XIXe siècle, le successeur de Craponne demanda un relèvement de la taxe. Il avança qu'étant donné la baisse de la valeur de la monnaie et la hausse du coût de la main-d'œuvre, cette taxe n'était plus en rapport avec les frais d'entretien.

③ **Procédure**

Le 31 décembre 1875, la cour d'appel d'Aix fit droit à cette demande, estimant que la taxe, fixée à 3 sols par les conventions de 1560 et 1567, n'était plus en rapport avec les frais d'entretien du canal de Craponne. Elle a décidé de l'élever à 30 centimes de 1834 à 1874, puis à 60 centimes à partir de 1874. Un pourvoi fut formé.

④ **Argument des parties**

Outre l'argument selon lequel l'article 1134 du Code civil, dans sa rédaction de l'époque, était applicable aux contrats antérieurs à la promulgation du Code civil, les bénéficiaires de l'arrosage arguèrent qu'il n'appartenait pas aux tribunaux, quelque équitable que pût apparaître leur décision, de prendre en considération le temps et les circonstances pour modifier les conventions des parties et substituer des clauses nouvelles à celles qui avaient été librement acceptées par les contractants.

⑤ **Problème juridique**

La question posée à la Cour de cassation était donc de savoir si le contractant pour lequel l'exécution de la convention devient un sacrifice peut demander au juge la révision du contrat. Les magistrats peuvent-ils, lorsque l'équité le commande, prendre en considération le temps et les circonstances pour modifier une convention ?

⑥ **Solution de l'arrêt à commenter**

La Haute juridiction a répondu par la négative. Elle a estimé que l'ancien article 1134 était parfaitement applicable et que la cour d'appel l'avait violé. Le juge ne pouvait en aucun cas réviser le contrat.

⑦ **Annonce du plan**

Le rejet de la théorie de l'imprévision avait plusieurs raisons (I) mais a été abandonné (II).

Développement

I. Les raisons du rejet de la théorie de l'imprévision

Les raisons du rejet de la théorie de l'imprévision sont l'indifférence de l'iniquité (A) et la prédominance de l'intangibilité du contrat (B).

A. L'indifférence de l'iniquité

Plusieurs arguments ont été avancés en faveur de la révision du contrat.

D'abord, le contrat est le résultat d'un équilibre entre les avantages et les charges de chacun des contractants. Or, le maintien de contrats déséquilibrés heurte **l'équité** et peut conduire à la ruine totale d'une des parties. La révision de ces conventions est leur seule chance d'être exécutées en créant des obligations nouvelles. *Ensuite,* le bouleversement de la situation économique pourrait être assimilé à de **la force majeure**. *De plus,* les conventions doivent être exécutées de **bonne foi**. Or, le créancier qui exige l'exécution de l'obligation de son débiteur alors que sa prestation ne correspond plus à la contrepartie, n'agit pas de bonne foi. *Enfin,* les parties tiennent en principe compte, au moment de la conclusion du contrat, des changements prévisibles. On peut donc en déduire qu'elles n'auraient pas signé si elles avaient prévu les bouleversements ultérieurs. Il existe donc, dans tous les contrats à exécution successive, une **volonté commune** d'inclure implicitement une clause *rebus sic stantibus* (tant que les choses restent à l'état).

Dans l'affaire commentée, il s'agissait d'un contrat à exécution successive consistant à fournir de l'eau contre une redevance, sans limite de durée. Étant donné les travaux faits à l'origine pour parvenir à irriguer la plaine, ce contrat était appelé à durer et donc à subir l'influence du temps. Or, la redevance versée au propriétaire du canal, fixée en considération des circonstances contemporaines à la conclusion, n'était plus suffisante pour permettre l'équilibre des prestations, trois siècles plus tard. La dévaluation monétaire et la hausse du coût de la main-d'œuvre avaient rompu l'équilibre originel entre les prestations. Le propriétaire du canal risquait d'être acculé à la ruine. Estimant, effectivement, que la taxe n'était plus en rapport avec les frais d'entretien du canal, la cour d'appel avait décidé de l'élever.

Cependant, tel ne fut pas l'avis de la Cour de cassation. Celle-ci jugea que l'iniquité était indifférente et fit prévaloir l'intangibilité du contrat.

B. La prédominance de l'intangibilité du contrat

Les arguments avancés pour admettre la révision du contrat peuvent être combattus.

D'abord, le juge ne doit recourir à **l'équité** que dans le silence du contrat (anc. art. 1135 C. civ. ; nouv. art. 1194 C. civ.). *Ensuite,* contrairement à **la force majeure**, l'imprévision ne rend pas l'exécution impossible mais plus difficile. *Puis,* s'agissant de **la loyauté des parties,** on peut avancer que le rejet de la théorie de l'imprévision permet d'éviter que l'un des contractants demande la révision de ses obligations, dès que leur exécution devient plus difficile, parfois par pure mauvaise foi, créant ainsi une instabilité dans les relations contractuelles. *Enfin,* l'existence d'une **volonté commune** des parties d'inclure implicitement une clause *rebus sic stantibus* ne peut se concevoir dès lors qu'il subsiste toujours un aléa dans les contrats, souvent pris en considération, et qu'il est inconcevable d'admettre de réviser ceux-ci dès qu'une situation imprévue se présente.

Ces raisons juridiques et économiques ont conduit la Cour de cassation à rejeter la théorie de l'imprévision en se fondant sur le principe de l'intangibilité du contrat, malgré le changement des circonstances. Elle a énoncé que « dans aucun cas, il n'appartient aux tribunaux, quelque équitable que puisse apparaître leur décision, de prendre en considération le temps et les circonstances pour modifier les conventions des parties et substituer des clauses nouvelles à celles qui ont été librement acceptées par les contractants ». Selon l'ancien article 1134 du Code civil, dont les dispositions ont été reprises à l'article 1103, le contrat est la loi des parties. Il ne pouvait être modifié que par consentement mutuel ou pour les causes que la loi autorise. Il s'imposait aux juges et les tribunaux ne pouvaient y porter atteinte en le modifiant, quelque imprévisible qu'eût pu être, pour les parties, le changement de circonstances. En l'espèce, le contrat était équilibré, à l'origine, et ne comportait aucune ambiguïté. Le prix avait été fixé de manière invariable et il devait le rester. Le juge ne pouvait intervenir. Aucune des conditions essentielles du contrat n'était atteinte : le défaut de corrélation équitable entre les prestations était une éventualité qui, même à l'origine n'aurait pas annulé la convention. Le contrat subsistait donc et devait être exécuté.

Cette jurisprudence, très ancienne, a été abandonnée.

II. L'abandon du rejet de la théorie de l'imprévision

Le rejet de la théorie de l'imprévision a été abandonné, d'abord par des tempéraments, légaux et jurisprudentiels (A), puis par la réforme du droit des contrats (B).

ATTENTION ! Pour que votre devoir respecte la méthode du commentaire d'arrêt, sans déraper vers une dissertation sur l'imprévision, veillez, au moins dans votre II.A., à rattacher vos développements à la décision commentée en insérant quelques phrases relatives à l'arrêt.

A. Les tempéraments légaux et jurisprudentiels

Lorsque l'injustice était trop flagrante ou lorsque de nombreuses personnes risquaient d'être ruinées, le législateur est intervenu pour admettre une réadaptation de contrats déséquilibrés (loi sur la révision des loyers ou des salaires, après la première guerre mondiale). Cependant, ces lois de circonstances ne sont intervenues qu'exceptionnellement et ne concernaient que quelques litiges. De même, le Code civil admet, sporadiquement, des cas de révisions : prêteur d'une chose ayant un besoin pressant et imprévu de celle-ci (art. 1889 C. civ.). Hormis ces cas exceptionnels, aucune disposition légale n'autorisait, jusqu'en 2016, la révision des conventions.

Ainsi, sachant que leur contrat ne pourrait pas être révisé par le juge, les parties ont eu de plus en plus souvent tendance à en aménager contractuellement l'adaptation, en cas de bouleversement économique. Elles y insérèrent ainsi des clauses de révision ou d'indexation.

Cependant, en 1560, l'insertion de clause de révision ou d'indexation dans les contrats n'était pas une pratique courante. Seule une intervention du juge pouvait permettre une révision du contrat. Or, celui-ci l'a refusée, laissant ainsi les parties contractuellement liées selon des conditions fixées trois siècles auparavant. Telle n'aurait peut-être pas été la réaction de la Cour de cassation, à présent, dès lors qu'elle admet, parfois, des tempéraments au rejet de la théorie de l'imprévision.

Sans admettre la théorie de l'imprévision, la Cour de cassation a peu à peu fait preuve de souplesse. D'une part, elle a accepté que les tribunaux pussent réduire les honoraires des mandataires ou de certains prestataires de services (architectes, experts-comptables, médecins, généalogistes), lorsque ceux-ci sont excessifs. D'autre part, et plus généralement, elle a pu considérer que le refus de renégociation par le contractant profitant de la modification des circonstances était contraire à la bonne foi, ce qui permettait de retenir la responsabilité contractuelle de la partie refusant la révision de façon abusive et la condamner à des dommages et intérêts (Cass. com., 3 novembre 1992, *Bull. civ.* IV, n° 338 – voir aussi : Cass. soc., 25 février 1992, *Bull. civ.* V, n° 112, refus de reclasser un salarié).

Il est vrai que le refus, par la jurisprudence judiciaire, de réviser le contrat pour imprévision a créé une divergence de solutions avec la jurisprudence administrative. En effet, dès le milieu de la première guerre mondiale, le

Conseil d'État admit, pour épargner autant que possible « l'administration », la possibilité d'une révision du contrat pour imprévision (CE, 30 mars 1916, *Cie générale d'éclairage de Bordeaux*, *Rec.*, p. 125).

REMARQUE. Le commentaire de l'arrêt *Canal de Craponne*, de 1876, impose que vous citiez l'arrêt *Cie générale d'éclairage de Bordeaux*, de 1916, et inversement. Cette décision est largement étudiée en droit administratif, en 2e année.
Cependant, ne vous inquiétez pas. Les TD ou examens dans une matière ne supposent pas que vous soyez au point dans toutes les matières enseignées dans l'année en cours. Si votre professeur de droit des obligations attend de vous un rapprochement avec le droit administratif (ou inversement) c'est parce qu'il a lui-même fait cette comparaison dans son cours. L'arrêt *Cie générale d'éclairage de Bordeaux* est également cité dans le Code civil, sous l'article 1195, au même endroit que la jurisprudence civile sur l'imprévision.

B. La réforme du droit des contrats

En 2016, lors de la réforme du droit des contrats, le législateur est enfin revenu sur le rejet de la théorie de l'imprévision. L'article 1195 du Code civil dispose, désormais, « Si un changement de circonstances imprévisible lors de la conclusion du contrat rend l'exécution excessivement onéreuse pour une partie qui n'avait pas accepté d'en assumer le risque, celle-ci peut demander une renégociation du contrat à son cocontractant. Elle continue à exécuter ses obligations durant la renégociation. En cas de refus ou d'échec de la renégociation, les parties peuvent convenir de la résolution du contrat, à la date et aux conditions qu'elles déterminent, ou demander d'un commun accord au juge de procéder à son adaptation. À défaut d'accord dans un délai raisonnable, le juge peut, à la demande d'une partie, réviser le contrat ou y mettre fin, à la date et aux conditions qu'il fixe. »

Il s'agit de l'une des principales innovations de la réforme de 2016. La France était l'un des derniers pays d'Europe à ne pas reconnaître la théorie de l'imprévision. Toutefois, les conditions sont strictes. Il faut :

- un changement de circonstances imprévisible lors de la conclusion du contrat,
- une exécution excessivement onéreuse pour une partie,
- et la non acceptation, par cette dernière, d'assumer un tel risque.

De plus, le dispositif est supplétif. Les parties peuvent convenir, à l'avance, de l'écarter et de supporter le bouleversement de l'économie du contrat. Pour éviter les contestations dilatoires, et respecter la force obligatoire du contrat, la partie en difficulté doit, pendant la renégociation, continuer à s'exécuter. En permettant la révision judiciaire, à défaut d'accord, l'objectif du législateur est d'inciter les parties à renégocier le contrat, une révision conventionnelle étant parfois moins risquée qu'une révision judiciaire. Il va revenir à la jurisprudence de préciser ce qu'il faut entendre par « circonstance imprévisible » et, surtout, « exécution excessivement onéreuse ».

Les contrats d'Elvis

Elvis est photographe. Il vient vous consulter, en votr qualité de jeune avocat(e), sur différents problèmes.

D'abord, Elvis vous informe qu'il avait embauché u jeune assistant et que le contrat de travail contenait un clause de non-concurrence. Or, après une semaine d travail, le jeune homme a été débauché par un confrèr d'Elvis, pour un poste identique. Elvis peut comprendr que son assistant ait voulu aller au plus offrant et n lui en veut pas. Il est en revanche furieux contre so confrère, qui connaissait l'existence de la clause de non concurrence, et se demande s'il peut agir contre lui.

Ensuite, Elvis a fait construire une maison et emménagé il y a quelques mois. Dès les première

Préparation

1 Analyser les faits

2 Rechercher les problèmes juridiques posés

3 Rechercher les éléments de réponse

sur l'effet relatif des contrats

pluies, il a vu apparaître de grosses taches sur son plafond. Il est monté dans ses combles et s'est aperçu que de très nombreuses tuiles étaient cassées. Après expertise, il a appris que celles-ci avaient été posées maladroitement et sans précaution, qu'elles avaient exercé une trop forte pression les unes sur les autres, ce qui avait entraîné des cassures. Elvis a également des problèmes avec ses fenêtres. Depuis plusieurs semaines, de la buée est apparue à l'intérieur du double vitrage. Un autre expert lui a annoncé que cela était dû à un défaut de fabrication de la fenêtre. Elvis a contacté le maçon qui a construit la maison. Or, celui-ci lui a répondu qu'il n'y était pour rien. Il a fait appel à un sous-traitant pour la pose des tuiles et ne pouvait pas savoir que les fenêtres avaient un défaut de fabrication. Elvis admet parfaitement que le maçon n'y est pour rien. Il se demande alors à qui d'autre il peut demander réparation.

Enfin, Elvis souhaiterait avoir un tracteur pour entretenir son terrain. N'ayant pas les moyens de l'acquérir lui-même, il a convenu, avec son père, que ce serait ce dernier qui achèterait la machine. La semaine prochaine, Elvis va se rendre à la foire agricole, pour acheter un tracteur, mais son père ne pourra pas venir. Il sait qu'il existe un type de contrat permettant d'engager une autre personne que soi mais ne sait plus s'il s'agit d'une stipulation pour autrui ou d'une promesse de porte-fort.

1 Analyse des faits

Repérage des faits importants

Elvis est photographe. Il vient vous consulter, en votre qualité de jeune avocat(e), sur différents problèmes.

D'abord, Elvis vous informe qu'il avait embauché un jeune assistant et que le contrat de travail contenait une clause de non-concurrence. Or, après une semaine de travail, le jeune homme a été débauché par un confrère d'Elvis, pour un poste identique. Elvis peut comprendre que son assistant ait voulu aller au plus offrant et ne lui en veut pas. Il est en revanche furieux contre son confrère, qui connaissait l'existence de la clause de non-concurrence, et se demande s'il peut agir contre lui.

Ensuite, Elvis a fait construire une maison et a emménagé il y a quelques mois. Dès les premières pluies, il a vu apparaître de grosses taches sur son plafond. Il est monté dans ses combles et s'est aperçu que de très nombreuses tuiles étaient cassées. Après expertise, il a appris que celles-ci avaient été posées maladroitement et sans précaution, qu'elles avaient exercé une trop forte pression les unes sur les autres, ce qui avait entraîné des cassures. Elvis a également des problèmes avec ses fenêtres. Depuis plusieurs semaines, de la buée est apparue à l'intérieur du double vitrage. Un autre expert lui a annoncé que cela était dû à un défaut de fabrication de la fenêtre. Elvis a contacté le maçon qui a construit la maison. Or, celui-ci lui a répondu qu'il n'y était pour rien. Il a fait appel à un sous-traitant pour la pose des tuiles et ne pouvait pas savoir que les fenêtres avaient un défaut de fabrication. Elvis admet parfaitement que le maçon n'y est pour rien. Il se demande alors à qui d'autre il peut demander réparation.

Enfin, Elvis souhaiterait avoir un tracteur pour entretenir son terrain. N'ayant pas les moyens de l'acquérir lui-même, il a convenu, avec son père, que ce serait ce dernier qui achèterait la machine. La semaine prochaine, Elvis va se rendre à la foire agricole, pour acheter un tracteur, mais son père ne pourra pas venir. Il sait qu'il existe un type de contrat permettant d'engager une autre personne que soi mais ne sait plus s'il s'agit d'une stipulation pour autrui ou d'une promesse de porte-fort.

Qualification juridique des faits

- **embauché un jeune assistant (...) contrat de travail contenant une clause de non-concurrence :** contrat de travail avec une clause particulière, alourdissant les obligations de l'une des parties, opposable aux tiers
- **débauché par un confrère d'Elvis, pour un poste identique (...) connaissait l'existence de la clause :** rupture du contrat par l'une des parties – tiers ayant incité et aidé un contractant à enfreindre ses obligations contractuelles
- **de grosses taches sur son plafond (...) nombreuses tuiles étaient cassées :** dommage matériel subi par une personne
- **posées maladroitement et sans précaution (...) exercé une trop forte pression les unes sur les autres, ce qui avait entraîné des cassures :** faute dans l'exécution d'un contrat
- **buée (...) à l'intérieur du double vitrage :** dommage matériel subi par une personne
- **défaut de fabrication de la fenêtre :** non-conformité d'une chose
- **a fait appel à un sous-traitant pour la pose des tuiles :** chaîne de contrat, faute commise par un contractant, en bout de chaîne, ayant causé un dommage à la partie située à l'autre extrémité
- **ne pouvait pas savoir que les fenêtres avaient un défaut de fabrication :** chaîne de contrat, manquement commis par un contractant, en bout de chaîne, ayant causé un dommage à la partie située à l'autre extrémité
- **souhaiterait avoir un tracteur (...) a convenu, avec son père, que ce serait ce dernier qui achèterait l'engin, mais son père ne pourra pas venir :** volonté de conclure un contrat au nom d'un tiers
- **stipulation pour autrui [ou] promesse de porte-fort. :** engagement d'une personne visant à obtenir d'une autre qu'elle exécute une prestation au profit d'une troisième [ou] engagement d'une personne, à l'égard d'une autre, à convaincre une troisième d'exécuter une prestation

2 Recherche des (ou du) problèmes juridiques

Le cas pratique est clairement présenté comme une consultation. L'articulation du sujet, avec les mots « d'abord », « ensuite » et « enfin », au début de chaque paragraphe, laisse apparaître trois sortes de problème, soit trois thèmes et donc trois questions.

– « Elvis peut comprendre que son assistant ait voulu aller au plus offrant et ne lui en veut pas. Il est en revanche furieux contre son confrère, qui connaissait l'existence de la clause de non-concurrence, et se demande s'il peut agir contre lui. »

ATTENTION ! Le passage : « Elvis peut comprendre que son assistant ait voulu aller au plus offrant et ne lui en veut pas » signifie qu'il est inutile d'aborder le problème du recours d'Elvis contre son jeune assistant.

Question :

- *En droit* : Le créancier d'une obligation contractuelle peut-il agir contre le tiers au contrat qui a incité et aidé le débiteur de l'obligation à ne pas l'exécuter ?
- *En l'espèce* : Celui qui débauche le salarié d'un confrère tenu par une clause de non-concurrence peut-il voir sa responsabilité engagée ?

– « Elvis a contacté le maçon qui a construit la maison. Or, celui-ci lui a répondu qu'il n'y était pour rien. Il a fait appel à un sous-traitant pour la pose des tuiles et ne pouvait pas savoir que les fenêtres avaient un défaut de fabrication. Elvis admet parfaitement que le maçon n'y est pour rien. Il se demande alors à qui d'autre il peut demander réparation. »

ATTENTION ! Le passage : « Elvis admet parfaitement que le maçon n'y est pour rien. » signifie qu'il est inutile d'aborder le problème du recours d'Elvis contre son maçon.

Question :

- *En droit* : Dans une chaîne de contrats, de quelles actions disposent le maître d'ouvrage contre un sous-traitant de l'entrepreneur et un fabricant de matériaux ?
- *En l'espèce* : Le propriétaire d'une maison peut-il agir contre le sous-traitant de son maçon, qui a posé les tuiles, et contre le fabricant des fenêtres ?

– « Il sait qu'il existe un type de contrat permettant d'engager une autre personne que soi mais ne sait plus s'il s'agit d'une stipulation pour autrui ou d'une promesse de porte-fort. »

Question :

- *En droit* : Quel contrat doit conclure celui qui souhaite s'engager à l'égard d'une autre personne, pour qu'une troisième exécute une prestation ? Une stipulation pour autrui ou une promesse de porte-fort ?
- *En l'espèce* : Quel contrat doit conclure un fils qui souhaite s'engager, auprès d'un vendeur, à ce que son père lui achète un bien ? Une stipulation pour autrui ou une promesse de porte-fort ?

3 Recherche des éléments de réponse

REMARQUE.
Selon la jurisprudence, lorsque le créancier d'une obligation demande réparation du dommage né de l'inexécution fautive du contrat par son cocontractant, il ne peut invoquer que les règles de la responsabilité contractuelle, à l'exclusion des règles de la responsabilité délictuelle.
En l'absence de relation contractuelle entre la victime et l'auteur du dommage ou si le dommage ne résulte pas de l'inexécution d'une obligation contractuelle, la victime doit agir sur le terrain délictuel (Cass. civ., 21 janvier 1890, *S.*, 1, 408 – Cass. civ., 11 janvier 1922, *DP*, 194, 1, 135). Il s'agit du principe dit du « non-cumul de responsabilités », dont on dégage le principe d'après lequel « tout ce qui n'est pas contractuel est délictuel ».

Le débauchage du salarié

Art. 1199 C. civ. « Le contrat ne crée d'obligations qu'entre les parties. Les tiers ne peuvent ni demander l'exécution du contrat ni se voir contraints de l'exécuter, sous réserve des dispositions de la présente section et de celles du chapitre III du titre IV [promesse de porte fort et stipulation pour autrui]. »

Art. 1200 C. civ. « Les tiers doivent respecter la situation juridique créée par le contrat. Ils peuvent s'en prévaloir notamment pour apporter la preuve d'un fait. »

Art. 1240 C. civ. « Tout fait quelconque de l'homme, qui cause à autrui un dommage, oblige celui par la faute duquel il est arrivé, à le réparer. »

Jurisprudence

Toute personne qui, sciemment, aide autrui à enfreindre les obligations contractuelles pesant sur lui, commet une faute délictuelle à l'égard de la victime de l'infraction.

Cass. Com., 11 octobre 1971, *Bull. civ.* IV, n° 237.

Tel est le cas lorsqu'une société a embauché l'employé d'un concurrent, tout en connaissant l'existence d'une clause de non-concurrence liant cet employé au concurrent.

Cass. com., 23 avril 1985, *Bull. civ.* IV, n° 124.

Vous trouverez l'ensemble de ces décisions, et d'autres, sous l'article 1199 du Code civil en cherchant dans l'index : « Contrat » puis « Effet relatif ».

Les groupes ou chaînes de contrats

Un groupe de contrats est un ensemble de conventions présentant une unité économique :

- soit parce qu'elles portent sur un même objet (transmission successive d'un même bien, du fabricant au consommateur) ;
- soit parce qu'elles poursuivent un même but (sous-traitance, par un tiers, d'une prestation qu'un entrepreneur s'est engagé à exécuter pour un maître de l'ouvrage).

La jurisprudence a dû préciser si les membres extrêmes de la chaîne étaient des tiers, au sens de l'ancien article 1165 du Code civil (dont les dispositions ont été reprises à l'article 1199) ou devaient être considérés comme cocontractants du groupe.

L'action du maître d'ouvrage contre le sous-traitant

L'Assemblée plénière de la Cour de cassation a décidé que « viole l'[ancien] article 1165 du Code civil la cour d'appel qui retient que, dans le cas où le débiteur d'une obligation contractuelle a chargé une autre personne de l'exécution de cette obligation, le créancier ne dispose contre cette dernière que d'une action nécessairement contractuelle, alors que le sous-traitant n'est pas contractuellement lié au maître de l'ouvrage » (Cass. ass. plén., 12 juillet 1991, arrêt *Besse*, *Bull. civ.*, n° 5). Lorsque aucune chose n'a été transmise et que seule une prestation a été réalisée, l'action entre les différents « membres » d'une chaîne de contrats est délictuelle. Le sous-traitant n'est pas contractuellement lié au maître de l'ouvrage. L'article 1199 du Code civil est strictement appliqué. Le maître de l'ouvrage et le sous-traitant sont des tiers.

L'action du maître d'ouvrage contre le fabricant

Lorsqu'une chose a été l'objet d'une transmission par le biais de contrats identiques (chaîne homogène de contrat : vente + vente) ou différents (chaîne hétérogène de contrats : vente + contrat d'entreprise), le maître de l'ouvrage, comme le sous-acquéreur, jouit de tous les droits et actions attachés à la chose qui appartenait à son auteur. Il dispose donc, contre le fabricant, d'une action contractuelle directe fondée sur la non-conformité de la chose livrée. L'action contractuelle se transmet à titre accessoire d'une chose (Cass. ass. plén., 7 février 1986, arrêt *Produits céramiques de l'Anjou*, *Bull. civ.*, n° 2 [2 arrêts]).

Vous trouverez ces décisions, et d'autres, sous l'article 1199 du Code civil [Dalloz et LexisNexis] en cherchant « Contrat » puis « Effet relatif » dans l'index.
– « Groupe de contrat » [Code Dalloz].
– « Contrat puis effet relatif » [Code LexisNexis].

La promesse de porte-fort ou la stipulation pour autrui

La promesse de porte-fort

Art. 1204 C. civ. « On peut se porter fort en promettant le fait d'un tiers. Le promettant est libéré de toute obligation si le tiers accomplit le fait promis. Dans le cas contraire, il peut être condamné à des dommages et intérêts. Lorsque le porte-fort a pour objet la ratification d'un engagement, celui-ci est rétroactivement validé à la date à laquelle le porte-fort a été souscrit. »

En concluant une promesse de porte-fort, le promettant n'engage pas autrui. Il s'engage lui-même (obligation de résultat) à convaincre autrui d'exécuter une prestation. Le tiers est totalement libre de ratifier ou non la promesse.

La stipulation pour autrui

Art. 1205 C. civ. « On peut stipuler pour autrui. L'un des contractants, le stipulant, peut faire promettre à l'autre, le promettant, d'accomplir une prestation au profit d'un tiers, le bénéficiaire. Ce dernier peut être une personne future mais doit être précisément désigné ou pouvoir être déterminé lors de l'exécution de la promesse. »

L'exemple classique de stipulation pour autrui est celui de l'assurance-vie que l'assuré (le stipulant) demande à son assureur (le promettant) de verser à un membre de sa famille (le tiers bénéficiaire).

Introduction

L'introduction (assez courte) comporte plusieurs étapes.

ÉTAPES

① **Annonce du thème**

S'il a force obligatoire entre les parties, le contrat n'a qu'un effet relatif à l'égard des tiers.

② **Résumé et qualification juridique des faits**

Elvis, photographe, est depuis peu propriétaire d'une maison. Il souhaite consulter un avocat car, qu'il s'agisse de sa vie privée ou professionnelle, les ennuis s'accumulent.
D'abord, son assistant, bien que lié par une clause de non-concurrence, a été débauché par un confrère. Elvis est compréhensif à l'égard de son ancien assistant mais furieux contre son confrère qui connaissait l'existence de la clause de non-concurrence.
Ensuite, plusieurs désordres sont survenus dans la maison qu'il vient de faire construire. Ceux-ci sont dus à un défaut de précaution, lors de la pose des tuiles, et à un défaut de fabrication des fenêtres. Le maçon rejette toute responsabilité au motif qu'il a sous-traité la pose des tuiles et qu'il n'a pas fabriqué lui-même les fenêtres.
Enfin, Elvis souhaiterait s'engager, auprès d'un vendeur de tracteurs, afin que son père, qui est d'accord, achète une telle machine. Il ne sait pas si le contrat approprié à cette situation est une promesse de porte-fort ou une stipulation pour autrui.

③ **Problème posé par les faits**

Ces faits soulèvent trois questions.
D'une part, celui qui débauche le salarié d'un confrère, sachant qu'il est lié par une clause de non-concurrence, peut-il voir sa responsabilité engagée ?
D'autre part, le propriétaire d'une maison peut-il agir contre le sous-traitant de son maçon, qui a posé les tuiles, et contre le fabricant de ses fenêtres, lesquelles présentent un défaut ?
Enfin, quel contrat doit conclure un fils qui souhaite s'engager, auprès d'un vendeur, à ce que son père lui achète un bien ? Une stipulation pour autrui ou une promesse de porte-fort ?

④ **Annonce du plan**

Il conviendra d'étudier, successivement, le débauchage du salarié (I), les désordres dans la maison (II), l'achat du tracteur par le père d'Elvis (III).

ATTENTION ! N'oubliez pas de justifier vos réponses et de les construire en trois parties :

- **les faits de l'espèce ;**
- **la règle de droit applicable ;**
- **la solution.**

Développement

I. Le débauchage d'un salarié

Les faits de l'espèce
Elvis a embauché un assistant en insérant, dans le contrat de travail, une clause de non-concurrence. Or, l'assistant a été débauché par un confrère, pour un poste identique. Elvis souhaite agir contre son confrère qui connaissait l'existence de la clause.

La règle de droit applicable
Principe. Selon les articles 1199 et 1200 du Code civil, « Le contrat ne crée d'obligations qu'entre les parties. », néanmoins,« Les tiers doivent respecter la situation juridique créée par le contrat. Ils peuvent s'en prévaloir notamment pour apporter la preuve d'un fait ».

Exception. Les tiers ne doivent pas se rendre complices de la violation d'une obligation contractuelle. En se fondant sur l'ancien article 1382 du Code civil (devenu art. 1240), la jurisprudence a décidé que toute personne qui, sciemment, aide autrui à enfreindre les obligations contractuelles pesant sur lui, commet une faute délictuelle à l'égard de la victime de l'infraction (Cass. com., 11 octobre 1971, *Bull. civ.* IV, n° 237). Tel est le cas lorsqu'une société a embauché l'employé d'un concurrent, tout en connaissant l'existence d'une clause de non-concurrence liant cet employé au concurrent (Cass. com., 23 avril 1985, *Bull. civ.* IV, n° 124).

La solution
Elvis peut, sur le fondement de l'article 1240 du Code civil, rechercher la responsabilité de son confrère, complice de la violation de l'obligation contractuelle de non-concurrence de l'assistant en le débauchant.

II. Les désordres dans la maison

Les faits de l'espèce
Elvis a fait construire une maison. Deux problèmes sont rapidement survenus. D'une part, les tuiles ont été posées maladroitement et sans précaution. Cela a entraîné des cassures et, dès les premières pluies, de grosses taches sur le plafond. D'autre part, les fenêtres présentent un défaut de fabrication. De la buée s'est durablement installée entre le double vitrage. Le maçon rejette toute responsabilité dès lors qu'il a fait appel à un sous-traitant pour la pose des tuiles. Elvis admet parfaitement que le maçon n'y est pour rien, il se demande alors à qui il peut demander réparation.

La règle de droit applicable
Un groupe de contrats est un ensemble de conventions présentant une unité économique :

- soit parce qu'elles portent sur un même objet (transmission successive d'un même bien, du fabricant au consommateur) ;
- soit parce qu'elles poursuivent un même but (sous-traitance, par un tiers, d'une prestation qu'un entrepreneur s'est engagé à exécuter pour un maître de l'ouvrage).

La jurisprudence a dû préciser si les membres extrêmes de la chaîne étaient des tiers, au sens des articles 1199 et suivants du Code civil, ou des cocontractants du groupe.

S'agissant des relations entre le maître de l'ouvrage et le sous-traitant
L'Assemblée plénière de la Cour de cassation a décidé que lorsque aucune chose n'a été transmise et que seule une prestation a été réalisée, l'action entre les différents « membres » d'une chaîne de contrats est délictuelle (Cass. ass. plén., 12 juillet 1991, arrêt *Besse*, *Bull. civ.* n° 5). Le sous-traitant n'est pas contractuellement lié au maître de l'ouvrage. Le maître de l'ouvrage et le sous-traitant sont des tiers.

S'agissant des relations entre le maître de l'ouvrage et le fabricant
L'Assemblée plénière a décidé, dans ce cas, que lorsqu'une chose a été l'objet d'une transmission par le biais de contrats identiques (chaîne homogène de contrat : vente + vente) ou différents (chaîne hétérogène de contrats : vente + contrat d'entreprise), le maître de l'ouvrage, comme le sous-acquéreur, jouit de tous les droits et actions attachés à la chose qui appartenait à son auteur. Il dispose donc, contre le fabricant, d'une

action contractuelle directe fondée sur la non-conformité de la chose livrée (Cass. ass. plén., 7 février 1986, arrêt *Produits céramiques de l'Anjou*, *Bull. civ.*, n° 2 [2 arrêts]). L'action contractuelle se transmet à titre accessoire d'une chose.

La solution

Elvis dispose d'une action de nature délictuelle contre le sous-traitant et d'une action de nature contractuelle contre le fabricant.

Pour l'application des dispositions relatives aux produits défectueux, voir p. 145.

III. L'achat du tracteur

Les faits de l'espèce

Elvis souhaiterait avoir un tracteur. Cependant, il ne peut pas l'acquérir lui-même. Pour s'engager, auprès d'un vendeur, à ce que son père achète un tracteur (avec l'accord de ce dernier), il se demande s'il faut conclure une stipulation pour autrui ou une promesse de porte-fort.

La règle de droit applicable

Selon l'article 1204 du Code civil « On peut se porter fort en promettant le fait d'un tiers. Le promettant est libéré de toute obligation si le tiers accomplit le fait promis. Dans le cas contraire, il peut être condamné à des dommages et intérêts. Lorsque le porte-fort a pour objet la ratification d'un engagement, celui-ci est rétroactivement validé à la date à laquelle le porte-fort a été souscrit. »

D'après l'article 1205 du Code civil « On peut stipuler pour autrui. L'un des contractants, le stipulant, peut faire promettre à l'autre, le promettant, d'accomplir une prestation au profit d'un tiers, le bénéficiaire. Ce dernier peut-être une personne future mais doit être précisement désigné ou pouvoir être déterminé lors de l'execution de la promesse. »

La solution

Elvis ne souhaite pas que le vendeur de tracteur s'engage à en vendre un à son père. Il veut s'engager lui-même, auprès du vendeur, à ce que son père achète un tracteur. Ce n'est donc pas une stipulation pour autrui mais une promesse de porte-fort qu'il doit conclure. Étant d'accord, le père ratifiera certainement la promesse.

En conclusion, Elvis va pouvoir rechercher la responsabilité délictuelle de son confrère et du poseur de tuiles et la responsabilité contractuelle du fabricant de ses fenêtres. Pour l'acquisition du tracteur, le contrat le plus approprié est une promesse de porte-fort.

Chapitre 3

L'inexécution du contrat

1 Commentaire d'article

sur la responsabilité contractuelle

> **Art. 1231-1 C. civ.**
>
> *(Ord. 2016-131 du 10 février 2016, art. 2)*
>
> Le débiteur est condamné, s'il y a lieu, au paiement de dommages et intérêts soit à raison de l'inexécution de l'obligation, soit à raison du retard dans l'exécution, s'il ne justifie pas que l'exécution a été empêchée par la force majeure.
>
> *Anc. art. 1147 C. civ.*

Préparation

1 Identifier
2 Analyser
3 Apprécier l'article
4 Élaborer un plan

1 Identification de l'article

Trois informations permettent d'identifier un article : sa date, son auteur et son support.

Support. Le Code civil.

Date. La référence de l'ordonnance 2016-131 au début l'article (ou du chapitre dans lequel il apparait), vous permet de savoir que ce texte a été inséré dans le Code civil lors de la réforme du droit des contrats de 2016.

Auteur. Le législateur de 2016.

2 Analyse de l'article

L'analyse de l'article consiste à définir ses principaux termes (la glose) et à décortiquer sa structure grammaticale et logique.

La glose

- **Le débiteur :** La personne tenue d'exécuter une obligation
- **est condamné :** est obligé de
- **s'il y a lieu :** si certaines conditions sont réunies
- **au paiement de dommages et intérêts :** au versement d'une somme d'argent, à une réparation en espèces
- **soit :** ou (alternatif)
- **à raison de l'inexécution de l'obligation :** à cause du non-respect de ce à quoi le débiteur s'était engagé
- **soit :** ou (alternatif)
- **à raison du retard dans l'exécution :** à cause du non-respect des délais que la personne s'était engagée à observer
- **s'il ne justifie pas :** dans l'hypothèse où le débiteur ne démontre pas
- **que l'exécution a été empêchée :** que le non-respect de l'engagement est dû
- **par la force majeure :** à un événement imprévisible, irrésistible et extérieur

La structure grammaticale et logique

Analyse grammaticale

L'article est composé d'une seule phrase contenant :

- *une proposition principale* : « **Le débiteur est condamné au payement de dommages et intérêts** » ;
- *et trois propositions subordonnées* :
  - « **s'il y a lieu** » ;
  - « **soit à raison de l'inexécution de l'obligation, soit à raison du retard dans l'exécution** » ;
  - « **s'il ne justifie pas que l'exécution a été empêchée par la force majeure** »

Analyse logique

L'article est constitué d'un seul alinéa. Il constitue le pilier de la responsabilité contractuelle.

Les rédacteurs ont posé le principe de la responsabilité contractuelle « **Le débiteur est condamné** (...) **au paiement de dommages et intérêts** », en précisant que cette responsabilité peut être mise en œuvre :

- dans certaines hypothèses : « **s'il y a lieu** » ;
- pour certaines raisons : « **soit à raison de l'inexécution de l'obligation, soit à raison du retard dans l'exécution** » ;
- à certaines conditions « **s'il** [le débiteur] **ne justifie pas que l'exécution a été empêchée par la force majeure** ».

3 Appréciation de l'article

Dans quel but cet article a-t-il été écrit ou modifié ?

Après avoir énoncé que le contrat était la loi des parties (anc. art. 1134 al. 1er ; nouv. art. 1103 C. civ.), les rédacteurs du Code civil, et le législateur de 2016, ont dû préciser quelles étaient les conséquences du non-respect du contrat, de la loi des parties, de la non-exécution de ses obligations par l'un des contractants.

Quelle solution l'article a-t-il apportée au problème posé ?

Les législateurs de 1804 et de 2016 ont posé :

- *un principe* : l'inexécution de l'obligation, ainsi que le retard dans l'exécution de l'obligation, entraîne, s'il y a lieu, la condamnation du débiteur au paiement de dommages et intérêts ;
- *une exception* : la condamnation n'a pas lieu si l'exécution a été empêchée par la force majeure ;

Comment ont réagi la jurisprudence, la doctrine, les professionnels ?

La doctrine et la jurisprudence ont considéré que l'expression « s'il y a lieu » signifiait que l'inexécution devait avoir entraîné un dommage, comme en matière de responsabilité délictuelle.

Elles distinguent :

- les obligations de moyens (anc. art. 1137 C. civ. – responsabilité pour faute) et les obligations de résultat (anc. art. 1147 C. civ. – responsabilité de plein droit) ;
- les intérêts compensatoires qui réparent l'inexécution et les intérêts moratoires dus en cas de retard dans l'exécution.

4 Élaboration du plan

Cet article est le pilier de la responsabilité contractuelle.

Il en énonce les effets :

- *au début,* en principe, « **Le débiteur est condamné** (...) **au paiement de dommages et intérêts** » ;
- *à la fin,* sauf « **s'il ne justifie** (...) **que l'exécution a été empêchée par la force majeure** ».

Il précise, *au milieu*, à quelles conditions la responsabilité contractuelle peut être recherchée :

- « **s'il y a lieu** » (si un dommage est survenu) ;
- « **soit à raison de l'inexécution de l'obligation, soit à raison du retard dans l'exécution** ».

Même si, pour des raisons de clarté et de style, les législateurs de 1804 et 2016 ont énoncé les effets de la responsabilité contractuelle avant les conditions, il est plus cohérent, pour votre commentaire, d'inverser cet ordre.

Le plan du commentaire peut donc être :

Le plan

I. Les conditions de la responsabilité contractuelle
   A. Un défaut d'exécution ou un retard dans l'exécution du contrat
   B. Un dommage dû à l'inexécution du contrat
II. Les effets de la responsabilité contractuelle
   A. Principe : condamnation du débiteur au payement de dommages et intérêts
   B. Exception : exonération du débiteur en cas de force majeure

Introduction

L'introduction (environ 1/3 du devoir) comporte plusieurs étapes.

ÉTAPES

① Champ de l'article

Lorsque le créancier d'une obligation née d'un contrat légalement formé n'en obtient pas l'exécution, il peut engager la responsabilité contractuelle de son partenaire.

② Problème traité par l'article

Après avoir énoncé que le contrat était la loi des parties (anc. art. 1134, al. 1er, C. civ. ; nouv. art. 1103), les rédacteurs du Code civil ont dû préciser quelles étaient les conséquences du non-respect du contrat, de la non-exécution de ses obligations par l'un des contractants.
Ils ont posé :

- *un principe :* l'inexécution de l'obligation, ainsi que le retard dans l'exécution de l'obligation, entraîne, s'il y a lieu, la condamnation du débiteur au paiement de dommages et intérêts ;
- *une exception :* la condamnation n'a pas lieu si l'exécution a été empêchée par la force majeure ;

③ Citation et situation de l'article dans le temps et l'espace

L'article 1231-1 du Code civil est le deuxième de la dernière sous-section : « La réparation du préjudice résultant de l'inexécution du contrat », de la section relative à « L'inexécution du contrat ». Il dispose, depuis 1804, avec seulement une reformulation plus claire en 2016 : « Le débiteur est condamné, s'il y a lieu, au paiement de dommages et intérêts, soit à raison de l'inexécution de l'obligation, soit à raison du retard dans l'exécution, s'il ne justifie pas que l'exécution a été empêchée par la force majeure »
La doctrine, comme la pratique, ont considéré que l'expression « s'il y a lieu » signifiait que l'inexécution devait avoir entraîné un dommage, comme en matière de responsabilité délictuelle. Il est désormais admis que cet article est le pilier de la responsabilité contractuelle.

④ Annonce du plan

Il pose les conditions (I) et les effets (II) de celle-ci.

ATTENTION ! Cet article énonce l'essentiel des conditions et des effets de la responsabilité contractuelle. Soyez donc attentif à ne pas déraper vers une dissertation sur « La responsabilité contractuelle ». Cela vous conduirait à aborder *la mise en demeure* et les *clauses influant sur la réparation* alors que ces thèmes ne sont pas envisagés par l'article 1231-1. Veillez donc à « coller » aux termes de l'article, même si cela vous amène, par ricochet, à faire référence à d'autres textes.

Développement

I. Les conditions de la responsabilité contractuelle

Pour que la responsabilité d'un contractant puisse être recherchée, il faut que celui-ci n'ait pas exécuté ou ait exécuté tardivement son obligation (A) et qu'il en ait résulté un préjudice pour le créancier (B).

A. Un défaut d'exécution ou un retard dans l'exécution du contrat

La mise en jeu de la responsabilité contractuelle suppose l'existence et l'inexécution d'un contrat. Il peut s'agir d'une inexécution totale (rien n'a été livré) ou partielle (une partie de la commande est livrée), définitive ou temporaire.

La preuve de l'inexécution appartient au créancier. Elle diffère selon que le débiteur était tenu d'une obligation de moyens ou d'une obligation de résultat. En effet, il est admis, depuis Demogue, qu'il existe deux types d'obligations contractuelles.

Le débiteur est tenu à une obligation de moyens lorsqu'il s'est engagé à mettre en œuvre tous les moyens possibles pour exécuter le contrat (anc. art. 1137 C. civ.). Il en est ainsi du médecin qui ne s'engage pas à guérir le patient mais à tout mettre en œuvre pour le soigner. Pour engager la responsabilité du débiteur, pour inexécution du contrat, le créancier doit démontrer que celui-là a commis une faute, qu'il n'a pas tout mis en œuvre pour exécuter son obligation.

Le débiteur est tenu à une obligation de résultat lorsqu'il s'est engagé à exécuter le contrat, à atteindre le but fixé par le contrat sans aléa (anc. art. 1147 C. civ.). Tel est le cas d'un transporteur qui s'engage à mener les marchandises à destination, en bon état et à la date prévue. Dans ce cas, le créancier n'a pas à rapporter la preuve d'une faute pour rechercher la responsabilité du débiteur. La simple inexécution de l'obligation suffit. Le débiteur est de plein droit responsable.

L'inexécution du contrat par le débiteur ne suffit pas pour engager sa responsabilité contractuelle. Il faut que celle-ci ait entraîné un dommage.

B. Un dommage dû à l'inexécution du contrat

L'obligation de prouver que l'inexécution est à l'origine d'un dommage ressort de l'expression « s'il y a lieu », de l'article 1231-1 du Code civil. L'inexécution de l'obligation ne fait pas présumer le dommage. Il a par exemple été jugé que « l'existence de l'enfant qu'elle a conçu ne peut, à elle seule [c'est-à-dire en l'absence d'un dommage particulier ajouté aux charges normales de la maternité], constituer pour sa mère un préjudice juridiquement réparable, même si la naissance est survenue après une intervention pratiquée sans succès en vue de l'interruption de la grossesse » (Cass. 1re civ., 25 juin 1991, *Bull. civ.* I, n° 213).

Le dommage peut être matériel, corporel ou moral. Dans tous les cas, le préjudice doit être certain. Les juges acceptent d'accorder réparation pour les dommages futurs, mais pas pour les dommages éventuels. Le préjudice doit également avoir un lien de causalité suffisant avec l'inexécution. Il faut qu'il soit, selon les termes de l'article 1231-4 du Code civil, la « suite immédiate et directe de l'inexécution ». La distinction entre préjudice direct et préjudice indirect est parfois délicate. La jurisprudence admet la réparation de la perte d'une chance, à condition que celle-ci ait été sérieuse.

Outre ces caractères, également requis en matière de responsabilité délictuelle, le préjudice contractuel doit avoir été raisonnablement prévisible lors de la conclusion du contrat, à moins que le débiteur ait commis une faute lourde ou dolosive. Cela ressort de l'article 1231-3 du Code civil. Le transporteur qui perd une malle dont il ignore le contenu indemnise le préjudice lié à la perte d'une malle contenant des objets « classiques » même si celle-ci contenait des objets précieux.

Outre les conditions, l'article 1231-1du Code civil énonce les effets de la responsabilité contractuelle.

II. Les effets de la responsabilité contractuelle

Lorsque les conditions pour rechercher sa responsabilité contractuelle sont réunies, le débiteur de l'obligation est en principe condamné au paiement de dommages et intérêts (A), à moins que l'exécution ait été empêchée par la force majeure (B).

A. Principe : condamnation du débiteur au payement de dommages et intérêts

En principe, la réparation du dommage se fait « en nature », par la remise de la chose en état (art. 1221 C. civ.) ou par l'exécution du contrat par un tiers (art. 1222 C. civ.). Lorsque cela n'est pas possible, la réparation se fait « par équivalent », par l'octroi de dommages et intérêts. Il en est notamment ainsi pour les obligations qui supposent une « exécution » (par opposition à une inexécution : non concurrence), afin d'éviter d'exercer une contrainte physique contre le débiteur. Il existe deux sortes de dommages et intérêts :

- *les dommages et intérêts compensatoires*, destinés à réparer le préjudice que cause l'inexécution (autre que le retard) du contrat ;
- *les dommages et intérêts moratoires* sanctionnent le retard du débiteur dans l'exécution des obligations (art. 1231-6 C. civ.). En principe, ces dommages et intérêts « dans l'intérêt au taux légal, à compter de la mise en demeure) » (*ibid.*). Ils s'ajoutent à l'exécution en nature ou à l'octroi de dommages et intérêts compensatoires.

Le principe de la réparation par l'attribution de dommages et intérêts admet une exception.

B. Exception : exonération du débiteur en cas de force majeure

La force majeure est envisagée à l'article 1218 du Code civil. Selon ce texte : « Il y a force majeure en matière contractuelle lorsqu'un événement échappant au contrôle du débiteur, qui ne pouvait être raisonnablement prévu lors de la conclusion du contrat et dont les effets ne peuvent être évités par des mesures appropriées, empêche l'exécution de son obligation par le débiteur.
Si l'empêchement est temporaire, l'exécution de l'obligation est suspendue à moins que le retard qui en résulterait ne justifie la résolution du contrat. Si l'empêchement est définitif, le contrat est résolu de plein droit et les parties sont libérées de leurs obligations (...) ».

Le fait du tiers et la faute de la victime peuvent également exonérer le débiteur soit totalement, s'il présente les caractères de la force majeure, soit partiellement si, au contraire, il ou elle ne présente pas les caractères de la force majeure. Dans ce dernier cas, il y a partage de responsabilité entre le débiteur et le tiers, ou la victime.

Tels sont donc, en principe, les conditions et les effets principaux de la responsabilité contractuelle. Le Code civil permet toutefois d'aménager les conséquences de l'inexécution du contrat *via* plusieurs clauses.

2 Commentaire d'arrêt

sur la responsabilité médicale

Cass. ass. plén., 17 novembre 2000, *Bull. civ.*, n° 9

Arrêt *Perruche*

Sur le deuxième moyen, pris en sa première branche du pourvoi principal formé par les époux X..., et le deuxième moyen du pourvoi provoqué, réunis, formé par la caisse primaire d'assurance-maladie de l'Yonne :

Vu les articles 1165 et 1382 du Code civil ;

Attendu qu'un arrêt rendu le 17 décembre 1993 par la cour d'appel de Paris a jugé, de première part, que M. Y..., médecin, et le Laboratoire de biologie médicale de Yerres, aux droits duquel est M. A..., avaient commis des fautes contractuelles à l'occasion de recherches d'anticorps de la rubéole chez Mme X... alors qu'elle était enceinte, de deuxième part, que le préjudice de cette dernière, dont l'enfant avait développé de graves séquelles consécutives à une atteinte *in utero* par la rubéole, devait être réparé dès lors qu'elle avait décidé de recourir à une interruption volontaire de grossesse en cas d'atteinte rubéolique et que les fautes commises lui avaient fait croire à tort qu'elle était immunisée contre cette maladie, de troisième part, que le préjudice de l'enfant n'était pas en relation de causalité avec ces fautes ; que cet arrêt ayant été cassé en sa seule disposition relative au préjudice de l'enfant, l'arrêt attaqué de la Cour de renvoi dit que « l'enfant Nicolas X... ne subit pas un préjudice indemnisable en relation de causalité avec les fautes commises » par des motifs tirés de la circonstance que les séquelles dont il était atteint avaient pour seule cause la rubéole transmise par sa mère et non ces fautes et qu'il ne pouvait se prévaloir de la décision de ses parents quant à une interruption de grossesse ;

Attendu, cependant, que dès lors que les fautes commises par le médecin et le laboratoire dans l'exécution des contrats formés avec Mme X... avaient empêché celle-ci d'exercer son choix d'interrompre sa grossesse afin d'éviter la naissance d'un enfant atteint d'un handicap, ce dernier peut demander la réparation du préjudice résultant de ce handicap et causé par les fautes retenues ;

Par ces motifs, et sans qu'il soit nécessaire de statuer sur les autres griefs de l'un et l'autre des pourvois :

Casse et annule, en son entier, l'arrêt rendu le 5 février 1999, entre les parties, par la cour d'appel d'Orléans ; remet, en conséquence, la cause et les parties dans l'état où elles se trouvaient avant ledit arrêt et, pour être fait droit, les renvoie devant la cour d'appel de Paris, autrement composée que lors de l'audience du 17 décembre 1993.

Préparation

1 Identifier
2 Analyser
3 Apprécier l'arrêt
4 Élaborer un plan

1 Identification de l'arrêt

Date. Le 17 novembre 2000.

Juridiction. L'Assemblée plénière de la Cour de cassation. L'Assemblée plénière n'est saisie que dans des cas particuliers (voir p. 109) et ses décisions tranchent toujours des questions importantes.

2 Analyse de l'arrêt

Structure de l'arrêt L'analyse de l'arrêt consiste à en rechercher la structure pour constituer la « fiche de l'arrêt » ou « fiche de jurisprudence ».

Cass. ass. plén., 17 novembre 2000, *Bull. civ.*, n° 9
Arrêt *Perruche*

Le pourvoi principal a plusieurs fondements mais seul le 2e est reproduit

Le pourvoi provoqué a plusieurs fondements mais seul le 2e est reproduit

Visa

Solution de la première cour d'appel saisie de l'affaire

Solution de la Cour de cassation lors de son premier examen de l'affaire

Solution de la cour d'appel de renvoi

Eléments retenus par la Cour de cassation lors de son 2nd examen de l'affaire, réunie en Assemblée plénière

Solution de l'Assemblée plénière

Dispositif

Sur le deuxième moyen, pris en sa première branche du pourvoi principal formé par les époux X..., et le deuxième moyen du pourvoi provoqué, réunis, formé par la caisse primaire d'assurance maladie de l'Yonne :

Vu les articles 1165 et 1382 du Code civil ;

Attendu qu'un arrêt rendu le 17 décembre 1993 par la cour d'appel de Paris a jugé, de première part, que M. Y..., médecin, et le Laboratoire de biologie médicale de Yerres, aux droits duquel est M. A..., avaient commis des fautes contractuelles à l'occasion de recherches d'anticorps de la rubéole chez Mme X... alors qu'elle était enceinte, de deuxième part, que le préjudice de cette dernière, dont l'enfant avait développé de graves séquelles consécutives à une atteinte *in utero* par la rubéole, devait être réparé dès lors qu'elle avait décidé de recourir à une interruption volontaire de grossesse en cas d'atteinte rubéolique et que les fautes commises lui avaient fait croire à tort qu'elle était immunisée contre cette maladie, de troisième part, que le préjudice de l'enfant n'était pas en relation de causalité avec ces fautes ; que cet arrêt ayant été cassé en sa seule disposition relative au préjudice de l'enfant l'arrêt attaqué de la Cour de renvoi dit que « l'enfant Nicolas X... ne subit pas un préjudice indemnisable en relation de causalité avec les fautes commises » par des motifs tirés de la circonstance que les séquelles dont il était atteint avaient pour seule cause la rubéole transmise par sa mère et non ces fautes et qu'il ne pouvait se prévaloir de la décision de ses parents quant à une interruption de grossesse ;

Attendu, cependant, que dès lors que les fautes commises par le médecin et le laboratoire dans l'exécution des contrats formés avec Mme X... avaient empêché celle-ci d'exercer son choix d'interrompre sa grossesse afin d'éviter la naissance d'un enfant atteint d'un handicap, ce dernier peut demander la réparation du préjudice résultant de ce handicap et causé par les fautes retenues ;

Par ces motifs, et sans qu'il soit nécessaire de statuer sur les autres griefs de l'un et l'autre des pourvois :

Casse et annule, en son entier, l'arrêt rendu le 5 février 1999, entre les parties, par la cour d'appel d'Orléans ; remet, en conséquence, la cause et les parties dans l'état où elles se trouvaient avant ledit arrêt et, pour être fait droit, les renvoie devant la cour d'appel de Paris, autrement composée que lors de l'audience du 17 décembre 1993.

PRÉCISIONS.

- **Pourvoi principal : recours contre une décision, en dernier ressort, portée devant la Cour de cassation.**
- **Pourvoi incident : recours émanant de la partie défenderesse au pourvoi principal.**
- **Pourvoi provoqué : recours émanant d'une partie contre laquelle n'a pas été formé le pourvoi principal**

Fiche de l'arrêt

(Cinq rubriques, quelle que soit la décision à commenter)

1 Faits

Une femme enceinte, Madame Perruche, a fait des examens visant à rechercher, chez elle, la présence d'anticorps de la rubéole. En cas d'atteinte rubéolique, elle avait fait connaître son intention de recourir à une intervention volontaire de grossesse.

REMARQUE. Art. L. 2213-1, al. 1er, CSP : « L'interruption volontaire d'une grossesse peut, à toute époque, être pratiquée si deux médecins membres d'une équipe pluridisciplinaire attestent, après que cette équipe a rendu son avis consultatif, soit que la poursuite de la grossesse met en péril grave la santé de la femme, soit qu'il existe une forte probabilité que l'enfant à naître soit atteint d'une affection d'une particulière gravité reconnue comme incurable au moment du diagnostic. »

Le médecin et le laboratoire ont annoncé à la future mère qu'elle était immunisée contre cette maladie. Celle-ci a donc renoncé à recourir à une IVG. Or, le médecin et le laboratoire s'étaient trompés et l'enfant a développé de graves séquelles consécutives à une atteinte, *in utero*, par la rubéole.

2 Procédure

Cet arrêt a été rendu par l'Assemblée plénière de la Cour de cassation, après un second pourvoi. En effet, la Cour de cassation avait déjà été saisie de l'affaire une première fois mais sa solution n'avait pas été suivie par la cour d'appel de renvoi. La procédure a donc été longue et complexe.

La mère a demandé réparation, au médecin et au laboratoire, de son propre préjudice. Avec son époux, elle leur a également demandé réparation, au nom de l'enfant, du préjudice subi par ce dernier.

Le 17 décembre 1993, la cour d'appel de Paris a estimé que les défendeurs avaient commis des fautes contractuelles à l'occasion des recherches d'anticorps de la rubéole. Elle les a condamnés à réparer le préjudice subi par la mère. En revanche, elle a écarté la demande de réparation faite au nom de l'enfant au motif que le préjudice de celui-ci n'était pas en relation de causalité avec les fautes reconnues.

La Cour de cassation a cassé cet arrêt en sa seule disposition relative au préjudice de l'enfant (Cass. 1re civ., 26 mars 1996, *Bull. civ.* I, n° 156).

Vous trouverez cette référence en cherchant « Médecine » puis « Responsabilité civile » puis « naissance avec handicap », dans l'index du Code civil [Dalloz].

Le 5 février 1999, la cour d'appel d'Orléans ne s'est pas inclinée devant la solution de la Cour de cassation. Elle a estimé, comme la cour d'appel de Paris, que l'enfant ne subissait pas un préjudice indemnisable en relation de causalité avec les fautes commises.

Les parents se sont pourvus en cassation.

3 Arguments des parties

- *Arguments des parents* : la mère avait clairement exprimé sa volonté, en cas d'atteinte rubéolique, de procéder à une IVG. Ce sont les fautes du médecin et du laboratoire qui l'ont conduite à ne pas agir ainsi. Ces fautes sont à l'origine du dommage subi par l'enfant, souffrant de graves handicaps.
- *Arguments des défendeurs (le médecin, le laboratoire et la Caisse Primaire d'Assurance Maladie)* : l'enfant ne subit pas un préjudice indemnisable en relation de causalité avec les fautes commises. Les séquelles dont il est atteint ont pour seule cause la rubéole transmise par sa mère et non les erreurs des défendeurs. Il ne peut se prévaloir de la décision de ses parents quant à une IVG.

4 Problème juridique

Un enfant né handicapé, parce qu'une erreur de diagnostic commise par un médecin et un laboratoire a fait renoncer sa mère à pratiquer une IVG, peut-il agir en responsabilité contre ces professionnels ?

5 Solution

L'Assemblée plénière de la Cour de cassation a répondu par l'affirmative. Elle a cassé l'arrêt de la cour d'appel d'Orléans en visant les anciens articles 1165 et 1382 du Code civil.

3 Appréciation de l'arrêt

Vous devez déterminer le sens, la valeur et la portée de l'arrêt, à l'aide de ce que vous avez appris en cours et de l'ensemble de vos connaissances.

Le sens de l'arrêt

**Qu'est-ce que les juges ont décidé ? Qu'ont-ils déclaré ?
Qu'ont-ils répondu aux parties ? Ont-ils sanctionné ou approuvé
la décision de la cour d'appel ?**

La Haute juridiction, réunie en assemblée plénière, a cassé l'arrêt de la cour d'appel de renvoi et a fait droit à la demande des parents. Elle a accordé réparation à l'enfant. Visant les anciens articles 1165 et 1382 du Code civil, relatif à l'effet relatif des contrats à l'égard des tiers et la responsabilité extracontractuelle (dont les dispositions ont été reprises aux articles 1199 et suivants et 1240), les hauts magistrats ont énoncé que, dès lors que les fautes commises par le médecin et le laboratoire dans l'exécution des contrats formés avec la mère avaient empêché celle-ci d'exercer son choix d'interrompre sa grossesse, afin d'éviter la naissance d'un enfant atteint d'un handicap, ce dernier pouvait demander la réparation du préjudice résultant de ce handicap et causé par les fautes retenues.

La valeur de l'arrêt

**Pourquoi les juges ont-ils pris cette décision ? Pouvaient-ils juger autrement ?
Quelles règles ont-ils appliquées ? Était-ce prévisible ?
Est-ce un revirement de jurisprudence, une décision isolée ?**

Conformément à l'ancien article 1165 du Code civil, l'enfant n'était qu'un tiers au contrat liant sa mère au médecin et au laboratoire. La responsabilité contractuelle de ceux-ci ne pouvait pas être recherchée par celui-là.

En revanche, conformément à l'ancien article 1382 du même code, la responsabilité délictuelle de ces professionnels pouvait parfaitement être retenue, selon les hauts magistrats, dès lors que l'enfant subissait un préjudice (son handicap), que le médecin et le laboratoire avaient commis une faute (erreur lors des analyses) et qu'il y avait un lien de causalité entre le préjudice subi par le premier et les fautes commises par les seconds.

La solution était prévisible dès lors que la première chambre civile de la Cour de cassation avait déjà statué ainsi, dans cette même affaire, quelques années auparavant.

La portée de l'arrêt

? Quelles vont être les conséquences de l'arrêt ? Que va-t-il se passer pour les prochaines affaires similaires ? Les parties seront-elles mieux protégées, plus libres ? Sera-t-il plus opportun de se prévaloir d'autres règles de droit ? Quelle va être la réaction du législateur ? Va-t-il devoir légiférer ? La jurisprudence risque-t-elle de changer ?

Cet arrêt a déclenché une vive polémique. D'une part, les spécialistes de la médecine prénatale ont craint de voir leur responsabilité civile systématiquement engagée, en cas de malformations fœtales non détectées. D'autre part, la doctrine a largement critiqué cette solution, estimant que les règles de la responsabilité délictuelle n'étaient pas respectées. Selon ces auteurs, il n'y avait pas de lien de causalité entre les fautes et le dommage, et cette solution revenait à reconnaître que le fait d'être né pouvait constituer un préjudice. Enfin, les associations de parents d'enfants handicapés s'insurgèrent contre l'idée selon laquelle il valait mieux ne pas naître plutôt que de naître handicapé.

L'Assemblée plénière a maintenu sa position, en 2001, et le législateur est intervenu, en 2002.

Désormais, selon l'article L. 114-5 du Code de l'action sociale et des familles : *« Nul ne peut se prévaloir d'un préjudice du seul fait de sa naissance (...) »*.

Vous trouverez les décisions rendues après l'arrêt *Perruche* et l'article du Code de l'action sociale et des familles en cherchant :

- **« Médecine » puis « Responsabilité civile » puis « naissance avec handicap », dans l'index du Code civil [Dalloz].**
- **« Handicapés » et « Préjudice du fait de la naissance », dans l'index du Code civil [LexisNexis].**

4 Élaboration du plan

L'intérêt de l'arrêt (la raison pour laquelle il est connu) est d'avoir énoncé que dès lors que les fautes commises par un médecin et un laboratoire, dans l'exécution des contrats formés avec une femme enceinte, avaient empêché celle-ci d'exercer son choix d'interrompre sa grossesse, afin d'éviter la naissance d'un enfant atteint d'un handicap, ce dernier pouvait demander, au médecin et au laboratoire, la réparation du préjudice résultant de ce handicap et causé par les fautes retenues. La responsabilité médicale concerne le cas particulier de la naissance d'un enfant handicapé. Vous devez étudier cela dans le **I.B.**

Avant d'envisager ce cas particulier, vous devez présenter, dans le **I.A.**, les principes de la responsabilité médicale et, surtout, les différentes fautes susceptibles d'entraîner la responsabilité médicale. Vous devez utiliser le **I.A.** pour introduire et comprendre la particularité du **I.B.**

Votre **I.** concerne donc : L'application des règles de la responsabilité médicale à la naissance d'un enfant handicapé.

L'arrêt *Perruche* est un des rares arrêts à avoir été autant critiqué. Il a divisé la communauté des juristes et l'ensemble de la société. Vous devez expliquer quels ont été ces reproches, pour quelles raisons l'application des règles de la responsabilité médicale à la naissance d'un enfant handicapé a paru inadaptée. De plus, l'arrêt date de 2000 et les vives critiques dont il a fait l'objet ont entraîné de nombreuses conséquences.

Vous pouvez donc envisager les raisons des critiques dans le **II.A.** et leurs conséquences dans le **II.B.**

Votre **II.** concerne alors : L'inadaptation des règles de la responsabilité médicale à la naissance d'un enfant handicapé

Le plan du commentaire peut donc être :

Le plan

I. L'application des règles de la responsabilité médicale à la naissance d'un enfant handicapé
   A. Les fautes susceptibles d'entraîner la responsabilité médicale
   B. La particularité de la naissance d'un enfant handicapé

II. L'inadaptation des règles de la responsabilité médicale à la naissance d'un enfant handicapé
   A. Les raisons de cette inadaptation
   B. Les conséquences de cette inadaptation

ATTENTION ! L'arrêt *Perruche* a suscité de vifs débats juridiques, philosophiques et éthiques sur, notamment, le respect de la personne humaine et le droit à la vie. Cependant, votre correcteur n'attend pas de vous que vous exposiez ces éléments de manière subjective, en prenant parti. Vous ne rédigez pas un article pour exprimer votre opinion au grand public, mais un commentaire d'arrêt pour obtenir un diplôme. Vous devez respecter la méthode de l'exercice demandé. Vous pouvez, certes, exposer brièvement les réactions suscitées par l'arrêt, mais vous devez vous concentrer sur son importance d'un point de vue juridique, en droit des obligations, eu égard aux règles relatives à la responsabilité contractuelle et délictuelle.

Introduction

L'introduction reprend les éléments exposés dans la fiche de l'arrêt en faisant en sorte qu'ils s'enchaînent.

ÉTAPES

① Phrase d'accroche

Certains arrêts sont tellement importants qu'ils dépassent le seul débat juridique. Tel fut le cas de l'arrêt *Perruche*.

② Faits

Une femme enceinte, Madame Perruche, a fait des examens visant à rechercher, chez elle, la présence d'anticorps de la rubéole. En cas d'atteinte rubéolique, elle avait fait connaître son intention de recourir à une intervention volontaire de grossesse.
Le médecin et le laboratoire ont annoncé à la future mère qu'elle était immunisée contre cette maladie. Celle-ci a donc renoncé à recourir à une IVG. Or, le médecin et le laboratoire s'étaient trompés et l'enfant a développé de graves séquelles consécutives à une atteinte, *in utero*, par la rubéole.

③ Procédure

La mère a demandé réparation, au médecin et au laboratoire, de son propre préjudice. Avec son époux, elle leur a également demandé réparation, au nom de l'enfant, du préjudice subi par ce dernier.
Le 17 décembre 1993, la cour d'appel de Paris a estimé que les défendeurs avaient commis des fautes contractuelles à l'occasion des recherches d'anticorps de la rubéole. Elle les a condamnés à réparer le préjudice subi par la mère. En revanche, elle a écarté la demande de réparation faite au nom de l'enfant au motif que le préjudice de celui-ci n'était pas en relation de causalité avec les fautes reconnues.
Le 26 mars 1996, la Cour de cassation a cassé cet arrêt en sa seule disposition relative au préjudice de l'enfant.
Le 5 février 1999, la cour d'appel d'Orléans ne s'est pas inclinée devant la solution de la Cour de cassation. Elle a estimé, comme la cour d'appel de Paris, que l'enfant ne subissait pas un préjudice indemnisable en relation de causalité avec les fautes commises.
Les parents se sont pourvus en cassation.

④ Argument des parties

Ils arguaient que la mère avait clairement exprimé sa volonté, en cas d'atteinte rubéolique, de procéder à une IVG. Ce sont les fautes du médecin et du laboratoire qui l'ont conduite à ne pas agir ainsi. Ces fautes sont à l'origine du dommage subi par l'enfant, souffrant de graves handicaps.
Le médecin, le laboratoire et la CPAM, défendeurs, arguaient que l'enfant ne subissait pas un préjudice indemnisable en relation de causalité avec les fautes commises. Les séquelles dont il était atteint avaient pour seule cause la rubéole transmise par sa mère et non les erreurs des défendeurs. Il ne pouvait pas se prévaloir de la décision de ses parents quant à une IVG.

⑤ Problème juridique

La question posée à l'Assemblée plénière était donc de savoir si un enfant né handicapé, parce qu'une erreur de diagnostic commise par un médecin et un laboratoire a fait renoncer sa mère à pratiquer une IVG, peut agir en responsabilité contre ces professionnels.

⑥ Solution de l'arrêt à commenter

Les hauts magistrats ont répondu par l'affirmative. Ils ont cassé l'arrêt de la cour d'appel d'Orléans en visant les anciens articles 1165 et 1382 du Code civil.

⑦ Annonce du plan

L'arrêt *Perruche* a ainsi appliqué des règles de la responsabilité médicale à la naissance d'un enfant handicapé (I), mais cela était inadapté (II).

Développement

I. I. L'application des règles de la responsabilité médicale à la naissance d'un enfant handicapé

Plusieurs fautes sont susceptibles d'entraîner la responsabilité d'un médecin (A), l'arrêt Perruche concerne le cas particulier de la naissance d'un enfant handicapé (B).

A. Les fautes susceptibles d'entraîner la responsabilité médicale

Depuis 1936, la jurisprudence admet que la responsabilité du médecin, à l'égard de son patient, est de nature contractuelle. « Il se forme entre le médecin et son client un véritable contrat comportant pour le praticien l'engagement de donner des soins attentifs, consciencieux et, sous réserve faite de circonstances exceptionnelles, conformes aux données acquises de la science » (Cass. civ., 20 mai 1936, « Mercier » *DP,* 1936, 1, p. 88). Le médecin est donc tenu, à l'égard de son patient, à une obligation de moyens. Sa responsabilité peut être retenue en cas de faute dans l'exécution d'un acte (erreur de trajet dans une biopsie – Cass. 1re civ., 13 octobre 1999, pourvoi n° 97-21451), en cas d'omission de prescription de mesures de surveillance appropriées (Cass. 1re civ., 21 juin 2005, *Bull. civ.* I, n° 274)...

À l'égard des tiers, la jurisprudence admettait déjà, avant l'affaire « Perruche », que les tiers à un contrat sont fondés à invoquer l'exécution défectueuse de celui-ci lorsqu'elle leur a causé un dommage, sans avoir à rapporter d'autres preuves. Ils agissent alors sur le fondement de l'article 1240 du Code civil. Dès lors, par exemple, qu'une clinique a commis une faute contractuelle vis-à-vis de son patient, les parents de celui-ci peuvent invoquer cette même faute à l'appui de leur action délictuelle tendant à la réparation de leur préjudice par ricochet (Cass. 1re civ., 18 juillet 2000, *Bull. civ.* I, n° 221 – Cass. ass. plén., 6 octobre 2006, *Bull. civ.,* n° 9).

La faute reprochée au médecin était particulière, dans l'arrêt *Perruche*, car elle avait entraîné la naissance d'un enfant handicapé.

Vous trouverez ces exemples, et d'autres en cherchant :

- **« Médecine » puis « Responsabilité civile » dans l'index du Code civil Dalloz ;**
- **« Médecin » puis « Responsabilité » dans l'index du Code civil LexisNexis**

B. La particularité de la naissance d'un enfant handicapé

Dans l'affaire commentée, l'erreur du médecin et du laboratoire avait été reconnue. Elle avait permis à la mère d'obtenir réparation. Cela avait été approuvé par la Cour de cassation, lors du premier pourvoi, et n'était pas examiné par l'Assemblée plénière.

Conformément à l'ancien article 1165 du Code civil, l'enfant n'était qu'un tiers au contrat liant sa mère au médecin et au laboratoire. La responsabilité contractuelle de ceux-ci ne pouvait pas être recherchée par celui-là. En revanche, conformément à l'ancien article 1382 du même code, la responsabilité délictuelle de ces professionnels pouvait parfaitement être engagée si l'enfant subissait un préjudice, si le médecin et le laboratoire avaient commis une faute et s'il y avait un lien de causalité entre le préjudice subi par le premier et les fautes commises par les seconds.

La faute ne faisant aucun doute, les magistrats se sont surtout penchés sur le dommage et le lien de causalité. Selon eux, dès lors que les fautes commises par le médecin et le laboratoire avaient empêché la mère d'exercer son choix d'interrompre sa grossesse, afin d'éviter la naissance d'un enfant atteint d'un handicap, ce dernier pouvait demander la réparation du préjudice résultant de ce handicap et causé par les fautes retenues, au médecin et au laboratoire. Les hauts magistrats ont estimé que l'enfant subissait un préjudice « résultant de ce handicap » et, de manière implicite, qu'il y avait un lien de causalité entre celui-ci et les fautes commises.

La solution était prévisible puisque la première chambre civile avait déjà statué ainsi, dans cette affaire, en 1996. Elle fut cependant très vivement critiquée.

II. L'inadaptation des règles de la responsabilité médicale à la naissance d'un enfant handicapé

L'arrêt *Perruche* a été critiqué pour différentes raisons (A), ce qui a entraîné de nombreuses conséquences (B).

A. Les raisons de cette inadaptation

Si l'existence des fautes n'a jamais été contestée, tel ne fut pas le cas pour le dommage et le lien de causalité.

D'abord, s'agissant de l'existence du lien de causalité entre les fautes des professionnels de la santé et le préjudice subi par l'enfant, la doctrine a fait valoir que celles-ci avaient conduit la mère à ne pas procéder à l'avortement, et non à transmettre la maladie. Les fautes n'ont pas entraîné le handicap mais la naissance de l'enfant qui, dès lors qu'il naissait, ne pouvait qu'être handicapé.

La doctrine a ensuite fait valoir que, contrairement à ce qu'a semblé annoncer la Cour de cassation, dans une formule laconique, le préjudice de l'enfant n'était pas d'être né *handicapé* (puisqu'il ne pouvait naître sain) mais d'être *né* (puisque sa mère aurait pu avorter). L'enfant n'obtenait pas réparation pour être né handicapé mais, en réalité, pour être né. Cela revenait à dire qu'il valait mieux ne pas naître que de naître handicapé.

Or, même si vivre handicapé peut présenter plus d'inconvénients que de ne pas vivre, même si l'avortement est autorisé, pour motif thérapeutique, dans des cas similaires à celui étudié, la majorité de la doctrine et de la société s'est insurgée contre l'idée que la vie pouvait constituer un préjudice. Beaucoup y ont vu un risque de dérive vers l'eugénisme. Les plus pessimistes avancèrent que les enfants handicapés allaient pouvoir reprocher à leur mère de ne pas avoir avorté, quand le handicap avait été détecté *in utero*. Les spécialistes de la médecine prénatale ont craint de voir leur responsabilité civile systématiquement engagée en cas de malformations fœtales non détectées. Leurs primes d'assurance ont considérablement augmenté.

Toutes ces critiques ont eu d'importantes conséquences, et ce d'autant que la Cour de cassation a maintenu sa position en 2001 (voir par exemple : Cass. ass. plén., 13 juillet 2001, 3 arrêts, *Bull. civ.*, n° 10).

B. Les conséquences de cette inadaptation

Le législateur dut intervenir. Selon l'article 1er de la loi n° 2002-303 du 4 mars 2002, relative aux droits des malades et à la qualité du système de santé, codifié à l'article L. 114-5 du Code de l'action sociale et des familles par la loi n° 2005-102 du 11 février 2005 relative aux personnes handicapées : « Nul ne peut se prévaloir d'un préjudice du seul fait de sa naissance.

La personne née avec un handicap dû à une faute médicale peut obtenir la réparation de son préjudice lorsque l'acte fautif a provoqué directement le handicap ou l'a aggravé, ou n'a pas permis de prendre les mesures susceptibles de l'atténuer. (...) »

En 2005, la Cour européenne des droits de l'homme a condamné la France au motif que l'application immédiate de l'article 1er de la loi de 2002 avait privé les familles d'enfants nés handicapés d'une espérance légitime d'indemnisation, sans motif légitime, et sans compensation effective par la solidarité nationale (CEDH, 6 octobre 2005, *RJPF*, 2006-1/30).

En conséquence, en 2006, dans des affaires où des parents d'enfants nés avec un grave handicap avaient entrepris une action, avant l'entrée en vigueur de la loi, pour demander au médecin ayant suivi la grossesse réparation de leur préjudice moral et du préjudice subi par l'enfant du fait de son handicap, la Cour de cassation a jugé que la loi de 2002 était incompatible avec une disposition de la Convention de sauvegarde des droits de l'homme et des libertés fondamentales (Cass. 1re civ., 24 janvier 2006, *Bull. civ.*, nos 29, 30 et 31 ; Cass. 1re civ., 8 juillet 2008, *Bull. civ.* I, n° 190).

Malgré toutes les critiques dont il a fait l'objet, l'arrêt *Perruche* a indirectement permis, avec l'élaboration de la loi de 2002, d'éviter de laisser certains handicapés sans ressources.

3 Cas pratique

sur les obligations de moyens, les obligations de résultat et l'exception d'inexécution

Shirek, Fiona, et leurs enfants

Shirek et Fiona ont deux enfants : un garçon, âgé de huit ans, et une fille, qui vient d'avoir deux ans. Pendant les vacances de février, les parents ont confié l'aîné à un centre de loisirs et la cadette à un jardin d'enfants.

Le centre de loisirs avait organisé un séjour aux sports d'hiver. Or, le garçon se blessa. Au moment de s'asseoir sur un télésiège, avec deux camarades, il croisa maladroitement ses skis et chuta. L'un des organisateurs était à proximité mais il ne put rattraper l'enfant. Blessé au genou, le garçon ne pouvait plus skier et s'ennuyait. Il demanda à son père de venir le chercher. En se rendant à la station de ski, en train, Shirek s'endormit. Il se réveilla au moment où le train redémarrait et quittait la gare où il devait descendre. Shirek ouvrit la porte de la rame et sauta. Il tomba au bout du quai et se blessa.

La fille de Shirek et Fiona aussi se blessa. Alors qu'elle se trouvait au jardin d'enfants, elle trébucha sur un tapis et se cogna contre un meuble. Une grosse bosse apparut sur son front et elle se plaignit de troubles de la vision. La directrice appela Fiona. Celle-ci quitta immédiatement son travail pour aller chercher sa fille. Alors que Fiona sortait du parking payant où elle se gare pendant ses heures de travail, la barrière automatique retomba inopinément sur sa voiture.

Shirek et Fiona se demandent à qui ils peuvent réclamer réparation pour les dommages subis par les enfants et par Shirek d'une part, et pour les dégâts causés à la voiture d'autre part. De plus, ils refusent de payer le jardin d'enfants, à la fin du mois, au motif que celui-ci n'a pas respecté son devoir de surveillance à l'égard de leur fille. Ils invoquent l'exception d'inexécution. Ont-ils raison ?

Préparation

1. Analyser les faits
2. Rechercher les problèmes juridiques posés
3. Rechercher les éléments de réponse

1 Analyse des faits

Repérage des faits importants

Shirek et Fiona ont deux enfants : un garçon, âgé de huit ans, et une fille, qui vient d'avoir deux ans. Pendant les vacances de février, les parents ont confié l'aîné à un centre de loisirs et la cadette à un jardin d'enfants.

Le centre de loisirs avait organisé un séjour aux sports d'hiver. Or, le garçon se blessa. Au moment de s'asseoir sur un télésiège, avec deux camarades, il croisa maladroitement ses skis et chuta. L'un des organisateurs était à proximité mais il ne put rattraper l'enfant. Blessé au genou, le garçon ne pouvait plus skier et s'ennuyait. Il demanda à son père de venir le chercher. En se rendant à la station de ski, en train, Shirek s'endormit. Il se réveilla au moment où le train redémarrait et quittait la gare où il devait descendre. Shirek ouvrit la porte de la rame et sauta. Il tomba au bout du quai et se blessa.

La fille de Shirek et Fiona aussi se blessa. Alors qu'elle se trouvait au jardin d'enfants, elle trébucha sur un tapis et se cogna contre un meuble. Une grosse bosse apparut immédiatement sur son front et elle se plaignit de troubles de la vision. La directrice appela Fiona. Celle-ci quitta son travail pour aller chercher sa fille. Alors que Fiona sortait du parking payant où elle se gare pendant ses heures de travail, la barrière automatique retomba inopinément sur sa voiture.

Shirek et Fiona se demandent à qui ils peuvent réclamer réparation pour les dommages subis par les enfants et par Shirek d'une part, et pour les dégâts causés à la voiture d'autre part. De plus, ils refusent de payer le jardin d'enfants, à la fin du mois, au motif que celui-ci n'a pas respecté son devoir de surveillance à l'égard de leur fille. Ils invoquent l'exception d'inexécution. Ont-ils raison ?

Qualification juridique des faits

- **garçon, âgé de huit ans, et une fille, qui vient d'avoir deux ans :** enfants mineurs
- **confié l'aîné à un centre de loisirs et la cadette à un jardin d'enfants :** enfants placés sous la surveillance de tiers, professionnels
- **Au moment de s'asseoir sur un télésiège, (...) croisa maladroitement ses skis et chuta :** accident lors de l'embarquement
- **l'un des organisateurs était à proximité :** tiers assurant vraisemblablement son obligation de surveillance
- **blessé au genou :** dommages corporels
- **au moment où le train redémarrait et quittait la gare (...) ouvrit la porte de la rame et sauta :** comportement contraire au règlement – faute de la victime
- **tomba au bout du quai et se blessa :** dommages corporels
- **trébucha sur un tapis et se cogna :** accident
- **grosse bosse (...) troubles de la vision :** dommages corporels
- **la barrière automatique retomba inopinément sur sa voiture :** accident ayant probablement entraîné des dommages matériels

2 Recherche des (ou du) problèmes juridiques

Le cas pratique se termine par deux questions.

- *D'une part :* **« Shirek et Fiona se demandent à qui ils peuvent reclamer réparation pour les dommages subis par les enfants et par Shirek d'une part, et pour les dégâts causés à la voiture d'autre part. »**
- *D'autre part,* **« ils refusent de payer le jardin d'enfants, à la fin du mois, au motif que celui-ci n'a pas respecté son devoir de surveillance à l'égard de leur fille. Ils invoquent l'exception d'inexécution. Ont-ils raison ? »**

Vous devez rechercher à quels problèmes juridiques précis ces questions vous renvoient.

S'agissant des dommages et intérêts pour les différents accidents :

Le fils de Shirek et Fiona est parti faire du ski avec un centre de loisirs. Au moment de s'asseoir sur un télésiège, il croisa maladroitement ses skis, chuta et se blessa au genou. L'un des organisateurs était à proximité mais il ne put rattraper l'enfant.
Question : Les parents d'un enfant blessé en tentant de s'asseoir sur un télésiège, alors qu'il était en vacances avec un centre de loisirs, peuvent-ils demander des dommages et intérêts à ce centre et à l'exploitant de la remontée mécanique ?

Endormi dans un train, Shirek se réveilla au moment où celui-ci redémarrait et quittait la gare où il devait descendre. Il ouvrit la porte de la rame et sauta. Il tomba au bout du quai et se blessa.
Question : Un voyageur peut-il demander des dommages et intérêts à la SNCF lorsqu'il tombe en bout de quai, après avoir ouvert la porte de la rame, alors que le train redémarrait et quittait la gare ?

Alors qu'elle était confiée à un jardin d'enfants, la fille de Shirek et Fiona trébucha sur un tapis et se cogna contre un meuble.
Question : Les parents d'une enfant blessée en s'étant cognée alors qu'elle était confiée à un jardin d'enfants peuvent-ils demander des dommages et intérêts à ce dernier ?

Alors que Fiona sortait du parking payant, où elle se gare pendant ses heures de travail, la barrière automatique retomba inopinément sur sa voiture.
Question : L'usager d'un parc de stationnement peut-il demander réparation à celui qui l'exploite en cas de dommage causé à son véhicule par la chute inopinée de la barrière automatique ?

S'agissant du paiement du jardin d'enfants :

Shirek et Fiona refusent de payer le jardin d'enfants au motif que celui-ci n'a pas respecté son devoir de surveillance à l'égard de leur fille. Ils invoquent l'exception d'inexécution.
Question : Des parents peuvent-ils invoquer l'exception d'inexécution pour ne pas payer le jardin d'enfants auquel ils ont confié leur fille, au motif qu'il a mal surveillé l'enfant qui fut blessée en trébuchant ?

3 Recherche des éléments de réponse

Les différents accidents

Art. 1231-1 C. civ. « Le débiteur est condamné, s'il y a lieu, au paiement de dommages et intérêts soit à raison de l'inexécution de l'obligation, soit à raison du retard dans l'exécution, s'il ne justifie pas que l'exécution a été empêchée par la force majeure. »

Art. 1218 C. civ. « Il y a force majeure en matière contractuelle lorsqu'un événement échappant au contrôle du débiteur, qui ne pouvait être raisonnablement prévu lors de la conclusion du contrat et dont les effets ne peuvent être évités par des mesures appropriées, empêche l'exécution de son obligation par le débiteur.

Si l'empêchement est temporaire, l'exécution de l'obligation est suspendue à moins que le retard qui en résulterait ne justifie la résolution du contrat. Si l'empêchement est définitif, le contrat est résolu de plein droit et les parties sont libérées de leurs obligations dans les conditions prévues aux articles 1351 et 1351-1. »

Art. 1148 C. civ. « Il n'y a lieu à aucuns dommages et intérêts lorsque, par suite d'une force majeure ou d'un cas fortuit, le débiteur a été empêché de donner ou de faire ce à quoi il a été obligé, ou a fait ce qui lui était interdit. »

L'accident du fils de Shirek et Fiona

Jurisprudence

S'agissant de la responsabilité du centre de loisirs :

Tant le club sportif que les moniteurs ne sont tenus que d'une obligation de moyens en ce qui concerne la sécurité des adhérents dans la pratique de leur sport.

Cass. 1re civ., 21 novembre 1995, *Bull. civ.* I, n° 424.

Il en est de même lorsque les adhérents sont des enfants.

Club de plage, Cass. 1re civ., 19 janvier 1982, *Bull. civ.* I, n° 32 – colonie de vacances, Cass. 1re civ., 10 février 1993, *Bull. civ.* I, n° 66.

Cette obligation est cependant appréciée avec plus de rigueur lorsqu'il s'agit d'un sport dangereux.

Vol de planeurs, Cass. 1re civ., 16 octobre 2001, *Bull. civ.* I, n° 260.

S'agissant de la responsabilité de l'exploitant du télésiège :

Si l'obligation de sécurité pesant sur l'exploitant d'un télésiège est de résultat pendant le trajet, elle n'est plus que de moyens lors des opérations d'embarquement et de débarquement, en raison du rôle actif qu'y tiennent les usagers.

Cass. 1re civ., 10 mars 1998, *Bull. civ.* I, n° 110.

L'accident de Shirek

Jurisprudence

L'exécution du contrat de transport comporte pour le transporteur l'obligation de conduire le voyageur sain et sauf à destination.

Cass. civ., 21 novembre 1911, *DP*, 1913, 1, p. 249.

Le transporteur ne peut s'exonérer de son obligation de sécurité qu'en démontrant que l'accident est dû à la faute exclusive de la victime présentant le caractère de la force majeure ou à un fait imprévisible et irrésistible. Cette preuve n'est pas rapportée dans l'hypothèse de la chute d'un voyageur par la portière d'un train, accident qui aurait pu être évité par la mise en place d'un système approprié interdisant l'ouverture des portières pendant la marche du train.

Cass. 1re civ., 21 octobre 1997, *Bull. civ.* I, n° 288.

L'accident de la fille de Shirek et Fiona

Jurisprudence

Les personnes, qu'elles soient rémunérées ou non, qui se voient confier des enfants ne sont tenues que d'une obligation de moyens quant à leur sécurité :

- centre municipal de loisirs,

  Cass. 1re civ., 1er février 1983, *Bull. civ.* I, n° 47.
- club de plage,

  Cass. 1re civ., 19 janvier 1982, précité.
- colonie de vacances,

  Cass. 1re civ., 10 février 1993, précité.

L'accident de Fiona

Jurisprudence

L'exploitant d'un parc de stationnement manque à son obligation contractuelle en cas de dommage causé au véhicule d'un usager par la chute inopinée de la barrière automatique installée à la sortie du parc, dès lors qu'aucune manœuvre inadéquate ne peut être reprochée au dit usager.

Cass. 1re civ., 29 janvier 1991, *Bull. civ.* I, n° 39.

Le paiement du jardin d'enfants

Art. 1219 C. civ. « Une partie peut refuser d'exécuter son obligation, alors même que celle-ci est exigible, si l'autre n'exécute pas la sienne et si cette inexécution est suffisamment grave. »

Il s'agit d'un moyen de défense privé qui n'est soumis à aucune condition de forme (pas de mise en demeure) ou de procédure (pas de saisine du juge).

Vous trouverez la plupart des arrêts cités dans votre Code civil, sous l'article 1231-1.

REMARQUE. Les professeurs élaborent souvent leur cas pratique en se fondant sur des arrêts cités dans le Code civil et/ou étudiés en TD. Soyez donc toujours attentif à la jurisprudence.

Introduction

L'introduction (assez courte) comporte plusieurs étapes.

ÉTAPES

① **Annonce du thème**

Les contrats font naître des obligations et leur non-respect entraîne des sanctions.

② **Résumé et qualification juridique des faits**

Shirek et Fiona confient leur fils et leur fille, respectivement âgés de huit et deux ans, à un centre de loisirs et un jardin d'enfants.
Parti aux sports d'hiver avec le centre de loisirs, l'aîné fait une chute au moment de l'embarquement sur un télésiège.
Parti en train chercher son fils, Shirek fait une chute, sur le quai de la gare, en descendant du train en marche, après avoir ouvert la porte de la rame.
Alors qu'elle est au jardin d'enfants, la cadette trébuche sur un tapis et se cogne contre un meuble. Les parents veulent alors opposer l'exception d'inexécution au jardin d'enfants pour refuser de le payer.
Alors que Fiona sort du parking payant où elle s'était garée, la barrière automatique retombe inopinément sur sa voiture.

③ **Problème posé par les faits**

Ces événements ont conduit les parents à se poser deux sortes de questions.
D'une part, qui peut être tenu d'indemniser les dommages lorsque :
- un enfant, confié à un centre de loisirs qui organise un séjour à la neige, chute au moment de prendre un télésiège ?
- un voyageur tombe en bout de quai, après avoir ouvert la porte de la rame, alors que le train redémarrait et quittait la gare ?
- une fillette, confiée à un jardin d'enfants, trébuche et se cogne ?
- la barrière automatique d'un parking tombe inopinément sur le véhicule d'un usager ?

D'autre part, des parents peuvent-ils invoquer l'exception d'inexécution pour ne pas payer le jardin d'enfants auquel ils ont confié leur fille, au motif qu'il a mal surveillé l'enfant qui s'est blessée en trébuchant ?

④ **Annonce du plan**

Il convient donc d'étudier les différentes demandes d'indemnisation (I. II. III. et IV.) puis le paiement du jardin d'enfants (V.).

RAPPEL. Les réponses doivent être justifiées et construites en trois parties :

- **les faits de l'espèce ;**
- **la règle de droit applicable ;**
- **la solution.**

Développement

I. L'accident du fils de Shirek et Fiona

Les faits de l'espèce

Le fils de Shirek et Fiona est parti faire du ski avec un centre de loisirs. Au moment de s'asseoir sur un télésiège, il a maladroitement croisé ses skis et est tombé, se blessant au genou. L'un des organisateurs était à proximité, mais il n'a pas pu rattraper l'enfant.

La règle de droit applicable

Il existe deux types d'obligations contractuelles : l'obligation de moyens et l'obligation de résultat. Si elle n'a pas été consacrée par la réforme du droit des contrats, cette distinction ne semble pas devoir être remise en cause.

L'obligation est dite « de moyens » lorsque son débiteur s'est engagé à mettre en œuvre tous les moyens possibles pour exécuter le contrat (anc. art. 1137 C. civ.). Pour engager la responsabilité du débiteur, pour inexécution, le créancier doit démontrer que celui-là a commis une faute, qu'il n'a pas tout mis en œuvre pour exécuter son obligation.

L'obligation est dite « de résultat » lorsque son débiteur s'est engagé à exécuter le contrat, à atteindre le but fixé par le contrat sans aléa (anc. art. 1147 C. civ.). Dans ce cas, le créancier n'a pas à rapporter la preuve d'une faute pour rechercher la responsabilité du débiteur. La simple inexécution de l'obligation suffit. Le débiteur est de plein droit responsable.

Dans les deux cas, il n'y a pas lieu à dommages et intérêts lorsque le débiteur a été empêché par la force majeure (art. 1218 C. civ.).

S'agissant de la responsabilité du centre de loisirs : la jurisprudence estime que tant le club sportif que les moniteurs ne sont tenus que d'une obligation de moyens en ce qui concerne la sécurité des adhérents dans la pratique de leur sport (Cass. 1re civ., 21 novembre 1995, *Bull. civ.* I, n° 424). Il en est de même lorsque les adhérents sont des enfants (club de plage, Cass. 1re civ., 19 janvier 1982, *Bull. civ.* I, n° 32 – colonie de vacances, Cass. 1re civ., 10 février 1993, *Bull. civ.* I, n° 66). Cette obligation est cependant appréciée avec plus de rigueur lorsqu'il s'agit d'un sport dangereux (Cass. 1re civ., 16 octobre 2001, *Bull. civ.* I, n° 260).

S'agissant de la responsabilité de l'exploitant du télésiège : la Cour de cassation admet que si l'obligation de sécurité pesant sur l'exploitant d'un télésiège est de résultat pendant le trajet, elle n'est plus que de moyens lors des opérations d'embarquement et de débarquement, en raison du rôle actif qu'y tiennent les usagers (Cass. 1re civ., 10 mars 1998, *Bull. civ.* I, n° 110).

La solution

L'accident a eu lieu lors de l'embarquement sur le télésiège, alors qu'un moniteur se trouvait à proximité, probablement pour en surveiller le déroulement. La chute est due à une maladresse de l'enfant (croisement des skis). Il est fort probable que ni le centre de loisirs, ni l'exploitant du télésiège, simplement tenus d'une obligation de moyens, ne soient condamnés au paiement de dommages et intérêts pour manquement à leur obligation de sécurité.

II. L'accident de Shirek

Les faits de l'espèce

Endormi dans un train, Shirek s'est réveillé au moment où celui-ci redémarrait et quittait la gare où il devait descendre. Il a ouvert la porte de la rame et a sauté. Il est tombé au bout du quai et s'est blessé.

La règle de droit applicable

L'exécution du contrat de transport comporte pour le transporteur l'obligation de conduire le voyageur sain et sauf à destination (Cass. civ., 21 novembre 1911, *DP* 1913, 1, p. 249). Le transporteur ne peut s'exonérer de son obligation de sécurité qu'en démontrant que l'accident est dû à la faute exclusive de la victime présentant le caractère de la force majeure ou à un fait imprévisible et irrésistible.

Or il fut jugé, s'agissant de la SNCF, que cette preuve n'était pas rapportée dans l'hypothèse de la chute d'un voyageur par la portière d'un train, accident qui aurait pu être évité par la mise en place d'un système approprié interdisant l'ouverture des portières pendant la marche du train (Cass. 1re civ., 21 octobre 1997, *Bull. civ.* I, n° 288).

La solution

L'attitude de Shirek, bien que dangereuse, ne constitue pas un cas de force majeure pour la SNCF, selon la jurisprudence. Il est donc fort probable que cette dernière se voit reprocher un manquement à son obligation de sécurité et soit condamnée à indemniser les dommages subis par Shirek.

III. L'accident de la fille de Shirek et de Fiona

Les faits de l'espèce

Alors qu'elle était confiée à un jardin d'enfants, la fillette a trébuché sur un tapis et s'est cognée contre un meuble. Une grosse bosse est apparue sur son front et elle s'est plainte de troubles de la vision.

La règle de droit applicable

La jurisprudence estime que les personnes, qu'elles soient rémunérées ou non, qui se voient confier des enfants ne sont tenues que d'une obligation de moyens quant à leur sécurité :

- centre municipal de loisirs (Cass. 1re civ., 1er février 1983, *Bull. civ.* I, n° 47) ;
- club de plage (Cass. 1re civ., 19 janvier 1982, précité) ;
- colonie de vacances (Cass. 1re civ., 10 février 1993, précité).

La solution

Même si le dommage subi paraît important, il est difficile de considérer que le fait de ne pas avoir empêché une enfant, âgée de deux ans, de trébucher est un manquement à une obligation de sécurité de moyens. La responsabilité du jardin d'enfants ne pourra certainement pas être retenue.

IV. L'accident de Fiona

Les faits de l'espèce

Alors qu'elle sortait du parking payant où elle se gare lorsqu'elle va travailler, la barrière automatique est retombée inopinément sur la voiture de Fiona.

La règle de droit applicable

Il a été jugé que l'exploitant d'un parc de stationnement avait manqué à son obligation contractuelle, en cas de dommage causé au véhicule d'un usager par la chute inopinée de la barrière automatique installée à la sortie du parc, dès lors qu'aucune manœuvre inadéquate ne peut être reprochée au dit usager (Cass. 1re civ., 29 janvier 1991, *Bull. civ.* I, n° 39).

La solution

Rien ne laisse penser que Fiona a effectué une manœuvre inadéquate. La responsabilité de l'exploitant du parc va vraisemblablement pouvoir être engagée et ce dernier devra probablement indemniser Fiona pour les dommages causés à son véhicule.

V. Le paiement du jardin d'enfants

Les faits de l'espèce

Shirek et Fiona estiment que le jardin d'enfants n'a pas respecté son devoir de surveillance à l'égard de leur fille. Ils invoquent l'exception d'inexécution pour refuser de le payer, à la fin du mois.

La règle de droit applicable

Selon l'article 1219 du Code civil, « Une partie peut refuser d'exécuter son obligation, alors même que celle-ci est exigible, si l'autre n'exécute pas la sienne et si cette inexécution est suffisamment grave. » Il s'agit d'un moyen de défense privé qui n'est soumis à aucune condition de forme (pas de mise en demeure) ou de procédure (pas de saisine du juge).

La solution

La principale obligation du jardin d'enfants est de garder les enfants. Les obligations de surveillance et de sécurité sont « secondaires ». Or, le jardin d'enfants a rempli son obligation de garder la fille de Shirek et Fiona.

De plus, l'obligation de garder l'enfant a pour contrepartie l'obligation, pour les parents, de payer le jardin d'enfants. Or l'exécution de ces obligations n'est pas simultanée.
Shirek et Fiona ne peuvent donc pas invoquer l'exception d'inexécution pour refuser de payer le jardin d'enfants.

En conclusion,
Shirek et Fiona ne pourront certainement pas obtenir réparation pour les dommages corporels subis par leurs enfants. Ils pourront probablement, en revanche, réclamer des dommages et intérêts à la SNCF, pour les dommages subis par Shirek, et à l'exploitant du parking, pour les dégâts causés à la voiture du Fiona. Enfin, ils ne pourront pas invoquer l'exception d'inexécution pour refuser de payer le jardin d'enfants.

AIDE-MÉMOIRE

commentaire d'article
étapes de préparation

1 Identification de l'article
Support
Date
Auteur

2 Analyse de l'article

1 - La glose

2 - Analyse grammaticale
Analyse logique

3 Appréciation de l'article
Dans quel but cet article a-t-il été écrit ou modifié ?
Quelle solution l'article a-t-il apportée au problème posé ?
Comment ont réagi la jurisprudence, la doctrine, les professionnels ?

4 Élaboration du plan

cas pratique
étapes de préparation

1 Analyse des faits

1 - Repérage des faits importants

2 - Qualification juridique des faits

2 Recherche du problème juridique

3 Recherche des éléments de réponse

4 Rédaction
Les réponses doivent toujours être justifiées.

Votre argumentation doit être construite en trois parties :
- les faits de l'espèce ;
- la règle de droit applicable ;
- la solution.

AIDE-MÉMOIRE

commentaire d'arrêt
étapes de préparation

1 Identification de l'arrêt
Date
Juridiction

2 Analyse : fiche de l'arrêt
1 Faits
2 Procédure
3 Arguments des parties
4 Problème juridique
5 Solution

3 Appréciation de l'arrêt

1 - Le sens de l'arrêt
Qu'est-ce que les juges ont décidé ?
Qu'ont-ils déclaré ?
Qu'ont-ils répondu aux parties ?
Ont-ils sanctionné ou approuvé la décision ?

2 - La valeur de l'arrêt
Pourquoi les juges ont-ils pris cette décision ?
Pouvaient-ils juger autrement?
Quelles règles ont-ils appliquées ?
Était-ce prévisible ?
Est-ce un revirement de jurisprudence, une décision isolée ?

3 - La portée de l'arrêt
Quelles vont être les conséquences de l'arrêt ?
Que va-t-il se passer pour les prochaines affaires similaires ?
Les parties seront-elles mieux protégées, plus libres ?
Sera-t-il plus opportun de se prévaloir d'autres règles de droit ?
Quelle va être la réaction du législateur ? Va-t-il devoir légiférer ?
La jurisprudence risque-t-elle de changer ?

4 Élaboration du plan